民國文化與文學研究文叢

三 編

李 怡 主編

第 **20** 冊

文學者的政治
——對30年代「京派」形成的考察

屠 毅 力 著

花木蘭出版社

國家圖書館出版品預行編目資料

文學者的政治——對 30 年代「京派」形成的考察／屠毅力 著

-- 初版 -- 新北市：花木蘭文化出版社，2014〔民 103〕

目 2+218 面；19×26 公分

（民國文化與文學研究文叢 三編；第 20 冊）

ISBN 978-986-322-792-2（精裝）

1. 中國文學 2. 現代文學 3. 文學流派

541.26208   1030127556

特邀編委（以姓氏筆畫為序）：

ISBN-978-986-322-792-2

9 789863 227922

民國文化與文學研究文叢
三　編　第二十冊　　　　　　　　ISBN：978-986-322-792-2

文學者的政治
——對 30 年代「京派」形成的考察

作　　者　屠毅力
主　　編　李　怡
企　　劃　四川大學現代中國文化與文學研究中心
　　　　　民國文學與海外漢學研究中心（籌）
　　　　　北京師範大學民國歷史文化與文學研究中心
總 編 輯　杜潔祥
副總編輯　楊嘉樂
編　　輯　許郁翎
出　　版　花木蘭文化出版社
社　　長　高小娟
聯絡地址　235 新北市中和區中安街七二號十三樓
　　　　　電話：02-2923-1455／傳真：02-2923-1452
網　　址　http://www.huamulan.tw 信箱 hml 810518@gmail.com
印　　刷　普羅文化出版廣告事業
初　　版　2014 年 9 月
定　　價　三編 20 冊（精裝）新台幣 35,000 元　　　版權所有·請勿翻印

文學者的政治
——對30年代「京派」形成的考察

屠毅力　著

作者簡介

屠毅力：女，1985 年生，浙江湖州人。2003 年起就讀中國人民大學文學院，先後師從孫民樂、李今兩位先生，2013 年獲文學博士學位。現爲上海交通大學人文學院「左翼研究中心」博士後研究員，合作導師張中良教授。主要研究方向：中國現代文學史。

提　　要

　　對「京派」的命名可以說是八十年代「重寫文學史」的一項核心工程。「京派」不僅因肩負撥亂反正的使命而不可避免地成爲一個「特殊」流派，同時也因之脫胎于「流派史」研究而極易被視作一個既定對象和文學事實。「京派」並不是一個抽象的存在，當我們隸屬於文學史／流派史敘述而將其從當時駁雜的社會、政治歷史場景中打撈出來時，「京派」就成了一個「脫歷史」的範疇，它的意義也就被局限在了其某些作家、某些作品和某些言論上。「京派」在八十年代的被打撈究其根本正是基於一種對抗性的歷史動機，這一被揀選的流派及其所攜帶的大量審美訊號正是對早一時期以政治運動和政治傳聲筒爲主要內容的文學形態，乃至歷史邏輯的有效反動。在這個意義上，「京派」的成立不僅來自八十年代文學史的結構，同時也來自一種去政治化的「文學－政治」實踐。因此，當「京派」研究在目前的研究體系和格局中愈來愈呈現出一種成熟態勢，我們就愈有必要重新認識八十年代對「京派」命名的種種前提和規約，從而由「文學的京派」眞正轉向「歷史的京派」。

目次

緒　論

第一部分　「京派」研究的幾種模式

一、八十年代流派史研究對「京派」的打撈

　　對京派的文學史命名無疑是在八十年代，尤其是 1989 年嚴家炎的《中國現代小說流派史》，以及 1990 年吳福輝編選《京派小說選》，為京派的定義、主要作家作品、傾向風格等勾勒了一個基本框架。嚴家炎在《流派史》中的定義是：「京派成員有三部分人：一是二十年代末期語絲社分化後留下的偏重講性靈、趣味的作家，像周作人、廢名（馮文炳）、俞平伯；二是新月社留下的或與《新月》月刊關係較密切的一部分作家，像梁實秋、淩淑華、沈從文、孫大雨、梁宗岱；三是清華、北大等校的其他師生，包括一些當時開始嶄露頭角的青年作家，像朱光潛、李健吾、何其芳、李廣田、卞之琳、蕭乾、李長之等。」〔註1〕吳福輝在《京派小說選·前言》中則說：「『京派』的文學傾向導源於文學研究會滯留在北方而始終沒有參加『左聯』（包括『北平左聯』）的分子。顯然與『左翼』有社會政治和文學觀念的雙重分野，又絕不與右翼文學認同。逐漸地，清華、北大、燕京等一些大學師生組合成一個鬆散的群體，先後出版了帶有初步流派意識的《駱駝草》、《文學月刊》、《水星》等刊物。特別以 1933 年沈從文執掌主編《大公報·文藝副刊》為流派確立的標誌。」〔註2〕吳福輝是從小說輯選，因此除了作過小說的廢名，《駱

〔註1〕　嚴家炎：《中國現代小說流派史》，北京：人民文學出版社，1989，第 205 頁。
〔註2〕　吳福輝：《鄉土中國的文學形態──〈京派小說選〉前言》，《中國現代文學研究叢刊》，1987 年第 4 期。

駝草》的其他成員像周作人、俞平伯等都沒有進入他對京派文學的概述中。此後的京派研究基本都沒有出脫嚴家炎和吳福輝的這一界定。對京派的命名可以說是八十年代重寫文學史的一項核心工程，不僅因肩負撥亂反正的使命而不可避免地成為一個「特殊」的流派，同時也因之脫胎於流派史研究而極易被視作為一個既定對象或文學事實，後來部分關於「誰是京派，誰不是京派」的爭論便是由此導引出來的。

其中比較有代表性的就是蕭乾、師陀、汪曾祺的歸屬問題。八九十年代之際這些作家往往還在世，否認或承認自己歸屬京派便往往首先出自他們自身之口，比如訪談。王嘉良等在八十年代末九十年代初就有文章認為蕭乾不純屬於京派，因蕭乾自稱 30 年代後期受巴金的影響更大（相關的論文有《論蕭乾的創作道路》，載《文學評論》1984 年第 5 期；《京師訪蕭乾》，載《浙江師範大學學報（哲學社會科學版）》1989 年第 4 期；《略說「京派」與「京派作家」蕭乾》，載《浙江師範大學學報（哲學社會科學版）》1991 年第 3 期）。1989 年，王嘉良、馬華在訪談中曾這樣向蕭乾發問：

> 現在人們評述「京派」，似乎是概括了一些共同的東西的，說「京派」作家是有意識地使文學與政治保持一定距離，在創作上取自由與獨立的態度，作品大多寫自然美、人性美等。如稱為老「京派」的周作人多表現出士大夫情調，作品的風格是平和沖淡，沈從文、廢名等作家則寫一種與城市文明相對立的古樸民風，寫鄉情淳厚的牧歌田園之美，這是否可以表述為是「京派」的共同創作傾向呢？〔註3〕

顯然這一設問是有誘導性的，基本表達了當時這些後輩研究者對京派作家及其文學風格的觀點。值得注意的是，在 1989 年的這一次訪談一開始，蕭乾就明確否定了京派的成立，訪者在這裡所說「有意識地使文學與政治保持一定距離」一點便是在得到蕭乾的否定意見後提出的商榷。但即使是面對這樣一個更寬泛的問題，蕭乾的回答也仍然充滿了一種老練的「政治正確」，他說道：

> 講「京派」作家同現實鬥爭距離較遠，恐怕不能這樣籠統地說。
> 在 20 年代後期，北平文壇是以周作人為盟主的，文風帶有一點士大

〔註3〕 王嘉良、馬華：《京師訪蕭乾》，刊於《浙江師範大學學報（哲學社會科學版）》，1989 年第 4 期。

夫的情調，明清小品式的文章比較流行。一般地說，文風是比較恬
淡的。但應當看到，對北平文壇以重大影響的，還有一股文學思潮。

這裡我要特別提到巴金對於改變北平文風所起的重要作用。〔註4〕
顯然，在八十年代末的語境中，蕭乾的回答極可能有出於政治上的顧慮，在
後續的訪談中，他也始終撇清自己在三十年代的活動與京派之間有聯繫。正
如上面的說法，他提出了幾個觀點：一是二十年代末至 1933 年前的北平文
壇的確是以周作人為盟主，並且表現出一種「平穩」的文風；二是周作人個
人在老一輩作家中影響較大，而在年輕一代中並不十分流行；三是 1933 年
之後，隨著華北危機的加深及巴金、靳以、鄭振鐸的來平，《文學季刊》等
刊物的創辦，北平文壇、文風隨之一新，蕭乾指包括自己在內的一大批青年
都被吸引到那一集團中，因此他對訪者稱：「所以你那個『京派』也就沒有
什麼市場了，不變也得變。」〔註5〕蕭乾在八十年代末的這一次訪談中不斷
強調這一 1933 年的變局以及巴金在其後期文學生涯中所產生的轉折性的影
響，甚至針對 1936 年自己一手操辦的《大公報》文藝獎金的評選活動也否
認與「京派」相關，「評出這幾部，是同『京派』毫無關係的」〔註6〕，同
時為了證明這一獎項沒有門戶之見，他也透露，最初獲獎的小說不是蘆焚的
《穀》，而是蕭軍的《八月的鄉村》，但是蕭軍當時拒絕受獎。這雖然在一定
程度上能夠佐證蕭乾所稱獎項的範圍其實並不狹隘這一點，但蕭軍事實上的
拒受恐怕也在另一方面說明了問題。八十年代末的這一次訪談在結果上似乎
並沒有獲得當時所需的於京派有力的參證，不僅如此，在八十年代文藝與政
治這一宏觀問題上，蕭乾也表達了相當的謹慎，訪者曾這樣詢問：「以前不
太看重的藝術派作品逐漸被人們重視，而一些注重社會意義的作品則評價相
對較低，對此，您有什麼看法？」〔註7〕對這一八十年代的文學地震，蕭乾
也沒有正面讚助，而是舉郁達夫為例表達了關於文學和文學家本身的複雜性
這一論調。而正是基於蕭乾在諸問題上的這樣一種明確表態，使相關研究者
在「京派」之成立，或至少是在蕭乾本人的歸屬問題上產生了一定遲疑，王
嘉良發表於 1991 年的《略說「京派」與「京派作家」蕭乾》一文就基本復

〔註4〕 同上。
〔註5〕 同上。
〔註6〕 同上。
〔註7〕 同上。

述了蕭乾在訪談中的主要觀點，並在最後折中地提出蕭乾前期創作是受到「京派」影響的這樣的結論。而我們發現，即便是在作者採訪了蕭乾，並獲蕭乾本人否認後，得出這樣的結論背後其實仍是有一個作者本身所認可的「京派」的存在形態的，即他所說：

> 「京派」作家的創作最活躍的是 20 年代後期和 30 年代前期。其時的北平一帶，政治上處於相對穩定時期，這裡既已失去了「五四」那段時期曾有過的全國文壇中心的地位，又不及左翼文藝運動開展得轟轟烈烈的上海文壇那般熱鬧，而是處在一個較封閉而又平靜的社會、文化環境中，使得作家們有可能調節內心感情的平衡，去尋求美的享受和悲哀的解脫，創作表現出詩意色彩的加濃和社會意識的淡化，原是極自然的。蕭乾寫於 1933〜34 年間的部分作品，帶有一些「京派」味，與此不無關聯。〔註 8〕

顯然，通過對蕭乾的排除，或者依照蕭乾所提供的「斷代」（1933 年），那個作為另一面的「京派」也就得以確立，即作者所說時間在二十年代後期至三十年代前期，尤其是 1933 年華北危機之前，人物是以周作人為首的一批已成名作家。這種通過「排除法」來進行的指認是非常有趣的，顯然，在這一次經過與蕭乾直面商榷的「京派」研究過程中，研究者仍沒有完全放棄關於「京派」作為流派的認知，而只是將「京派」的範圍窄化，如他們說，限於 1933 年之前的那一平和氛圍與平穩文風。

這一情況在師陀的歸屬問題上也同樣發生過。楊義即認為師陀是介於京派和北平左聯之間，早先在《新文學史料》上亦刊有他與師陀的通信（《〈中國現代小說史〉書簡錄》，刊於《新文學史料》1991 年第 1 期）。師陀在致楊義的信中寫道：「我不記得朱光潛、劉西渭曾講過我屬於『京派』，當時在北平的作家，如馮至、吳組緗等，全不屬於『京派』。『京』『海』兩派看起來是寫作態度問題，骨子裏卻含政治問題。我當時以至現（在）都是魯迅迷，至少是魯迅的崇拜者，」〔註 9〕在這裡，師陀明確點出了三十年代之「京」「海」派別中的政治問題，這一點蕭乾雖未直接言明，但是從他充滿謹慎的表態中也可以見出，「京派」不僅是在八十年代，即便是在那個過去的三十

〔註 8〕 王嘉良：《略說「京派」與「京派作家」蕭乾》，刊於《浙江師範大學學報（哲學社會科學版）》，1991 年第 3 期。

〔註 9〕 師陀致楊義信（1988 年 1 月 26 日），見楊義：《〈中國現代小說史〉書簡錄》，刊於《新文學史料》，1991 年第 1 期。

年代，由這一批親歷者的態度來看，也的確不可能是一個單純的文藝問題，「京派」在當時所宣稱的與政治無關、或不涉政治，本身就是一種政治表態和政治立場。師陀的這一回復無疑是針對楊義去信中所提「京、海派之爭，是不能機械地作政治性判斷的，許多爭論出在藝術風格的追求上」〔註10〕一點而發，而這也基本上顯示了當時研究者與老作家在理解上的分歧。在1988年師陀作爲回憶撰寫的《兩次去北平》一文中就專門敘述了他1931年和1933年兩次分別與北平人事發生的聯繫。1933年他再次回平，開始寫作，與卞之琳、靳以、沈從文結識，並在《水星》、《文學季刊》、《大公報・文藝副刊》發稿，這一段經歷顯然是他後來之被作爲「京派」論的一個重要來源，因此在這篇回憶文中他專門述及了自己1931年初到北平的另一段經歷，即參加中共下設的「反帝大同盟」小組，以及與當時北平左聯之間的交集。顯然，師陀對當時社科院所編《中國現代小說史》欲將其歸入「京派」一事是非常不滿的，他專門寫道：「現在反『左』，切望勿右，應該還歷史本來面目，我有個最起碼的要求：今後的文學史萬勿『矯枉必須過正』」〔註11〕。可以說，師陀在當時就非常敏感地嗅到了這一「重寫文學史」活動中所包含的政治意味，他與蕭乾的堅決牴觸在某種程度上正顯示了兩人在這一問題上的共識。因此，正是基於這樣一種當事人的駁斥，楊義後來發表於1990年的專論《師陀：徘徊於鄉土抒情和都市心理寫照之間》一文亦只好聲明：師陀是「看似京派」，而「不是京派」〔註12〕。另外，解志熙近期發表的《蘆焚的「一二・九」三部曲及其他——師陀作品補遺札記》中則通過對師陀「蘆焚」時期的幾篇佚文的發掘和校讀，進一步豐富了文學史中的師陀形象，以爲不僅是1939～1941年蟄居滬上期間醞釀和寫作的《一二・九三部曲》，在抗戰前五六年間，也就是通常認爲師陀以出產《里門拾記》、《穀》等小說而爲當時的「京派」所關注，並予以提攜的時期，他其實也寫作了另一部分小說、雜文，並在其中顯示了確實的作爲左翼作家的姿態，因此通過對這些佚文的發掘和細讀，解志熙總結：「恢復他的準左翼作家或者說自由左翼作家的自由身爲是……對他，這才是實至名歸的光榮歸位」〔註13〕。這也是對師陀

〔註10〕楊義致師陀信（1988年1月10日），見楊義：《〈中國現代小說史〉書簡錄》，刊於《新文學史料》，1991年第1期。

〔註11〕師陀：《兩次去北平（續篇）》，刊於《新文學史料》，1988年第3期。

〔註12〕楊義：《師陀：徘徊於鄉土抒情和都市心理寫照之間》，刊於《文學評論》，1990年第2期。

〔註13〕解志熙：《蘆焚的「一二・九」三部曲及其他——師陀作品補遺札記》，刊於

歸屬問題上的最新發現和結論。

汪曾祺的情況則稍不同。嚴家炎在寫作《流派史》時,曾就汪曾祺是否作為「最後一個京派作家」的問題,致信汪,而汪本人也作了肯定的答覆。吳福輝最近在《汪曾祺坦然欣然自認屬於京派》(2011 年)一文中首次披露了1991 年,他的《京派小說選》剛剛問世不久,即收到汪曾祺主動託王培元轉來的一封信,信中寫道:

> 我覺得這本書編得很好。所選各篇不是各家的代表作,而是取其能體現「京派」特點者,這是很有眼力的。前言寫得極好,客觀公允,而且精到。「京派」這一概念能否成立,有人是有懷疑的。我對這個概念也是模模糊糊的。嚴家炎在寫流派文學史時把我算作最後的京派,徵求過我的意見,我說:可以吧,但心裏頗有些惶惑。讀了你的前言,才對這個概念所包含的內容有一個清晰的理解。才肯定「京派」確實是一個派。這些作家雖然並無組織上的聯繫,有一些甚至彼此之間從未謀面,但他們在寫作態度和藝術追求上確有共同的東西。因此,我覺得這個選集的出版很有必要。一,可以使年輕的作家和讀者知道:中國還有過這樣一些作家寫過這樣的一些作品(集中有些作品我都未讀到過),使他們得到一點理解和借鑒;二,可供寫現代文學史的專家參考,使他們排除偏見,能準確、全面地反映出中國現代文學發展的面貌。你做了一件很有意義的好事,我為此很興奮,感謝你。
>
> 我想買 20 本選集,好送青年作家,你能否問問出版社,在什麼地方或通過什麼途徑可以買到。
>
> 這本書印數太少了!我覺得可以拿到臺灣、香港去出一下。
>
> 你寫的前言大可在出書之前先發表一下。出書之後,仍可找地方發表一下。〔註 14〕

吳福輝不無興奮地提到這封信在當時對於「京派」研究的重要性以及所起到的鼓舞作用,他寫道:「此信的第一意義,是正當一個作家創作群體的時代剛剛過去,成為有溫度的陳跡,它的『形體』由外到內仍待逐漸呈現,外

《河南大學學報(社會科學版)》,第 52 卷第 5 期(2012 年 9 月)。

〔註 14〕 汪曾祺致吳福輝信(1991 年 2 月 22 日),見吳福輝:《汪曾祺坦然欣然自認屬於京派》,刊於《現代中文學刊》,2011 年第 2 期。

部應包括哪些作家、刊物尚不清晰，內部的文學總體特徵也『模模糊糊』，有待時間淘洗、刪選，有待社會進一步承認的時候，其中的一位骨幹作家卻帶頭出來支持了這一『命名』的歷史過程。」〔註15〕在吳福輝的這篇文章中有兩個信息是非常突出的，一是汪曾祺的主動聯繫，因此他在篇名中冠以「汪曾祺坦然欣然自認」的字樣，事實上鑒於前面提到的蕭乾、師陀兩位作家的情況，汪曾祺在彼時主動致信的確是彌足珍貴；二就是作家本人對「京派」之命名的肯定。八十年代的選本對於「流派」的構成意義自不待言，但重要的是，汪曾祺在信中承認，他本來對這一流派的成立充滿「惶惑」，但是自讀了吳的選集及序言後才有了一個清晰的理解，並指出「所選各篇不是各家的代表作，而是取其能體現『京派』特點者」〔註16〕，顯然，他也意識到了研究者在這一過程中所作的「揀選」工作。汪曾祺的這封信雖然在某種程度上依然可以作為一個肯定的佐證，但是我們也可以看出當時他所看重的，主要還是這一選本所傳達的文學理念，以及所可能帶給當時的青年讀者和作家們的參照價值。並且如他在信中所說，「這些作家雖然並無組織上的聯繫，有一些甚至彼此之間從未謀面，但他們在寫作態度和藝術追求上確有共同的東西。」〔註17〕這一表達其實在今天看來，能否作為「京派」之成立的證據尚是存疑，甚至從另一個角度看，汪曾祺的反饋恰恰說明了這個被揀選的「京派」正是由八十年代研究者借助於某種共同標準所建立的，而即便他們之間並無直接的聯繫。

　　流派史研究的一種重要特徵就是「揀選」。嚴家炎曾針對司馬長風在《中國新文學史》跋中所開出的一長串京派名單表示異議，反對「任意擴大京派的隊伍」，在他看來，京派範圍的確定應當是以文學創作的實績為依據，「（吳組緗）明明是個左翼作家，有他當時的作品為證」，「聞一多在三十年代前半期，既不參加文學活動，也不從事創作，只是一心搞他的學術研究」，「朱自清、巴金、鄭振鐸、老舍等，和京派作家雖有聯繫，並不密切，文藝思想和創作情趣尤其不同」〔註18〕。嚴家炎所代表的這種以作品創作、文學觀念為

〔註15〕吳福輝：《汪曾祺坦然欣然自認屬於京派》，刊於《現代中文學刊》，2011年第2期。

〔註16〕汪曾祺致吳福輝信（1991年2月22日），見吳福輝：《汪曾祺坦然欣然自認屬於京派》，刊於《現代中文學刊》，2011年第2期。

〔註17〕同上。

〔註18〕嚴家炎：《中國現代小說流派史》，北京：人民文學出版社，1989，第210～211頁。

基礎的「揀選」正是八十年代「流派」之浮出歷史的主要工作，但是這種相對簡單的「相關」／「不相關」的揀選，實際上也遮蔽了很多問題。比如，吳組緗三十年代就讀於清華，與林庚、李長之等的確存在交集，聞一多作為二十年代新文學實踐的重要參與者，他在 30 年代初的轉變究竟源自何種歷史的或其心態上的狀況，等等。

在這裡，我並不是要重新為京派劃範圍，重新命名京派等，八十年代基於意識形態的某些影響而作出的某些判斷是具有歷史合理性的，而我以為重要的並不在於將誰劃入或劃出京派，在將誰劃入或劃出的時候，我們事實上已經預設了一個關於京派的固形和目的。京派並不是一個抽象的存在，當我們隸屬於文學史／流派史敘述而將其從當時駁雜的社會、政治歷史場景中打撈出來時，京派就成了一個「脫歷史」範疇。京派的意義也就被局限在了其某些作家、某些作品和某些言論上。八十年代伴隨著對京派命名的無疑是對其性質的概述，「與社會政治保持一定距離」，「含蓄、節制、沖淡」、「純正的文學趣味」、「審美理想」等，這些關鍵詞被從京派的作品中概述出來後便隨即獲得了一種相對獨立的超越性。「京派」在八十年代的被打撈究其根本正是基於一種對抗性的歷史動機，這一被揀選的「京派」，及其所攜帶的大量審美訊號正是對早一時期以政治運動和政治傳聲筒為主要內容的那一文學形態，乃至歷史邏輯的有效反動。現有研究中所言稱的那一「京派」並不是一個不證自明的存在，它的成立不僅在某種意義上來自八十年代文學史的「結構」，同時也來自一種「去政治化」的文學－政治實踐。因此，當「京派」研究在目前的研究體系和格局中日益呈現出一種成熟態勢，我們越有必要重新認識八十年代對京派命名的種種前提和規約，從而由「文學的京派」真正轉向「歷史的京派」。

二、八、九十年代文化研究視野下的「京海」並論

京派研究的另一個重要方面是「文化的研究」，從八十年代中後期一直延續到九十年代。其中一個比較顯著的特點就是對「京派」、「海派」文學（文化）的並置討論，即這一時期對京派的賦意不再單純地依託其文學理念和審美實踐等，而是往往將其置於與海派文學、文化的互文賦意中。在流派史研究中被打撈上來的不僅是京派，同時被打撈的還有海派（當時指的是「新感覺派」或「都市現代派」），兩者同作為八十年代重寫文學史的重要成果，在

「文學史」一致對外的戰役中共同肩負著文學多樣化、文學去政治的使命，因而使得那種三十年代意義上的兩者間的對立反而沒有在第一時間被凸顯出來。可以發現，三十年代的「京海之爭」雖然被作爲京派命名的一項重要史實，但在八十年代前期的語境中，構成爲京派之對立面的恰恰不是海派。而只有當八十年代中期以後，隨著國家都市化和現代化進程的進一步展開，在「地域文化」和「都市文化」視野的關照下，京海派之間的對立才眞正地被確立起來，「京海之爭」作爲兩者命名的元話語也才被進一步放大。

　　八九十年代之際所言稱的「文化」是一個跨越不同層面，內涵駁雜的話題，具體到京派研究，可能涉及的有：

　　一是前一時期由「尋根文學」所導引的「文化尋根」、「鄉土世界」、「傳統／民族文化」等，這裡面由阿城、汪曾祺到沈從文、京派的鏈接是構成這一取向的主要線索。1989 年黃子平一篇《汪曾祺的意義》〔註 19〕就是比較早的對這一線索進行發掘的文章，通過對「現代抒情小說」這一門類進行脈絡地梳理，而將汪曾祺置於四十年代與八十年代相勾連的中介位置上，不僅如此，更將其與八十年代復活的「九葉」詩人等同視作攜帶著新文學資源和傳統進入新時期文學的一種「文學遺跡」和「復蘇」。2011 年，羅崗在其《「1940」是如何通向「1980」的？——再論汪曾祺的意義》中一文對黃子平的觀點有所同應，認爲「汪曾祺之於中國當代文學的意義，不僅僅在把個久被冷落的上世紀 40 年代的『新文學傳統』帶到 80 年代的『新時期文學』的面前，更重要的是在 40 年代到 80 年代之間、往往被視爲『空白』的這三十多年，給汪曾祺的創作埋下了怎樣的伏筆，又是如何最終釀造了他的橫空出世。」〔註 20〕文中對早一時期李陀就已發現的汪曾祺與五六十年代文學之間的關聯作了進一步論證〔註 21〕，包括汪曾祺是如何在四十年代即已掌握的現代派寫作技巧與五六十年代實踐的「民間文藝」之間建立了一種語言上、乃至文學姿態、政治姿態上的融通和轉換等，進而提示：「40 年代的新文學傳統如果在某種程度上構成了汪曾祺的『前理解』，那麼五六十年代的思想文化如何與這種『前理解』發生關係呢？這種關係是否只構成了『壓抑』與

〔註 19〕 黃子平：《汪曾祺的意義》，刊於《北京文學》，1989 年第 1 期。

〔註 20〕 羅崗：《「1940」是如何通向「1980」的？——再論汪曾祺的意義》，刊於《文學評論》，2011 年第 3 期。

〔註 21〕 李陀：《汪曾祺與現代漢語寫作——兼談毛文體》，刊於《花城》，1998 年第 5 期。

『被壓抑』的機制？」〔註22〕汪曾祺對於八十年代「京派」的重現，尤其是沈從文的重新被發現所發揮的作用是不容置疑的，特別是 1985 年前後在「尋根文學」對文化譜系和傳統資源的急切探尋中，他本身所提供的這樣一種可以超越「空白」的鏈接顯然也是非常有效的。但這一應時代之需建立起來的脫鏈的歷史聯繫在今天已愈來愈顯示出它的問題，研究者所質疑的正是八十年代建立在汪曾祺本身特殊的創作、身份、乃至自我言說基礎上的這一文學史規劃的合法性，因此要重新探討的不僅是來自社會主義文學實踐的影響，以及間接由汪曾祺消化而進入八十年代文學中的那一四十年代與五六十年代文學的總體，一個更根本的問題在於，正如黃子平當時評價汪成熟的藝術形式時寫道：「現代派的意識、技巧，四○年代新文學成熟期的經驗，怎樣有機地組合在滲透在一個八○年代中國人對鄉土文化的審美表現之中？……汪曾祺的小說遂成為八○年代中國文學——主要是所謂『尋根文學』——與四○年代新文學、與現代派文學的一個『中介』。」〔註 23〕汪曾祺向八十年代文學所顯現的正是一種當時所急需的對抗性的資源——四十年代成熟的新文學經驗，乃至八十年代剛剛被幾個青年人發現、并引為先鋒形式的現代派技巧——汪曾祺的存在本身就足以使那一被淹沒的文學群落成為一個神話。

　　正是基於這樣一種自動的繼承關係，這一時期由文化尋根所導引下的「文化」範疇基本仍是延續著鄉土書寫傳統中所不可避免的地域文化這一面向。其中比較有代表性的是楊義的研究。在《京派海派綜論》（圖志本）〔註24〕一書的引言中，楊義比較詳盡地梳理了自己自八十年代以來的學術脈路，包括從八十年代初的以「個案研究與現象還原」為主的小說史整理，到八十年代

〔註22〕 羅崗：《「1940」是如何通向「1980」的？——再論汪曾祺的意義》，刊於《文學評論》，2011 年第 3 期。

〔註23〕 黃子平：《汪曾祺的意義》，刊於《北京文學》，1989 年第 1 期。

〔註24〕 《京派海派綜論》（圖志本）出版於 2003 年，其主體部分楊義的博士學位論文《京派與海派的文化因緣及審美形態》（2001 年）是對之前一系列研究的總結和擴展，主要包括：88 年出版的《中國現代小說史》第二卷中有關京派海派的論述「『京派』作家群和上海現代派」一章，寫畢於 87 年的《京派與海派比較研究》一書（後出版於 93 年），93 年在臺北中央研究院的講演《京派和海派的文化因緣及審美形態》，以及發表於 96 年的同題論文《京派和海派的文化因緣及審美形態》（刊於《海南師範學院學報（人文社會科學版）》1996 年第 1 期）。因此這裡我認為，楊義對京派、海派的文化的研究主要集中在 80 年代中後期，其主要的觀點判斷應基本形成於寫作《中國現代小說史》第二卷的時期。而我將其作為「文化研究」的代表也正是著眼於他這一時期的研究狀況。

中期的「『流派學』的自覺意識」，再到九十年代的「大文學觀和流派比較」。基本上楊義對京派、海派的研究並沒有出脫八十年代中期「文化尋根」的層面，對地域、文化、文學進行了一種風格化的處理，從古已有之的「南人北人」論，到近代上海的開阜、商業文化的興盛，北京的故都情結等，甚至對「文化研究」本身也進行了一種「歷史追蹤」（包括當時的其他一些研究論文），將「京、海」派的文化淵源追溯至了近代以來的戲劇、畫派的南北分化上等。楊義的研究代表了八十年代中後期一條比較重要的思路，即京、海派之間諸種現象上的分歧雖然被比較明確地呈現，但是在「文化尋根」這一總的母題下，兩者之間的區別仍局限於地域文化的橫向比較以及歷史文化的縱向比較上，並且值得注意的是，雖然三十年代的「京海之爭」被重複引述，並作為京海對比的一項重要史證，但是那種來自三十年代的強烈的價值評判立場卻沒有同樣地出現在這一研究方案中。因此可以說，在九十年代的這一條思路中，其所表述的京、海派之間的對立仍是一種表層的對立。

　　二是在現代化、都市化話語下，關於京派是否現代，京派所代言的傳統、鄉土文化與海派都市文化之間的關係，京派自身的都市敘述，及其對現代文明的反思等話題。在這一方向上，吳福輝是一個代表。吳福輝的研究在某種程度上可以表述為一種「當代化」實踐，這不僅是指其研究中所攜帶的比較明晰的當下意識，同時也指其將關於京派、海派的討論引向了一個新的層面。吳福輝並不是專門的京派研究者（在八十後期即已轉向海派研究），但這裡仍將他作為代表是在於，八九十年代的京派研究本身就是隸屬於海派和都市、現代化主題的反照，他由京派轉向海派的研究過程，以及在海派研究關照下的京派敘述等都可能比較清晰地呈現出八九十年代的整個話語轉型。吳福輝比較特殊的是，他一開始就比較自覺地將「京派／海派」置於「城／鄉」二元結構中，將京派文學視作一種「鄉村中國的文學形態」〔註25〕，「由一個鄉村世界來描述中國」，「反映我們這個古老、積弱，又不斷在自身內部艱難地醞釀新生的國家和民族」，「沒有正面寫出這一變化的歷史鬥爭場面，卻暗示了在城市商業文明包圍下鄉村緩慢發生的一切」〔註26〕。可以看出，在凸顯京派回歸鄉土、傳統文化的同時，吳福輝並沒有像當時的其他一些研究者那樣將之直接歸結於一種文化的「尋根」和「傳統論」，在這一點上，他與嚴家

〔註25〕吳福輝：《鄉土中國的文學形態——〈京派小說選〉前言》，前揭。
〔註26〕吳福輝：《京派海派小說比較研究》，刊於《學術月刊》，1987年第7期。

炎發揮了比較堅定的表態作用，即京派是現代的。嚴家炎認為：京派對原始的人性和淳樸的農村生活的讚頌並不是一種單純的「向後看」或倒退，而是藉以批判現代文明及其造成的人的異化，在當時北平工業文明和城市資本主義並不發達的狀況下，便從邊遠的鄉土、農村尋找資源〔註 27〕。吳福輝則認為：京派雖著力於從傳統文化中提取精華以實現民族性格和民族精神的重造，但「思想上的民主意識、自由意識以及文學的現代意識，結合成他們的現代性」，因此也就兼有了民族性和現代性〔註 28〕。當然，這裡所提到的京派對現代工業文明及其造成的異化等現象的批判仍主要是被置於民族性和人性的框架中來討論，而關於京派的「審美現代性」問題則是在九十年代後期以後才成為重要話題。

對京派的這一「文化的」研究，一方面可以視作是對之前文學／文學史研究的某種突破，另一方面由於對立面的轉移（從政治轉向都市、現代化等），不僅造成對京派自身命義的調整，同時京、海派兩者的關係也更可能被放置在一個更大的話語框架下來討論（這在八九十年代是一個很常見的現象），如傳統／現代，現代化進程，改造民族文化與西化等。八十年代末對京派的文化討論的背後其實仍是一個現代化的問題。吳福輝在《大陸文學的京海衝突構造》一文中便將京派、海派放大到了一種帶有普遍性的關於「內陸／沿海」的文化比較，並將當代文學中新晉的西北賈平凹、路遙、李銳與東南蘇童、格非、余華也一齊納入到了這一對比序列中，在吳福輝看來，京海兩派分別代表了兩種現代化方案或過程，「內陸文化在接受海外潮流的衝擊時，它的現代化過程是自尊的、漸進的，是一種正變形態」，「海派的作風在中國是孤立的……它首當其衝地受到外來壓迫，只能發生激變」〔註 29〕。可以發現，在「現代化」視野下，之前京派在「人性」、「人道主義」話語中所獲得的那種文學優越性開始逐漸淡退，而重又成為「民族化」／「西化」、「傳統」／「現代化」命題中的一個尷尬角色。吳福輝的觀點在某種程度上體現了八十年代末對現代化普遍樂觀的情緒：「自重的京派文學建築在農民加士大夫意識的『烏托邦』理想中，表露出他們對現代文明血和火的某種規避。海派的文化尷尬，客觀上倒是超前地顯示了一個道理：現代文明假若不

〔註 27〕 參見嚴家炎：《論京派小說的風貌和特徵》，刊於《湖北大學學報（哲學社會科學版）》，1989 年第 4 期。

〔註 28〕 吳福輝：《鄉土中國的文學形態──〈京派小說選〉前言》，前揭。

〔註 29〕 吳福輝：《大陸文學的京海衝突構造》，刊於《上海文學》，1989 年第 10 期。

經由一條沾滿血腥味、銅臭氣的不潔的通道，可能很難達到光明的彼岸。而且這個彼岸無法預約。想要超越『不潔』，已經被證明是虛妄的。」〔註30〕但另有一些研究者卻仍希望通過爲京派在這一對立中找尋一個可以融通的位置，以挽留京派在「五四」激烈反傳統之後作爲傳統的重造者所可能具有的歷史命義，以及在現代化方案中扮演悲劇角色所可能帶來的審美原動力。許道明在《京派文學：在現代與傳統之間》一文中就指出，京派體現了一種五四激烈反傳統後的沉潛，嘗試在現代意識下刷新傳統資源，顯示了在傳統與現代之間的融通，他寫道：「京派作家在他們力能所及的條件下賦予文學傳統以新銳的色澤；並且也因著它，京派作家才湧動起類乎『文藝復興』、『重造傳統』的激情」〔註31〕，事實上，已將京派放置在了另一種現代性的話語框架下。相關的文章還有郭寶亮的《在現代與傳統之間——論京派作家文化心態的「二難」選擇》〔註32〕，許道明的《京派作家與中西文學》〔註33〕等。

　　但是，隨著九十年代都市、都市文化和海派研究之成爲顯學，京派不可避免地成爲了那一現代化進程中的配角，隨之產生的恰恰是一系列關於京派的城市書寫的研究，相關的論文有張鴻生《與鄉村對照中的都市——論京派都市題材小說》〔註34〕，王愛松《都市的五光十色——三十年代都市題材小說之比較》〔註35〕，劉淑玲《鄉村夢影裏的城市批判——京派作家城市小說論》〔註36〕，《象徵與反諷——京派作家的城市小說》〔註37〕等，這些論文爲前一時期以「鄉土」爲主要內涵的京派文學又發掘出了一個所謂的被淹沒的

〔註30〕　同上。

〔註31〕　許道明：《京派文學：在現代與傳統之間》，刊於《復旦大學學報（社會科學版）》，1993 年第 4 期。

〔註32〕　郭寶亮：《在現代與傳統之間——論京派作家文化心態的「二難」選擇》，刊於《河北師範大學學報（哲學社會科學版）》，1993 年第 2 期。

〔註33〕　許道明：《京派作家與中西文學》，刊於《復旦大學學報（社會科學版）》，1991年第 4 期。

〔註34〕　張鴻生：《與鄉村對照中的都市——論京派都市題材小說》，刊於《鄭州大學學報（哲學社會科學版）》，1993 年第 1 期。

〔註35〕　王愛松：《都市的五光十色——三十年代都市題材小說之比較》，刊於《文學評論》，1995 年第 4 期。

〔註36〕　劉淑玲：《鄉村夢影裏的城市批判——京派作家城市小說論》，刊於《河北學刊》，1995 年第 6 期。

〔註37〕　劉淑玲《象徵與反諷——京派作家的城市小說》，刊於《河北師範大學學報（哲學社會科學版）》，1996 年第 2 期。

「都市」書寫譜系。然而，這卻是一個戲劇性的時刻，當京派對現代都市文明的批判最終被冠以「京派的城市小說」這樣的命名時，所謂「京派」其實早已轉化成了那一它藉以建構自我的對立面（「海派」）本身。

三、新世紀以來對京派「批評」的研究

對京派批評的研究自九十年代末以來也已成為京派研究的一個重要方面，主要的博士論文有北京大學黃鍵《京派文學批評研究》（2000 年），華中師範大學邵澄《中國文學批評現代建構之反思──以京派為例》（2004 年），復旦大學齊成民《中國現代文學史上的京派批評》（2003 年），南京師範大學王青《中國現代印象批評研究》（2007 年）等。這幾項研究的主要共同點在於將京派批評放置在現代批評體系的建構中，指證京派與中國傳統文論及西方文學批評（尤其是印象派批評）之間的雙向吐納，並將其基本定性為一種與社會、政治批評相對立的，或至少是與之形成補充、對話關係的審美批評範式。較之原先的「文化研究」模式，這種關於京派批評的研究模式，其特點在於，為「京派」那種口口相傳的「審美性」找得了理論依據。楊義早在九十年代初就指出京派的兩位理論家是周作人和朱光潛，「周氏重史，朱氏重論」〔註38〕，在一部分京派研究者中也的確發起過關於京派之「前後期」的討論。如周仁政的博士論文《後期京派文學研究》（1994 年），便將 1937 年作為分界線，將周作人、廢名作為前期的代表，將沈從文、朱光潛作為後期的代表。此外，也存在另一種分界方式，即以 1933、1934 年《大公報》的活動作為標準。但這兩種分界方式的總體傾向是一致的，都意識到前期的周作人、廢名與後期的沈從文、朱光潛等之間，的確存在著從文學趣味到風格、姿態等諸方面的差異。產生這種差異的重要原因之一，便在於後來朱光潛的理論化實踐以及一批年輕作家、批評家的加入。如前所述，蕭乾和師陀都提及三十年代中期以後，巴金、靳以、鄭振鐸等在北京所凝聚的一批青年力量，而蕭乾甚至將這一現象視為三十年代北京文壇轉向的一個重要表徵，並藉此將包括他自己在內的一批青年文人區別於早前的那個「京派」。且不論這種分期的合理性，但在很大程度上，有關京派「批評」的研究，其研究對象卻基本隸屬於後一時段。

〔註38〕楊義：《京派小說的形態和命運》，刊於《江淮論壇》，第 1991 年第 3 期。

　　這一時期對京派「批評」的研究，雖然在某種程度上使京派的審美風格更爲學理化，但是也存在一個問題，京派批評的成熟無疑是在 1933 年之後，尤其是蕭乾有意識地在《大公報・文藝》主持「書評」欄目，以及李健吾、李長之等新一代京派健將的出場，朱光潛美學理論的成熟等，京派批評這一形式本身事實上就是預示著一種京派關於自身的明確化，只有當建立了明確的標準才能夠有效地進行對外評價。因此從批評的角度研究京派，所可能造成的一個問題就是：對象的偏頗。黃鍵在《京派文學批評》一書中所擇取的幾個範例就是：沈從文、朱光潛、李健吾、梁宗岱、李長之，基本集中在那一所謂京派的「後期」；齊成民的《中國現代文學史上的京派批評》中援引者有：沈從文、李健吾、朱光潛、梁宗岱、葉公超、林徽因，以及四十年代受京派影響的「九葉派」。可以發現，在「批評」這一研究範疇下，所選擇的對象基本是有公論，並確定的。也就是說，從這一角度所發現和闡述的「京派」不僅比前一時期流派史視野下的那一「京派」具有更明確和固化的面目，而且也更少爭議。

　　因此，由批評研究而產生的對京派的賦意不僅是從理論上強化了關於京派的審美敘事，而且將目光集中在京派後期所逐漸成型，並日益昭顯出集團意義的文學特質上，這恰恰使得京派的面向自八十年代以來更獲得了一次固化。而其形成中的某種流動性和豐富性則無法呈現。

四、文化詩學研究

　　文化詩學研究，包括對「京派」之審美現代性的闡述，代表的是劉進才對京派小說所作「敘事學」分析，主要著作《京派小說詩學研究》〔註 39〕，爲其博士論文《京派小說詩學研究》（2002 年）的改定。他對京派小說的研究便主要啓用了像小說空間、時間，回憶型視角，散文化，意象等敘事學概念。

　　事實上涉及到現代文學的詩學研究，早在 1999 年，吳曉東、倪文尖、羅崗三人就曾綱領性地提出：「我們在以往現代小說的閱讀和研究過程中逐漸形成了一個共識，即現代小說中那些藝術水準相對較高的作品大體上都表現出詩性或詩化特性。」〔註 40〕因此，他們也爲現代文學梳理出了一條所謂

〔註 39〕劉進才：《京派小說詩學研究》，上海：復旦大學出版社，1994 年。
〔註 40〕吳曉東、倪文尖、羅崗：《現代小說研究的詩學視域》，刊於《中國現代文學研究叢刊》，1999 年第 1 期。

詩化小說的線索，主要包括：「魯迅的《在酒樓上》等一部分第一人稱短篇小說，廢名的《橋》，沈從文的《邊城》，馮至的《伍子胥》，師陀的《果園城記》，蕭紅的《呼蘭河傳》，駱賓基的《幼年》以及汪曾祺的短篇小說等。」〔註41〕這一時期所提出的詩學研究基本指向的就是文本細讀，依託敘述者、敘述視角，對話、複調，空間、時間，回憶等範疇對文本進行結構、形式上的分析。這一取向一方面來自當代對西方現代派小說，乃至詩歌的閱讀經驗，另一方面則來自當時結構主義、敘事學等理論框架的引介。在一些現代文學研究的既有話題上，都曾或多或少顯示了這樣一種框架性的轉換，薛毅在《魯迅與 1980 年代思潮論綱》一文中就曾明確指出八十年代以錢理群爲首的一批研究者依託《野草》等文本所建立的新的闡述體系即意味著魯迅研究已由啓蒙主義走向現代主義〔註42〕；另像吳曉東在《魯迅小說的第一人稱敘事視角》〔註43〕、《魯迅第一人稱小說的複調問題》〔註44〕等文中亦對 W·C·布斯《小說修辭學》、巴赫金《陀思妥耶夫斯基的詩學問題》、昆德拉《小說的藝術》等著加以援引，在其另一部論著《從卡夫卡到昆德拉》中，這樣一種來自現代派小說的詩學視野則體現得更加明確，作者寫道：「什麼是小說，從這個意義上，小說也正可以被我們理解爲以敘事的方式對小說外的片段化、零散化、複雜化的經驗世界的縫合，以文字和書卷的排列組合方式營造的一種內在時空的幻覺」〔註45〕，著意在脫出傳統小說研究強調主題、時代、意識形態等內容的反映論框架。

在吳曉東、倪文尖、羅崗三人合著的這篇文章中還提到，從詩學角度探討中國現代小說的思路首先是由錢理群提出的，並得到了當時七位青年研究者的響應，其中「薛毅承擔魯迅小說，劉洪濤承擔《邊城》，范智紅承擔《伍子胥》，倪文尖承擔《幼年》及汪曾祺小說，謝茂松承擔《呼蘭河傳》，羅崗承擔《果園城記》，吳曉東承擔《橋》」，並擬出「百年中國文學經典研究叢

〔註41〕同上。

〔註42〕薛毅：《魯迅與 1980 年代思潮論綱》，刊於《上海師範大學學報（哲學社會科學版）》，2011 年第 5 期。

〔註43〕吳曉東：《魯迅小說的第一人稱敘事視角》，刊於《魯迅研究動態》，1989 年第 1 期。

〔註44〕吳曉東：《魯迅第一人稱小說的複調問題》，刊於《文學評論》，2004 年第 4 期。

〔註45〕吳曉東：《從卡夫卡到昆德拉──20 世紀的小說和小說家》，北京：生活·讀書·新知三聯書店，2003，第 11 頁。

書‧詩化小說專輯」〔註46〕。可以發現，這一所謂詩化小說的譜系與京派文
學是有相當部分重合的，甚至可以說，將小說詩學引入現代文學研究領域的
一個基本前提就是，從魯迅、到廢名、沈從文、蕭紅這一脈寬泛意義上的鄉
土抒情小說的存在。劉進才的京派小說詩學研究基本延續的正是早一時期這
一批北大師生學者所規劃的研究思路，在其綱領性的《京派小說詩學研究論
綱》一文中，即明確將「文學作品的結構技巧、情節模式、敘述方法、文體
特徵等審美形式系統」作爲詩學研究的主要範疇，具體到京派小說則涵括「意
象敘事、時間與空間形式、情節模式、審美回憶」等幾大主題〔註47〕。但正
如幾位研究者皆不約而同提到，這一形式主義研究思路的最終指向並非僅是
八十年代意義上的「向內轉」，而是旨在打破以往審美性／社會性二元化的
研究格局，由「形式詩學」走向「文化詩學」，進而溝通文學的內部研究和
外部研究兩方面。「文化詩學」概念的提出可以說本身就是對八十年代文學
「向內轉」和九十年代所興文化研究的一種思路上的整合，即不滿於一種單
純向度的文本分析，而希望藉由形式因素通向更爲深刻的美學內涵或存在命
題。具體到「京派」研究，這種「文化的」意義則基本被落實在所謂「審美
現代性」一維度上，被作爲理論綱領的無疑是馬泰‧卡林內斯庫的《現代性
的五副面孔》（商務印書館，2002 年），及國內學者張輝《審美現代性批判》
（北京大學出版社，1999 年），劉小楓《現代性社會理論緒論──現代性與
現代中國》（上海三聯書店，1998 年），汪暉《韋伯與中國的現代性問題》（載
《批評空間的開創》，東方出版中心，1998 年）等著。在論述京派的審美現
代性一方面，相關的論文還有：李海燕《文化詩學視界中的京派和海派文學》
〔註48〕，黃軼《京派：「現代性」的另一條闡釋途徑》〔註49〕等，幾乎無一
例外地在反思現代性的向度上爲早一時期左翼文學史對「京派」之作用、地
位的貶損作出了新的辯護，並且不同於八十年代文學史所發掘的以「京派」
之自由主義精神及純文學姿態反撥意識形態控制的角度，在現代性話語下，

〔註46〕吳曉東、倪文尖、羅崗：《現代小說研究的詩學視域》，刊於《中國現代文學
　　　　研究叢刊》，1999 年第 1 期。
〔註47〕劉進才：《京派小說詩學研究論綱》，刊於《周口師範學院學報》，2006 年第 4
　　　　期。
〔註48〕李海燕：《文化詩學視界中的京派和海派文學》，刊於《理論學刊》2005 年第
　　　　2 期。
〔註49〕黃軼《京派：「現代性」的另一條闡釋途徑》，刊於《中州學刊》2007 年第 6
　　　　期。

「京派」所獲得的已不單純是一種文學身份，而更是一種對其文化立場與歷史角色的確認。

這一時期在「文化詩學」的框架下對「京派」，乃至整個現代文學之審美現代性的發掘是非常有特色的一種研究思路，以吳曉東在《中國現代文學中的審美主義與現代性問題》一文中對孟悅論述張愛玲一段的援引為例，他寫道：

> 孟悅在《中國文學「現代性」與張愛玲》一文指出張愛玲的智慧「表現在，她知道怎樣為並未整體地進入一個『新時代』的中國生活形態創造一種形式感，或反之，怎樣以細膩的形式感創造對中國生活和中國人的一種觀察，一種體驗，一種想像力。」這種「形式感」正是張愛玲的審美經驗和美學理想在文本中的具體實現，因而，文學想像力便衍生為文本中的形式因素，正是在文本化的形式中，張愛玲以她特有的「參差的對照的手法」協調著諸種美感情調。
> 〔註50〕

顯然，張愛玲之能呈現現代體驗的形式因素和文本化形態本身就構成為文化詩學研究的一種合適的對象，正如作者所說，張對現代都市的審美體驗，以及一種在本雅明意義上的對現代的「觀看」正是以一種「有意味的」形式予以呈現的。也正是在這個意義上，文化詩學研究所首先選取的對象就是現代文學中最富有藝術表現力的一條文脈──上面已提到的《橋》、《邊城》、《果園城記》、《呼蘭河傳》等──其中所集中顯示的那一充滿烏托邦情調的鄉土敘事也幾乎準確地契合了來自審美現代性的挽歌式的憂鬱和感傷。因此，「京派」，尤其是廢名、沈從文所引領代表的這一支現代抒情小說，無論是在藝術形式，還是審美內涵上都無疑構成為當時可與西方現代派小說所呈現的母題──包括人性、生存困境、現代體驗等──相溝通的一種本土範本。不僅如此，正如吳曉東在論述中所顯示的，在現代性話語下，這一時期京、海派研究之間其實共享著同一套理論資源和敘述框架：海派，像新感覺派所呈現的對現代都市體驗的「震驚」，抑或張愛玲所作「參差的對照」和所發「荒涼的體驗」〔註 51〕，與來自「京派」的對鄉土原民、古老法則的謳歌等往往被視作為一種同來自現代性的經驗表達和反應。在同時期涉及海派的研究中，像

〔註50〕吳曉東：《中國現代文學中的審美主義與現代性問題》，刊於《文藝理論研究》，1999 年第 1 期。

〔註51〕同上。

代表性的解志熙《美的偏至——中國現代唯美－頹廢主義文學思潮研究》（上海文藝出版社，1997 年），李歐梵《上海摩登——一種新都市文化在中國 1930～1945》（北京大學出版社，2001 年），李今《海派小說與現代都市文化》（安徽教育出版社，2000 年）等著，也都在不同程度上受到卡林內斯庫的現代性理論的影響。〔註52〕

　　在關於「京派」的這一研究模式中，研究者雖然已經注意到：「作家選擇什麼樣的敘事方式潛在地受制於深層的文化心態」〔註53〕，但這一所謂深層的文化心態究竟是什麼？在九十年代末以降的研究中，研究者所給出的大部分卻是一種極不確實和籠統的回答。如研究者常說的：對現代文明的批判和反思，詩意的鄉愁，對消逝傳統的凝眸和感傷，甚至是文學史所述「邊地的

〔註52〕繼上世紀九十年代嚴家炎和吳福輝對海派之現代性首先加以肯定，後更有李歐梵對之殊爲「浪漫」的渲染，海派的現代性問題似乎已獲得共識，而其後解志熙、李今、張勇則圍繞「摩登主義」與「現代主義」對之發表過不同意見。李今在《海派小說與現代都市文化》一書中曾寫道：「他們（海派）的小說雖然也表現了自我在都市『荒原』中的孤獨寂寞感，受壓抑的人的本能衝動和內心活動，但更社會化，世俗化，也多少流於『輕』和『浮』，只有後來的張愛玲能夠把對人的生存狀態的考察引向深入，但也正是由於她雖然並不認可，但又太多地認定常人的生存狀態的普遍性，使她對於有關人的形而上問題的探討，反而得出了形而下的結論，雖深刻但缺少使人昇華的精神力量和批判力量，這也正是海派小說貌似現代主義，但在本質上與西方這一精英文化所關心的自我問題和精神的相異之處。」（見李今：《海派小說與現代都市文化》，合肥：安徽教育出版社，2000 年，第 330 頁。）首先對「海派」之現代性發生質疑。解志熙在李今所著《海派小說與現代都市文化》的臺灣版《海派小說論》一書序言中則進一步表達了海派所顯現的現代性在某種程度上仍然不是批判性的這一觀點，而相對地提出「摩登主義」作爲對其現代性的替換稱謂，認爲三十年代滬上的海派事實仍是一種「複製的」現代，是「不免使『現代』時尚化以至於庸俗化的文化消費和文學行爲」（參見解志熙：《解讀「摩登」：李今和她的海派小說研究（代序）》，《海派小說論》，臺北：秀威信息科技，2004 年）。其後解志熙的學生張勇更一步圍繞「摩登主義」重新分析了「摩登」與「現代」兩者在三十年代語境中的重疊與分疏，（見張勇：《摩登主義：1927～1937 上海文化與研究》，臺北：人間出版社，2010 年），通過對「摩登」或「摩登主義」的梳理和命名，不僅使「海派」在三四十年代對現代資源和姿態的援用被放置在一個本土化的語境中展開，同時也依託「摩登」概念對以往研究界所指認的那一海派現代性的轉換，表達出了一定的批判立場。（參見李今：《從理論概念到歷史概念的轉變和考掘——評〈摩登主義：1927～1937 上海文化與文學研究〉》，刊於《中國現代文學研究叢刊》，2011 年第 3 期。）

〔註53〕劉進才：《京派小說詩學研究論綱》，刊於《周口師範學院學報》，2006 年第 4 期。

歌者」、「牧歌」等，在現代性概念比附下的現代文學，乃至現代史敘述在很大程度上都成爲一種對理論上已有之定論的重新演繹。通過對所借鏡的西方語境中慣常使用的，諸如意象、時空體、敘事技巧等範疇的套用，將中國現代這一脈有著明顯審美風格的文學形態順理地接續入這一全球性的思潮中。以文化詩學爲代表的這一路徑雖然著意在爲文學研究尋找一種宏大視域，但事實上由「文本－文化」所建立的這一通道在某種程度上仍是相對封閉的。這也是由詩學研究這一研究模式本身所決定的，因它所立足的無疑就是通常所說的內部研究。而僅由小說中的意象、敘事策略、時空形式、情節模式等文本性和形式性因素所推導出的作家的心態、乃至當時的文化語境和生存模式等，在很多時候並不具有充分的說服力，而它所提供的文化解釋和歷史解釋本身也往往傾向於一種修辭式的表述。

五、「京派」研究之「歷史化」的幾種嘗試

在上述關於京派的研究之外，比較值得注意還有幾種，是在對京派的歷史化方面作出了一些嘗試。主要是查振科的《對話時代的敘事話語──論京派文學》，高恒文的《京派文人──學院派的風采》，劉淑玲等的期刊研究，以及新近問世的周泉根、梁偉的《京派：文學群落研究》等。

查振科的《對話時代的敘事話語──論京派文學》（2005 年）〔註 54〕，爲其同題博士論文（1995 年）的修訂本。雖然對於京派的判斷基本沒有出離之前的研究範圍，但是他抓住了一個要點，即京派的文學形態是在對抗或對話中形成的，30 年代京派的某些比較堅固的主張正是當時在與左翼、包括魯迅在內的一些重要的文學實踐和話語的對抗、碰撞中產生的，而以往主要依託於京派自身的文學作品和文學批評的研究是比較狹隘的，甚至可能因爲某種話題、實踐脫離了其最初的歷史語境而使得那種原先有針對性的語氣變成了一種自我標榜的宣言，這在京派研究中是一個顯著的例子。其中諸如「自己的園地」、「趣味」、「言志」、「審美」、「文學家的態度」、「自由」等詞彙，在京派研究、乃至今天的文學史敘事中，都已經被不同程度的泛化。而究竟是誰在什麼語境針對什麼狀況作出如此言論，這一問題反倒被忽略了。京派，包括許多表徵京派的關鍵詞都被從歷史中抽離出來，成爲八十年代或

〔註 54〕 查振科：《對話時代的敘事話語──論京派文學》，瀋陽：春風文藝出版社，2005。

「重寫文學史」，或「去政治化」，或「都市化」的重要參與者和佐證者，因此有必要還原「京派」作為中國現代史中一個重要的「自由主義」群落和「文學」群落的歷史面貌。而查振科正是通過京派與五四、與人生派、與魯迅、與左翼等對話關係的建立，在一定程度上體現了這種歷史化的嘗試，但是他的問題在於：一、仍然設置了一個關於「京派」的實體或本質主義的認識，在對京派與左翼、魯迅等進行比較時，京派仍被作為一個整體板塊和既有對象；二、所呈現的對話關係仍是一種橫向比較，是兩個劃定的板塊之間的對比研究，而不是指向歷史場中的彼此間的相互形成；三、這種對話關係在某種程度上是被建構出來的（基於當時巴赫金等的對話理論），像「話題與話語──五四新文學運動與京派文學」，「及物寫作與不及物──人生派文學與京派文學」〔註55〕等，並不是真正的歷史化了的對話形態。

　　高恒文的《京派文人：學院派的風采》（2000年）〔註56〕，也是其博士論文《「京派」研究》（1995年）的修訂本，另包括近年來一些局部性的單篇論文。關於京派研究，高恒文更早的成果是一篇針對「京海之爭」的文章《魯迅論「京派」「海派」》〔註57〕。該文在當時引起了爭鳴，爭鳴文章有《關於「京派」「海派」的論爭與魯迅的批評》〔註58〕，《關於魯迅論「京派」「海派」》〔註59〕。高恒文與另兩篇文章的主要分歧在於，他通過梳理和解讀魯迅當時針對「京海之爭」的言說，考證出魯迅所指京派是「官的幫閒」，實際主要是指以胡適為首的《獨立評論》的成員，包括丁文江、任叔雋、翁文灝、張奚若、傅斯年、蔣廷黻等人；同時，在作為「商的幫忙」的海派陣營中，魯迅則將上海的左翼作家排除在外。於是，從沈從文那裡接續來的「京海之爭」話題，在魯迅這裡就被巧妙地轉移了，也就是說，魯迅在某種程度上放大了「京派」的範圍，而收縮了海派的範圍。針對高恒文的反駁意見仍主要延續之前「文化」研究的思路，認為魯迅所指的「京派」「海派」是一種廣義的文化現象，而非針對個別人事。這一段小規模的爭論，其實已經透露出了一種

〔註55〕參見查振科：《對話時代的敘事話語──論京派文學》，前揭。
〔註56〕高恒文：《京派文人：學院派的風采》，上海：上海教育出版社，2000年。
〔註57〕高恒文：《魯迅論「京派」「海派」》，刊於《魯迅研究月刊》，1997年第8期。
〔註58〕周蔥秀：《關於「京派」「海派」的論爭與魯迅的批評》，刊於《魯迅研究月刊》，1997年第12期。
〔註59〕徐美恒：《關於魯迅論「京派」「海派」》，刊於《魯迅研究月刊》，1998年第12期。

關於「京派」研究思路的轉換，尤其是高恒文最近的一些文章，像《「低徊」的趣味──關於魯迅一個文學批評的箋疏與考釋》一文對魯迅評論廢名「有意低徊，顧影自憐」一語展開的箋證〔註60〕，《話裏話外：1939 年的周作人言論解讀》對周作人落水後借錢玄同去世之機發言的辨析〔註61〕等，體現了一種對之前文學史和文化研究方法的溢出。這種對歷史中「聲音」的細讀辨聽，解志熙在其《考文敘事錄》序言《老方法與新問題》一文中稱之為「校讀法」：「堅持不做脫離文本語言實際的推論和思辨，而始終著力從文獻史料和語言修辭的比勘箋釋中一點一點地發掘出周作人言說的真用心和言外意，凡所分析都細密周詳、文獻足徵、可堪復驗，所以令人讀後深感怡然而理順、可信而無疑。而推原高恒文先生的比勘箋釋方法，其實是把文獻學的校讀法擴展、運用到文學批評和文學史研究中了，而且運用得相當成功，真可謂讀書得間、照辭若鏡、鞭闢入裏，充分發揮了校讀法在文學批評和文學史研究上的積極效能。」〔註62〕解志熙所形容的這種「話裏話外」，「聽話聽音」，其實正是一種將文獻作為文本來細讀的歷史化途徑，將京派作家在其時的發言與為文還原到當時的語境與對話中，將被文學史所概述的那一文學姿態和審美意旨以一種更具有說服力的歷史場景中的形態以展示，而使那些宣稱「純文學」、「與政治無關」的表態本身獲得一種更加真實且複雜的闡釋空間。

期刊研究，代表性的是劉淑玲九十年代從「京派」研究出發，其後進一步將視野輻射向整個《大公報》，梳理報與派之關聯的研究。前面已經提到，她在九十年代的主要論述視角是京派作家與都市文化或京派作家的城市書寫，基本隸屬於九十年代的都市文化研究框架。而其後出版的《〈大公報〉與中國現代文學》〔註63〕則可以視為其在「京派」研究基礎上的進一步延伸，也是九十年代以後現代文學領域的一個重要傾向，媒介研究。她以《大公報》為依託對其周邊沈從文、林徽因、蕭乾，包括三十年代北平現代詩的實驗群朱光潛、卞之琳、陳夢家等構成的一個有限的群體在三十年代的文學活動進

〔註60〕高恒文：《「低徊」的趣味──關於魯迅一個文學批評的箋疏與考釋》，刊於《現代中文學刊》，2010 年第 2 期。
〔註61〕高恒文：《話裏話外：1939 年的周作人言論解讀》，刊於《中國現代文學研究叢刊》，2008 年第 2 期。
〔註62〕解志熙：《考文敘事錄──中國現代文學文獻校讀論叢》，北京：中華書局，2009，第 21 頁。
〔註63〕劉淑玲：《〈大公報〉與中國現代文學》，石家莊：河北教育出版社，2004 年。

行了勾勒，尤其是對《大公報》所呈現的幾宗標誌性事件的梳理，像吳宓主編《文學副刊》最終被《文藝副刊》擠落所寓意的一場文學權力的更迭，沈從文的文學觀對《大公報‧文藝副刊》的主導作用，以及 1935 年《大公報‧詩特刊》所展示的三十年代在北平「沙龍」中成熟的現代詩實踐成果等。梳理和描述這些與《大公報》相關的文學事件對於呈現「京派」一部分成員的文學觀無疑是非常有效的途徑，這也是期刊研究至今仍爲現代文學研究中一個有效途徑的重要原因。除此外，「京派」的另幾份有公論的刊物：《水星》、《學文》、《文學季刊》、《駱駝草》、《文學雜誌》等也都有碩博論文和論文專述〔註64〕。

　　周泉根、梁偉的《京派：文學群落研究》（2012 年）〔註65〕，是比較新近的成果，但其中一部分觀點在作者早一時期的相關論文中已有體現，包括周泉根《從自由看「京派」——論「京派」文學觀念的本質特徵》，刊於《海南師範學院學報（社會科學版）》2004 年第 2 期，《「可以興」才「可以群」——論「京派」的美學救溺觀》，刊於《文藝爭鳴》2004 年第 5 期等。在該書緒論《文學群落：一種文學史的新視角》中，作者提出了一個非常重要的觀點，即用「群落」的概念代替「流派」的概念，從而取消來自傳統「流派」研究的某種規定性，使「京派」在形態上獲得更加自由、鬆散的原生性。但是，這一框架轉移所依據的卻仍是一種對京派之核心精神的界定：自由主義，作者寫道：「自由主義落實到文學和文學觀念，就表現爲個性主義、自由發展、不拘一格、各儘其長、求同存異。這些理念決定了他們標榜一己之見卻不強

〔註64〕相關論文有：吉崇敏：《〈文學季刊〉與 1930 年代文學》，吉林大學博士學位論文，2006 年；李丹：《「文學的自由與紅塵的超脫」——〈駱駝草〉周刊研究》，東北師範大學碩士學位論文，2009 年；郭君英：《〈駱駝草〉與前期京派文人》，華東師範大學碩士學位論文，2009 年；焦敬華：《「進擊」向「退隱」轉型中的「趣味隱逸」——〈駱駝草〉周刊研究》，華中師範大學碩士學位論文，2009 年；張明麗：《〈駱駝草〉時期京派文人的潛隱與升騰》，河南大學碩士學位論文，2010 年；陳麗平：《〈文學季刊〉研究》，天津師範大學碩士學位論文，2003 年；上官梅菲：《旅途上的歌者——〈水星〉散文研究》，福建師範大學碩士學位論文，2009 年；陳連偉：《〈水星〉研究》，天津師範大學碩士學位論文，2007 年；郝秀霞：《「京派」刊物在「京派」發展史上的意義》，廈門師範大學碩士學位論文，2008 年；張谷鑫：《〈學文月刊〉研究》，天津師範大學碩士學位論文，2008 年；李霞：《〈文學雜誌〉與後期京派文學》，西南大學碩士學位論文，2009 年。

〔註65〕周泉根、梁偉：《京派：文學群落研究》，上海：上海三聯書店，2012 年。

加諸人，不搞聯合戰線，不立山頭。」〔註66〕雖然，從某種程度上講，「自由主義」的確可以比較準確地概括三十年代京派在政治上和文學上的主要姿態、立場，但是當使用「自由主義」來質疑京派作爲一個流派之存在的合法性時，卻極易陷入一種解釋上的簡單化的傾向。對「京派」之作爲流派的質疑並不僅限於其因「自由主義」姿態而導致的鬆散化形態，八十年代流派史研究的歷史語境和對「京派」打撈的歷史前提更是解析「京派」之被作爲一個流派的最直接和根本的源頭。事實上，八十年代對「京派」所進行的揀選和定義中，「自由主義」本身就是一個被標舉的重要屬性，並構成爲八十年代「自由主義」思潮運行的一個重要方面，因此，從「自由主義」的角度出發質疑「京派」之成立在某種程度上並沒有指向其話語的本質。並且，出於對「自由主義」姿態的強調，作者雖將「京派」由原本集中型的「流派」降落爲一種更爲鬆散的「群落」的稱謂，但事實在對京派展開的具體論述中卻仍沒有超出以往流派研究所涉及的範圍和話題，包括期刊，「沙龍」，文學評獎，文學作品和文學論爭等，因此以「文學群落」取代「文學流派」雖然對八十年代以來流派研究的框架進行了一定程度的反思，但在研究思路上卻仍然沒有出離文學流派所限定的基本視野。

第二部分　本書對「京派」研究的思路與方法

一、歷史化研究的思路及幾種參照

一

對京派的歷史化，在於希望能將京派所指涉的一批文人，包括其周邊輻射的知識分子群體在三四十年代進行的活動，包括文學活動，乃至社會活動和政治活動，重新放回到那一具體的歷史語境，將他們在當時的發言，所針對的對象，所處的事件，所交往的人事，乃至公開發言與私下言論間的區別等盡可能地予以呈現，而使那一些被局限於文學作品、寫作姿態和文學理念的表述獲得某種更豐富的面向和闡述空間。有幾點是我希望在對「京派」展開的研究中能夠盡量顯示的：

〔註66〕同上，第 10 頁。

　　一、關於對話。正如之前在評述查振科的《對話時代的敘事話語——論京派文學》時所說，我們現在所見文學史所集中顯示的「京派」的面向是經過了八十年代流派史研究的揀選、概括，以及之後文學研究、批評研究等模式進一步整合和固化而得出的總結，「京派」已經獲得了一種相對穩定的整體形象。而「京派」的很多言論，尤其是周作人、沈從文這兩位旗手在當時所發出的充滿標榜性、乃至挑釁性的聲音，其實都是有所針對的。以「京海之爭」為例，通常認為沈從文挑起這一次論爭意在批判當時滬上的商業環境，但是通過對當時來自各方面的各種發言的梳理，可以發現，這一場論爭雖然由沈從文在北京遙向「海派」發出，但事實上，很快就被吸納入了上海本有的論爭、乃至政治對抗語境中。像稍前一時，左翼與曾今可等關於「文人無行」的論爭，左翼與韓侍桁等關於「第三種人」的論爭，左翼與蘇汶等關於「批評標準」的論爭等……「京海之爭」在當時正是裹挾於這一系列論爭而最終被落實於何家槐抄襲這一事件上，因此通過辨析可以得出幾個結論（下文詳述）：一、沈從文在蘇汶發出反駁意見之後所定義的「海派」其實已連接著前一時期滬上文壇對相關行為的爭論結果，因此某種程度上可以說，不是沈從文的提出，而是總結；二、鑒於沈從文本人所號召的嚴肅文學觀，揭陰私、小報式的暗諷，包括魯迅式的「罵」都不是他所認可的，因此他對「海派」的表達史側重於一種對文學現象和一般形態的描述，但是當這一話頭被移入滬上語境，文學現象復又轉向了一種文壇勢力間的指認，尤其是蘇汶的首先回應，事實上在第一時間就將「京海之爭」植入了當時與魯迅、左翼的爭執中；三、《文化列車》同人從北京重新引進換湯不換藥的「海派」一詞，目的是在將之前「文人無行」中的矛頭倒指，但是事實爭論的結果表明，由於當時在事件中被點名的一些角色、勢力的有意迴避，最終關於「海派」所得出的結論仍是一種在「商業化」層面上的敘述，之後文學史對「海派」的定格也幾乎指向這樣一種一般意義上的文壇現象；四、正是這樣一種對一般意義的揭示，使「京海之爭」作為三十年代的一次文壇事件，而兼具了轉向另一種後來意義上的文化比較範疇的可能，同時，雖然沈從文在其中只是一個被引用的角色，但他對「海派」的敘述正因為指向這樣一種一般意義而使其言論在「京海之爭」中反而成為了一種標識性存在。不僅如此，即使越過這一事件在滬上語境中的變遷問題，回到沈從文發起「京海之爭」的初衷，通過梳理他同時期的，包括稍前一時期集中輸出的對新文學的批評意見也可

以發現，沈從文的初衷不僅在於針對滬上的「海派」現象與作風──甚至那個所謂的「新舊」海派，本身就不是他關注的焦點，不隸屬於他規劃的那一嚴肅文學的版圖──他所針對的乃是前一個十年新文學實踐中所出現的問題及他認為的不良傾向，矛頭更直指周氏兄弟及其文學使用的態度。

「京派」的形象和文學姿態無疑是在三十年代的種種對立與對話中形成的，正如我前面所說，三十年代京派的某些比較堅固的主張正是在與左翼、包括魯迅等當時一些重要的文學實踐和話語的對抗、碰撞中產生的，這其中除了藝術主張、寫作風格等文學態度上的區別，往往更涉及到二三十年代間有關人事、政治等更深層的分歧。如果不把這種對立的局面連同他們發言中的所指所向一齊揭示出來，那麼「京派」的很多標榜或有意為之的言說就極易被誤解為一種本質性的存在。一個顯而易見的例子就是三十年代初周作人以《周作人書信》的形式所推出的那一「苦雨齋」群落的集體亮相。在《書信》中，他有意截取了與三位苦雨齋常客的通信，並伴之以亦師亦友且擬古的稱謂（如稱沈啓無茶衲道兄、茗緣道兄，俞平伯為白萍道兄，廢名為長出屋齋主人等），談天氣，談讀書購書，談春色，談修葺，談文債，談信箋……一般看客在面對這種有意營造的語境時的確很難不得出名士山友風雅酬唱的印象。但事實上這無疑是一種「有意」的形式。《周作人書信》在當時與《中國新文學的源流》所著意建構的文學系統是相通的，即在於顯示文學在功能上的轉換：文字的使用只在於一種如書信一樣的情感的交流、或日常人事的表達與溝通，正如他在演講新文學之源流時所反覆申言的，文學之用，在於表達，而非載道派所期待的那一將文學作為主要活動準則和歷史動力，並以之替代「事功」的虛妄之用。因此正是在這個意義上，當三十年代中以後面對著大眾對其這一「有意」的越來越深的誤解，周作人才不得不對吃茶、古董、雅俗、名士這些前一時頗為得意的意象一一作出解釋，並給出誠懇和低姿態的退讓，同時也就是在 1935 年前後他開始放棄從《駱駝草》時代就已逐漸成形的那一帶有強烈拒斥性的文風，轉而主動向讀者揭示那個自家文章中的「秘密」。因此，所謂「老京派」的形象在這個意義上也就成為一種反諷的存在。

二、關於形成。在對「京派」的論述中存在著一個頗為尷尬的矛盾，即一方面認為那個由八十年代流派史研究及重寫文學史所打撈和建立的「京派」的框架無疑是存在問題的，但另一方面，在論述中又不得不始終借用這一範

疇。在之前的論述中，我一直強調，那個脫胎於流派史研究、而在其後的諸種研究模式中進一步固化的「京派」的總體稱名，是如何遮蔽了一種其在社會、政治、歷史語境中的流動性和形成性，但是，在實際進行敘述時，又不得不冠以像「京派與左翼」，「京派的……」這樣的命名。因此，棘手的問題便在於，如何在沿用「京派」這一命名的同時，而又在一定程度上弱化那種「京派」所指涉的來自文學範圍的約定俗成的限定。因此，在這個意義上談論京派的「形成」，即面臨著一種標準上的轉換和範圍上的出入。但正如我在前面所說，我並無意否定「京派」的成立，以及爲「京派」重新劃定一個人事範圍和作品譜系等。我的意圖在於，考察幾個主要人物在二十年代中以後所發生的思想轉移，以及這種轉移與當時社會文化語境間的勾連，從而得以窺見，在三十年代初，究竟是一種怎樣的歷史情境，驅動著這一批知識分子呈現出一種思想上的彼此理解，乃至在人事上的聚合？因此，這裡談京派的「形成」，目的不在於按照某種文學標準重新「點將」，或如之前在蕭乾、師陀、汪曾祺等問題上的去取出入的操作，而在於形容一種其人在其時其地於其思想、政治上的「震動」，以及由此震動所帶出的在文學使用姿態、文人參與社會的方式，以及審美、啓蒙、乃至議政諸方向的調試中所表現出的某種一致性。

因此，在這個意義上談京派的「形成」，主要在兩點，一是主要的人事的聚合離散，二是一種共同的政治取向和文化方案的逐漸顯形。

高恒文在《京派文人：學院派的風采》一書中曾提示了 1929 年周、胡之間的一次「破冰」通信，並將此看作是三十年代京派之成立的另一個重要的人事前提，這次歷史性的通信不僅可以作爲三十年代胡適及以胡適爲首的一大批南下新月文人最終北上的徵兆，同時也意味著二十年代發生在新文學內部的那一場深刻分裂的部分和解。我所感興趣的正是，這一次通信中所包含的某種更深層次的「同情」與「同意」。由二十年代末一直延續了整個三十年代的周胡間的這一次和解，不僅代表著他們與左翼激進政治和階級論話語的分道，同時也意味著一種新的在政治立場上的明確，即在承認一種相對寬泛的國家意識下，又與黨派統治保持距離，甚至反對。這裡引向一個問題，即在二十世紀初的幾十年間，一個關於「建國」的故事或神話始終貫穿著民國史的各個階段，這不僅是文人與國家命運、政權更迭之間的那種微妙關係的表達，同時也指向一個更具體的問題：自晚清以來，由對一個現代民族國

家的呼喚到真正地進入到建設的階段，知識分子對國家的不同理解，以及在各自的身份下所規劃的方案，文化的或是政治的，這些方案在當時於他們個人、社會及政府方面都產生了怎樣的效應？包括胡適、周作人等在內的這一批「五四」人也都面對著這樣一個問題：「國家」，一個形式上統一的現代民族國家之成為事實。如何在這樣一種形勢下，重新面對「五四」的資源與姿態，及在二十年代中以後新文化陣營分化的前提下，來重新選擇一種表達的方式？在這一批知識分子中，「國家」始終是一個隱在的存在，他們的很多言說甚至超越了二十年代那些煊赫的「主義」的邊界，而正是在這個意義上，和解才可能實現。因此，周胡之間的這一次和解所引向的，不僅是一個有關「京派」之成立的人事前提，而且是另一種關於三十年代的氛圍與語境，那就是在戰爭和革命的聲音之外，這一群曾經作為新文化運動之先鋒的知識分子所作的選擇，而他們在當時被目為保守。

因此也就是在這個意義上，我並沒有嚴格地為我所言說的「京派」界定出一個明確的人事譜系或人員構成，而是擇取了幾個重要人物，以胡適、沈從文、周作人等在當時歷史情境和對抗、對話中所發表的態度、所作的調試，他們彼此間的溝通、影響，以及他們所輻射下的周邊群落的形成等，作為「京派」的某種核心的存在。而也正因這種標準上的轉移，使之前在文學史敘述中頻頻提到的諸如「太太的客廳」、「讀詩會」、「現代詩」等文學事件卻在一定程度上被規避了。當然這種偏頗也極可能導向另一種在論述上的不公允。

三、關於政治。鑒於上文的這樣一種思路，因此在對「京派」之形成的敘述中，我將胡適作為一個重要的對象加以論述，不僅是在於他與當時的這一批所謂「京派文人」之間的互動及其重大影響，而更在於他們在這一新興的初步統一的現代國家體制中所體現出的一種基本共識。這一共識涉及到：一、政治立場；二、與現行政府、體制之間的某種合作的可能；三、在其各自位置上所規劃的對於國家建設、社會秩序重建、乃至國民啟蒙的政治的或文化的方案。

這一批文人，即便是「文學的京派」所定義下的京派文人，在其所呈現的文學或審美的形式背後其實也仍然潛藏著一種來自政治上的立場與方案。拋開胡適三十年代的政治行動本身，在那個狹義的文學者的意義上，他也的確出產了大量校勘、考據成果，而這樣一種對中國的「整理」在某種程度上正是三十年代「京派」知識分子的一個共通點：沈從文對鄉村中國所代表的

某種民族性的發現，林徽因以其現代派技巧所展示的那個民間，（乃至與梁思成共同致力的中國古建築考察），周作人對中國古典資源的披沙揀金……乃至中研院直隸下的語言、歷史、考古、經濟、政治等研究其實在某種程度上都具有一種一致性——我將之暫稱爲三十年代的「整理國故」。四十年代周作人在重談文藝復興，即延續二十年代的整理國故的主題時，曾這樣說：

> 在二十多年前中國有過一次文藝復興的運動，即是所謂新文化運動。雖然那時途徑還沒有像現在的那麼明瞭，但是整理國故，接受新潮，這目標並未定錯，而且也有相當的人才，相當的熱心，然而成績不很大，這是什麼緣故呢。中國士流向來看重政治，從事文化工作者往往不專心，覺得弄政治更爲有效，逐漸的轉移過去了。其實文化工作者固不必看輕政治，卻無須太看重，只應把自己的事業看作與政治一樣重要，或者如必要即認爲也是一種政治的工作亦可，專精持久的做去，效果自會發生出來。〔註67〕

從文化方案轉移出來的無疑就是指胡適等一批新文化人，但周作人進而也指出，二十年代乃至綿延向整個三四十年代的文化改造的方案事實上從來沒有喪失其時代意義，而所不同的是國家變局，政治的方案在當時更爲明確，亦更爲直截快捷，因此士流流向，也是在所難免。但是正如他說，文化何嘗不能是一種作爲「政治」來從事的事業，四十年代周作人重新站在這一文化的立場來強調一種文藝復興式的改良方案，並將之與政治的方案並舉，顯然從新文化的分流來看，這兩者或許正是互相補充。

　　因此，談京派文人的「政治」，在於兩個層面：一是二三十年代之際，這一批文人之聚合的某種共通的政治立場與姿態，即我在前文已反覆提及的，在面對一個新興的形式上統一的現代民族國家的歷史當下，他們之立於體制、國家之中，而與早先的先鋒姿態相區別的一種身份特徵；二是他們所訴諸實踐的文學的、審美的、或教諭的方案下所實際包含的一種政治性意圖。木山英雄在敘述周作人的戰時行爲時曾寫道：「周作人這位反政治的文化主義者以這樣的方式，艱難曲折地肯定了最終無法超越政治的清末民族主義所培

〔註67〕周作人：《新中國文學復興之途徑》，見鍾叔河編：《周作人散文全編》，第 9 卷，桂林：廣西師範大學出版社，2009，第 30～31 頁。原載《中國文學》創刊號（1944 年 1 月 20 日）。

育的那個自己」〔註 68〕，即那一他所標榜的「文學」的姿態下所隱喻的政治性。

二

基於這樣的思路，因此便有另一部分比較新近產生的，可能並不完全隸屬於傳統的「京派文學研究」範圍，但仍對京派研究具有重要參照價值的研究成果需要提及。主要是：

一、民國史研究。臺灣的近代史研究，像郭廷以的《近代中國史綱》〔註 69〕和《中華民國史事日誌》〔註 70〕等較之大陸的民國史研究在資料和史實方面都有所優勢，可作為民國史事的一個基本參照。此外還有臺灣目前已比較成熟的口述史研究、回憶錄、年譜日記等（一部分已經在大陸出版），像《胡適口述自傳》〔註 71〕、《顧頡剛日記》〔註 72〕、《西潮》〔註 73〕、《新潮》〔註 74〕、《蔣廷黻回憶錄》〔註 75〕等亦可作為民國史事的參照。另外，國內羅志田、王奇生等的民國史研究也是近期以來的重要成果。尤其是羅志田對二三十年代民國史和學術史的研究（《再造文明之夢：胡適傳（1891～1929）》〔註 76〕，《激變時代的文化與政治：從新文化運動到北伐》〔註 77〕等）在除了史料意義外，更重要的是他提供了一種文史研究的方法，以胡適為基點展開，將學術史、思想文化、社會政治、文人心態等多重視域加以整合，因此即使是在對文學事件的展現上也具備了一種全景效果。以《激變時代的文化與政治：從新文化運動到北伐》為例，其中在處理「問題與主義之爭」這一

〔註 68〕 木山英雄：《北京苦住庵記——日中戰爭時代的周作人》，北京：生活·讀書·新知三聯書店，2008，第 156 頁。

〔註 69〕 郭廷以：《近代中國史綱》，香港：中文大學出版社，1980。

〔註 70〕 郭廷以編著：《中華民國史事日誌》（全四冊），臺北：中央研究院近代史研究所，1979～1985。

〔註 71〕 胡適：《胡適口述自傳》，唐德剛評注，北京：華文出版社，1992。

〔註 72〕 顧頡剛：《顧頡剛日記》，臺北：聯經出版事業股份有限公司，2007。

〔註 73〕 蔣夢麟：《西潮》，臺北：致良出版社，1989。

〔註 74〕 蔣夢麟：《新潮》，臺北：致良出版社，1990。

〔註 75〕 蔣廷黻：《蔣廷黻回憶錄》，謝鍾璉譯，臺北：傳記文學出版社，1984[1979]。

〔註 76〕 羅志田：《再造文明之夢：胡適傳（1891～1929）》，成都：四川人民出版社，1995。

〔註 77〕 羅志田：《激變時代的文化與政治：從新文化運動到北伐》，北京：北京大學出版社，2006。

準文學史話題時，便不是像以往研究者那樣僅關注爭論雙方的觀點、分歧等，而同時將視域延伸到了更為周邊的文化力量、政治派系的活動等，指出分歧並不僅存在於主張「問題」或「主義」的雙方，而在另一向度上指向當時的政治力量安福系。另有王奇生的《革命與反革命——社會文化視野下的民國政治》〔註78〕、《黨員、黨權與黨爭——1924～1949年中國國民黨的組織形態》〔註79〕等著。

　　二、「北京學」研究。「北京學」研究是近年來在北大陳平原主持下的一系列對民國時期北京城的研究成果，涉及文學、藝術、建築、教育、傳媒、生活等諸多方面，通過記憶、史料、閱讀、想像等多層面的勾勒，為文學史研究提供了一座歷史的城。已有的相關成果有：陳平原《北京記憶與記憶北京》〔註80〕，《北京：都市想像與文化記憶》〔註81〕，顏浩《北京的輿論環境與文人團體：1920～1928》〔註82〕，季劍青《北平的大學教育與文學生產：1928～1937》〔註83〕，李蕾《京派文學的學院品格與北平高等教育（1928～1937）》〔註84〕等。不僅涉及民國時期北京城的文化風貌，同時也已將研究伸及其時的文學實踐、學院體制等層面。並且由此連帶的還有大量回憶錄、傳記、日記、年譜資料，像早先出版的《吳宓日記》〔註85〕、《周作人日記》〔註86〕、《胡適日記全編》〔註87〕、《朱自清全集·日記編》〔註88〕，以及鄧

〔註78〕王奇生：《革命與反革命——社會文化視野下的民國政治》，北京：社會科學文獻出版社，2010年。

〔註79〕王奇生：《黨員、黨權與黨爭——1924～1949年中國國民黨的組織形態》，北京：華文出版社，2010年。

〔註80〕陳平原：《北京記憶與記憶北京》，北京：生活·讀書·新知三聯書店，2008。

〔註81〕陳平原：《北京：都市想像與文化記憶》，北京：北京大學出版社，2005。

〔註82〕顏浩：《北京的輿論環境與文人團體：1920～1928》，北京：北京大學出版社，2008。

〔註83〕季劍青：《北平的大學教育與文學生產：1928～1937》，北京：北京大學出版社，2011。

〔註84〕李蕾：《京派文學的學院品格與北平高等教育（1928～1937）》，係北京師範大學博士學位論文，2007年。

〔註85〕吳宓：《吳宓日記》，吳學昭編，北京：生活·讀書·新知三聯書店，1998～1999。

〔註86〕周作人：《周作人日記》（影印本，全三冊），鄭州：河南教育出版社，1996。

〔註87〕胡適：《胡適日記全編》，曹伯言編，合肥：安徽教育出版社，2001。

〔註88〕朱自清：《朱自清全集·日記編》，朱森喬編，見《朱自清全集》，第9～10卷，南京：江蘇教育出版社，1997～1998。

雲鄉、曹聚仁、蕭乾等關於北京城風貌、生活的回憶記述等。「北京學」研究不僅是一項時下流行的關於文人的、風俗的、懷舊的、散文化的課題，對三十年代的京派研究而言更是有價值的歷史資源。

二、全書各章節的安排

本書除緒論外分為八章：

第一章，「『新月』的分化與胡適的議政」。本章從 1929 年以胡適、徐志摩為首的一批新月文人在滬上成立議政團體「平社」，並計劃出版《平論》周刊一事件為敘述起點，並以這一次中途夭折的文學者議政實踐帶出三十年代文人與政治的主題。通常認為二三十年代胡適的議政顯示了文學團體「新月」在實際上的分化，但事實上，從胡適的實際議政行為與理想來看，他所寄寓的仍是一種「文人政治」。他的議政終其姿態、理想仍在一種最基本的層面上保留為其作為文學者的特徵──對形式、精神、思想範疇的注意，他與實力論者的區別即在於在乎一種類似文學的影響力與教化能力的政治上的思想運動，簡單地說，五四時代訴諸於文藝的那一思想改造手段所針對的是國民，或至少是青年學生，但是隨著二十年代中以後，學生運動在整個政治環境中的變質，同時伴隨著對那一國民改造理想的某種程度的失望，胡適將其教育的對象轉向了治政者本身。因之，三十年代他為自身所設定的角色就是政府之專家、教師。而另一方面，在胡適思想中一直處於核心位置的民主制，也因三十年代所面對的民族危機以及來自政黨政治的規約而不得不作出調整，這在他對其師杜威的「社群主義民主」的接受與調試，以及三十年代在《獨立評論》內部所展開的關於「民主與專制」的論爭中均有所體現。杜威的「社群主義的民主」主要在於強調一種既尊重共同體成員的個人發展，又使之與共同體的總體目的相契合的民主形態，他的解決方案是訴諸教育的手段，從而使共同體成員獲得一種主動參與社會進程的意願和能力，由此解決那一來自民族國家、或稱之為「社會效率」的外部壓力與人民在個人發展上的自由、權利間的衝突。胡適的「民主幼稚園」的提法雖在一定程度上繼承了杜威的這一理念，但是隨著三十年代民族危機的加深，以及面對國內精英界普遍呼籲以專制獨裁來強化統治「效率」的壓力，胡適雖然在論爭中堅持了其關於民主制度的理念，但也不得不相應地作出調整，而事實上也是對當時所要求的「社會效率」一面作出了妥協。

　　第二章，「北京學院體制的重建與北方人事的重組」。本章著重敘述，
1927 年國民政府成立以後，對知識界進行的體制化收編與組織，以及由此
所導出的北方人事自二十年代末遭受重創後所進行的新一輪的重組與權力
的斡旋、分配。其中，以魯迅在回平問題上所不斷發出的躊躇和反覆考量爲
切入點，從魯迅在兩次回平中所遭遇的人事的糾葛，他對北平學界的觀感、
回應等相對感性的訊息來透視二十年代末三十年代初在北京學界所發生的
這一次權力的重組。

　　第三章，「多重論爭中的『京海之爭』」。本章著重在對「京海之爭」進行
重新梳理，將之重新放置回三十年代滬上多重論爭的語境中，並藉此對沈從
文提起論爭的初衷進行考察。本章的結論在前文已述，這裡不再贅言。

　　第四章，「周作人與『苦雨齋』群落的形成」。本章旨在通過連綴三十年
代初周作人及其周邊的幾個事件性話題來展示這一時期他所著意營造的那一
「苦雨齋」意象及其群落之誕生所隱含的話外之意，或直接地說就是對左翼
文學的某種回應。從《駱駝草》到《周作人書信》實際上顯示的是周作人對
一個相對封閉的人與文的系統的建立，在這一系統中，所能進行的對話是有
限的。而在 1935 年之前，周作人在建構「苦雨齋」這一群像的同時所持續經
營的正是一種「藏隱」的文風，並由於其曲折晦澀的表述而在當時頗受誤會
與責備，他的這一所謂文章的「秘密」最終是由其弟子廢名道破的：周作人
風格中所隱含的實是一種個人對社會的特別的參與法，即廢名所稱的特別的
「談法」，其旨意正在重建一種文與時的關聯，重建一種文在面對世道變遷時
在表達上的敏感與生動，而同時也可能使之成爲一種教諭的通道。

　　第五章，「『由京近海』：林語堂與小品文運動」。本章主要通過敘述周作
人所發掘的晚明文脈在林語堂手中以一種大眾傳媒的方式加以重新處理和宣
傳後，所造成的那一「流行小品」的樣式，以及由此傳佈而造成的在大眾印
象中的那一「京派形象」的生成。事實上，林語堂的本意在通過將小品文引
申爲一種「小品文筆調」，而與西洋雜誌文中的那一代表中產階級趣味的隨筆
形式相連接。即小品文並不再是前人所謂狹隘的「小品」，而是一種現代散文
技巧，重點在以個人化的語調進行公私評論。借助「個人筆調（小品文筆調）」
一說林語堂成功將小品文由其文類本身所攜帶的某種精英氣轉化爲一種寫作
技術，並擬與群眾、社會、時代之間建立一種──較之左翼──更爲「有益」

且「有味」的關聯。這也就是我所謂的「林語堂的通俗化運動」，但是這一運動最終由於與同時所激起的「流行小品」與滬上的風月之氣等相糾纏而歸於失敗，在大眾的印象中也便幾乎仍是關於京派之風雅自詡的形象。

第六章，「『由京近左』：阿英與小品文運動」。本章旨在以阿英對小品文運動的參與，及在小品文運動中的位置爲切入，來表明三十年代左翼與京派之間在直接對抗外的某種微妙互動。阿英的確是魯迅之外比較早的對小品文進行深入研究的左翼批評家。他一方面毋庸置疑地延續了魯迅在《小品文的危機》中所作的小品文與雜文的區分，擁護雜文作爲散文之正統的地位，並將雜文硬性地塞入周作人所建構的那一具有排斥性的文的系統中，而爲三十年代的小品文重新建立了一個具有「社會」面向的譜系；但另一方面，我們卻又可以從他的研究或敘述中捕捉到一種對於小品文本身所無法掩飾的沉溺，即其在讀書札記、小品試筆、雜感點評之中所透出的令人無法忽視的「小品化」。因此以阿英爲例，旨在以他本身的實踐來揭示出三十年代在左翼與京派話語之間，或者說雜文與小品文譜系之間，圍繞散文正統、表達方式、命名內涵等展開的纏繞和博弈。

第七章，「專家作爲一種方案：沈從文與胡適」。本章主要探討沈從文與胡適在思想上的交集。沈從文在三十年代所宣揚的一種關於人的職位與本分意識，一方面來自他自滬上所培育的那一職業作家的身份，另一方面則是受胡適影響。胡適關於「專家」政治的構想來自他二三十年代與國民黨黨派政治的互動對峙，這與之前提到的「文治」觀念是一致的，除了強調文人在政治過程中的作用，實際上也是希望通過以行政吸納政治的方式，即通過一種政治的形式主義來懸置二十年代中以後所日益激化的政治的價值觀問題，並希望以此達到一種政治上的和平主義，從而促使國家眞正進入有秩序的建設。而沈從文與之不同的是，他對於「專家」的敘述正是以他「鄉下人」的經驗和道德系統爲基礎展開的，在他的敘述下，「專家」這樣一些明顯隸屬於現代國家體系的制度性範疇卻反而是以「前現代」社會中的人倫秩序、鄉土法則這樣一些道德範疇來作爲表徵的。因此在這一爲中國社會尋求制度性方案的現代化實踐中，區別於胡適的政治方案，沈從文恰恰是以其審美形態和文學理念提供了一種轉化的契機與嘗試。

餘論，「『信心與反省』：『後五四』語境中一場舊話重提的論爭」。本章擬以餘論的方式將三十年代在《獨立評論》內部爆發的一次小規模討論「信心

與反省」作爲切入點，指出在三十年代民族主義和國家主義日趨強勢的局面下，胡適、周作人這一批五四舊人在針對傳統、國粹這樣一些問題上所重新作出的對話。並藉此探問三十年代「京派」所作文學、學術實踐的思想本質及其立場。

第一章 「新月」的分化與胡適的議政

第一節 夭折的「平社」：一次文學者議政的嘗試

　　文學史往往將《新月》後期分為兩派，一是以胡適、羅隆基等為首的議政派，以二十年代末發起「人權問題」討論為標誌，並在三十年代持續轉向《獨立評論》這樣的政論性刊物；一是以徐志摩去世，《新月》北上並終刊後，另以《學文》雜誌為核心的一批文人學者，主要是葉公超、聞一多、林徽因、朱光潛等，仍潛心於探索新詩格律化，及引介英美現代派文學。而在談論京派的構成時，所指的無疑是「新月」遺留在「文學」陣營中的那一部分人，八十年代的流派史研究正是通過這樣的組織，使一個「文學的京派」得以基本成型，但是正如我前面所說，這樣的「劃入」與「劃出」的動作其實一定程度上使「京派」在形成中的某種流動性被簡單地化約成了一個概念問題。那一部分人的流動究竟是基於一種怎樣的意見，這種意見在當時與以文學為主的實踐之間是否構成衝突，又或許是與文學的方案殊途同歸？而我們對於京派的理解是否有必要首先打破那一「文學／政治」二分的認識模式，或許只有避開那一「文學的京派」的固型及其被展示的觀念、意見的集束，才能真正地觀看到這一批知識分子們在當時的社會、政治歷史語境中所作出的應對、選擇，乃至分野。

　　1929 年 3 月 25 日，胡適在其日記中寫道：

　　　　作《平論》周刊的發刊詞，只有一千六七百字。〔註1〕

〔註1〕 這篇文章被收入《胡適全集》第 21 卷中，題目是《我們要我們的自由》。

　　　　《平論》是我們幾個朋友想辦的一個刊物。去年就想辦此報，
延擱到於今。

　　　　《平論》成員是志摩、梁實秋、羅隆基（努生）、葉公超、丁
西林。

　　　　本想叫羅努生做總編輯，前兩天他們來逼我任此事。此事大不
易，人才太少；我雖做了發刊詞，心卻不很熱。〔註2〕

3 月 29 日又誌：

　　　　上星期六（廿三），志摩、實秋、羅努生、張禹九來勸我擔任
《平論》周刊的總編輯。我再三推辭，後來只得對他們說：「我們姑
且想像四月一日出第一期，大家都做點文章，下星期五在禹九家會
齊交卷，看看像不像可以出個報的樣子。」

　　　　我對於此事，終於有點狐疑。志摩說：「我們責無旁貸，我們
總算有點腦子，肯去想想。」我說：「我們這幾個人怕也不見得能有
工夫替國家大問題想想罷？志摩你一天能有多少工夫想想？實秋、
努生都要教書，有多大工夫想？我自己工夫雖多，怕也沒心緒去想
政治問題。所以那班黨國要人固然沒工夫想，我們自己也不見得有
想的功夫罷？」〔註3〕

1929 年，胡適等的確在上海組成過一個「平社」，並打算出版社刊《平論》
周刊，無論從哪個角度想，這個《平論》應該就是後來在北平出版的《獨立
評論》的前身。從胡適的敘述可以看出，當時《平論》發起的目的應該也在
於議政，即所謂「替國家大問題想想」，但不同的是「平社」的主要成員是
當時上海的新月派，他提到的就包括徐志摩、梁實秋、羅隆基、葉公超、丁
西林等。可以看出，胡適對這一活動並不看好，也不積極，這種態度跟他後
來主編《獨立評論》時的熱誠顯然有所差距（胡適經常愛舉的一個例子就是
每周一晚總是通宵編《獨立》，受到妻子江冬秀的嗔怪，他總答說，一星期
中總是有一天為國家盡點力）。但是儘管不積極，「平社」的活動卻有步驟地
開展起來了，他們甚至擬好了各期討論的議題日程，分別由不同人主講，主

〔註2〕 引自胡適日記（1929 年 3 月 25 日），見曹伯言編：《胡適日記全編》，第 5 卷，
　　　　第 373～374 頁。

〔註3〕 引自胡適日記（1929 年 3 月 29 日），見曹伯言編：《胡適日記全編》，第 5 卷，
　　　　第 376～377 頁。

題涵括：

題　目	姓　名	日　期
從種族上	潘光旦	五月十八日
從社會上	吳澤霖	五月廿五日
從經濟上	唐慶增	六月一日
從科學上	丁西林	六月八日
從思想上	胡適之	六月十五日
從文學上	徐志摩	六月廿二日
從道德上	梁實秋	六月廿九日
從教育上	葉崇智	七月六日
從財政上	徐新六	七月十三日
從政治上	羅隆基	七月二十日
從國際上	張嘉森	七月廿七日
從法律上	黃　華	八月三日〔註4〕

　　雖然今天看來，《平論》周刊並未問世，但是在平社討論展開的這段時間裏，胡適個人的出產卻頗為豐富，五六月間他一口氣寫成了後來被國民黨視作反黨言論的《人權與約法》、《我們什麼時候才可有憲法？》、《知難，行亦不易》三篇文章。後來回到北平的胡適不斷感慨上海缺乏人才，在這一點上我們也看到，和「平社」相比，後來的《獨立評論》集結了像丁文江、任叔雋、翁文灝、張奚若、傅斯年、蔣廷黻等來自各方面的社科人才，且都頗具政治的稟賦和熱情。而相對之下，上海「新月」的這一批以徐志摩、梁實秋為首的文人在陣營上確是不夠得力，正如他此時對徐志摩說的那一句「我們這幾個人怕也不見得能有工夫替國家大問題想想罷？」〔註5〕。事實上，「平社」的這一次議政在某種程度上仍是一種紙上的討論，從他們所規劃的幾個題目來看，的確是希望在經濟、政治、法律、文學等多個層面對當時中國社會的問題進行全面剖析。但幾次討論的成果並不十分有效。胡適在日記中提到，潘光旦從人種學上討論目前中國的危機一講是頗令人滿意的，但其

〔註4〕　「平社中國問題研究日期單」，引自胡適日記（1929 年 5 日 14 日），見曹伯言編：《胡適日記全編》，第 5 卷，第 420 頁。

〔註5〕　引自胡適日記（1929 年 3 月 29 日），見曹伯言編：《胡適日記全編》，第 5 卷，第 377 頁。

後吳澤霖所作從社會學上看中國一講就多為老生常談，毫無新意，唐慶增的經濟學一講也不見好，因此後續的幾次討論幾乎不了了之。1929 年 6 月 16 日平社聚餐，所到者僅梁實秋、徐志摩、羅隆基等幾個舊人，幾不成會。關於平社後續的開展過程，1930 年只有二月四日、二月二十一日兩次在胡適日記中有提及。但日記自 1930 年 3 月至 7 月間有一段空白，據陳子善考證，當時共同參與了活動的林語堂在其日記中也有對平社的相關記載。據林語堂的日記〔註6〕，平社於三月一日，三月十五日、三月二十九日、四月十二日、五月十日、六月二十一日，七月二十四日均舉行了討論，但對部分主題作了修改，並未按照之前胡適所給出的日程進行。譬如，三月一日徐志摩講伴侶結婚，三月十五日潘光旦談天才，三月二十九日史沫特萊講印度政治活動，四月十二日胡適講革命與反革命，五月十日林語堂講制度與民性等〔註7〕。這幾次活動中，胡適沒有參加三月一日在徐志摩家的討論，且胡適日記自三月一日至三月十七日中缺三、六、八、九、十、十一、十二、十四、十六日日記，3 月 17 日至 7 月 13 日則幾乎只見剪報和書信，7 月 14 日才恢復日記，而中間的這段時間胡適或許是因忙於處理《新月》因議政言論而遭國民黨宣傳部以密令沒收，《人權論集》出版後引發爭議，中國公學學潮，中原大戰爆發等事而無暇記錄，因此關於他是否全程參與了上述幾次討論尚不可知。但是，不得不指出的是，胡適從一開始就對這一班以「新月」為主的文人所倡議的議政持狐疑態度，他對這一批人在政治上的能力和心力是頗不信任的，就像在期間發生的「人權問題」討論中他也幾乎是單槍匹馬，雖然稍得羅隆基讚助，但羅又言論過激，更幾乎令《新月》遭禁，超出了胡適不逾越政府之「諫臣諍友」的定位。不僅如此，我們從林語堂所記錄的幾次討論來看，胡適與他們的分歧還是比較明顯的，在某種程度上，他們所進行的還是一種早期《新青年》時代的「問題式」的討論，諸如婚戀問題、人種問題、制度問題等，而從胡適 1928 至 1930 年的經歷可以發現，他所參與的是當時的實際政治，包括與國民黨的黨化教育之爭，憲政之爭，中原大戰的南北和

〔註6〕 據陳子善注，此日記原件為一冊商務印書館製「甲種自由日記」，小 32 開本，起訖時間為 1929 年 1 月 1 日至 1932 年 1 月 22 日，中有間斷。2009 年在北京拍賣，為收藏家所有。他所據即此日記的影印件。

〔註7〕 參見陳子善：《林語堂與胡適日記中的平社》，刊於《新文學史料》，2012 年第 2 期。

議等，不僅如此，「民治」這一類話題在他這裡已不單純是一種研究命題或思想問題，而包含著更為直接具體的現實操作和政治斡旋的手段。

提及這一段史實，是為了引出一個話題，即胡適一方面對文學者的議政表示懷疑，但另一方面卻終其一生地追逐著一種文人政治的理想。他在後期與文學一派分野而專注於議政，顯然也與他的這種理解有關。因此 1930 年當徐志摩北上，並打算重興新月社時曾這樣描述：「我本在想重興新月社。宋春舫已慨捐五分地，只要籌得款項，即可動工。……適之先生是只能湊現成的，要他奔走是不成的。」〔註8〕也足見胡適當時對文藝之事的冷淡了。但是，胡適的議政從來不是那個通常意義上的政治家的議政方式，他將五四時代所遺留的很多資源、態度都帶入了當時的政治語境中，發起各種討論與論爭，在某種程度上講，他又恰恰是延續著 20 年代新文人所演繹的政治文化角色。在這一點上，甚至徐志摩都表示「我們責無旁貸」，新月的某種分化或許並不是原則上的，胡適的那個「文治」的理想，乃至 30 年代的「那個新月」所試行的某種文學的復興，都或許指向著一種在文人身份上的「責無旁貸」。

第二節 「文治」：胡適的議政理想

國民黨自 1927 年名義上統一全國後，在內部仍存在重大分裂，1929 年蔣介石只針對其他派系，而保留自己嫡系部隊的裁軍行動引發內部軍閥的強烈不滿，1930 年北方的閻錫山、馮玉祥聯合桂系李宗仁等組成反蔣聯盟，1930 年 4 月最終爆發「中原大戰」。同時，在閻、馮等人的發起下，改組派和西山會議派等反蔣各派，在北京聯合成立了「中國國民黨中央黨部擴大會議」，汪精衛被奉為「擴大會議」的領袖。從胡適當時的日記來看，他的態度是明顯傾向於北方政府的，他在 8 月 28 日致《字林西報》主筆的信中就表達了類似的意思，認為北方政府主張（客觀上也是汪精衛主張的「文人政治」）黨政分離，黨部對政府、政治負指導、監督之責，又主張制憲，欲以立憲取代一黨獨裁，擬召開國民會議，保障民權等，事實上造成了一種相對穩健、溫和的整治計劃，較易取得多數國民的同情，而南京方面卻毫無和平的誠意〔註9〕。

〔註8〕 徐志摩致郭有守信（1930 年 2 月 1 日），見韓石山主編：《徐志摩全集》，第 6 卷，天津：天津人民出版社，2006，第 398 頁。

〔註9〕 胡適：《致〈字林西報〉主筆的信》，引自胡適日記（1930 年 8 月 30 日），見曹伯言編：《胡適日記全編》，第 5 卷，第 777 頁。

中原大戰無疑是孫中山逝世以後國民黨內部體統之爭的進一步升級，正如研究者指出，蔣介石在黨內始終不被視爲正統，胡漢民、汪精衛、廖仲愷才是當時被公認的孫中山的接班人選，因此自寧漢分裂至中原大戰以南派的勝利告終，蔣介石雖倚借軍事勢力掌握了確實的中央政權，但是在輿論方面卻始終無法獲得某種來自黨統的合法性。中原大戰後汪蔣形成聯合政府，汪精衛主掌行政院，看似是軍政分離，但事實上軍事、財政、外交等重要權限仍掌握在蔣介石手中，所謂的文人政府其實並沒有實質效能，甚至淪爲蔣介石吸取教訓而用來做口碑的工具罷了。因此，胡適雖然在新月議政及至中原大戰期間支持北方政府，但失望也很快，當時國民黨內部集結的左右兩派反蔣勢力的聯盟事實上也仍得依賴於北方軍閥的勢力，1930 年 8 月當時的北方政府在太原召開會議，隨後於 1 日發佈了太原會議議定的政府各部部長，如下：

外交部長	顧維鈞	（奉天派）
海軍	沈鴻烈	（奉天派）
教育	湯爾和	（奉天派）
財政	梁汝舟	（山西派）
交通	賈景德	（山西派）
陸軍	鹿鍾麟	（馮派）
內政	薛篤弼	（馮派）
工商	胡宗鐸	（桂派）〔註10〕

很顯然，其政府組成中仍是以各派軍閥代表爲主，因此胡適在其日記中痛心疾首地斥責，一場大戰、多方協商所得竟仍是這樣一個「革命政府」。事實上，作爲國民黨左派的改組派與右翼的西山派的這一次聯合，不僅暴露出其各自對所謂信仰的日漸疏淡，同時也早已在事實上墮落爲一場關於權位的勾結與爭鬥，因此學者稱：三十年代初這一北方聯盟的形成在某種程度上正是「象徵著國民黨左派的結束」，並且「改組派從此不再帶有左傾激進色彩，僅成爲汪派的代名詞」〔註11〕。當然胡適並不是在這個意義上哀悼北方聯盟，對他而言意味的恰恰是踐行「文人政府」的失敗。在他所設計的國家體制中，行政管理的職權應當歸於專家、文人，軍政分離是一種能促使國家進入眞正的

〔註10〕引自胡適日記（1930 年 9 月 2 日），見曹伯言編：《胡適日記全編》，第 5 卷，
第 780～781 頁。

〔註11〕轉引自王奇生：《黨員、黨權與黨爭：1924～1949 中國國民黨的組織形態》，
第 121 頁。

常態建設的有效方案。但事實上，這一種三十年代實行的「文人政治」已與胡適所規劃的專家政治發生重大偏移，胡適所預設的專家政治是一種行政性的操作系統，負責國家的日常生活管理。這原本是一種非常理想的政治設計，但問題是在三十年代的情境中，他藉以實現這一理想的卻是國民黨的另一股政治勢力，雖然它是以汪精衛爲代表，且不掌握軍權，但這並不意味著汪派就能夠成爲胡適意義上的那一非黨的文治力量，而事實上，汪派恰恰代表著一種同樣頑固的黨派意識。胡適在當時就曾親身質問過陳璧君：汪先生是要黨，還是要國？〔註12〕不僅如此，在1933年之後的民族危機下，那一「文人政府」不僅沒有眞正地掌握起管理國家的使命，甚至被推向了一種更爲難堪的境地。1933年熱河戰役，蔣介石未料及東北軍如此不堪一擊，且因熱河省主席湯玉麟連年虐政，致民憤載道，因此便有胡適記載的當時日軍入境，「人民歡迎敵軍」之場景，「人民痛恨湯玉麟的虐政，不肯與軍隊合作，甚至危害軍隊。」〔註13〕因致日軍直入熱河一帶如無人之境；而另一方面，蔣介石迫於江西剿共局勢，不得不啓用親日派黃郛等北上作停戰協商，此後便有著名的《塘沽協定》，致華北門戶洞開。1933年之後，政治的走勢尤其在外交上基本是由親日派代理，也就是所謂民國歷史上那一臭名昭著的「文人政府」的出場。

對胡適而言，這一「文治」的嘗試自民國以來至少已是第三次了，第一次是五四前夕，直皖兩系的南北對峙導致了北洋舊派文人徐世昌的就任總統，一時「文治」「弭兵」「偃武修文」等主張風靡，當時的梁啓超、胡適、陳獨秀等都是這一理念的推動者或至少是贊同者〔註14〕。第二次即「好政府」時代，胡適在1921年所作《好政府主義》之演講中基本闡述了其核心觀念：1、「好政府主義，假定的是有政府主義」〔註15〕，並認爲無政府主義實質是

〔註12〕 參見胡適日記（1930年10月11日），見曹伯言編：《胡適日記全編》，第5卷，第810頁。

〔註13〕 引自胡適日記（1933年3月2日），見曹伯言編·《胡適日記全編》，第6卷，第199頁。

〔註14〕 據羅志田，「文治」政府的最終失敗源於當時局勢的變化，巴黎和會的失利促發學生運動，南北和議隨即瓦解，但羅亦認爲其眞正的失敗在於對當時新思潮的壓迫，「文治」政府因此被當時的新派人物目爲同樣反動。（見羅志田：《激變時代的文化與政治：從新文化運動到北伐》，第39～40頁。）

〔註15〕 胡適：《好政府主義》，見歐陽哲生編：《胡適文集》，第12卷，北京：北京大學出版社，1998，第714頁。原文爲1921年10月22日胡適在中國大學的演講，甘蟄仙記錄，原載《晨報副鐫》，1921年11月17～18日。

破壞性的；2、「好政府主義，既不把政府看作神權的，亦不把政府看作絕對的有害無利的，只把政府看作工具，故亦謂之工具的政府觀」〔註16〕，工具之意即謂政府應是有組織、有計劃的公共機關，用意在消弭個體或團體間的對抗耗損以達成社會的全體進步；3、在工具主義政治觀下闡述了「革命」的原理，「工具是應用的。不能應用時，便可改換……政府壞了，可改一個好政府」〔註17〕，革命與改良主義之間的分野在這種工具主義視野中被消弭，因此胡適才戲稱「革命」其實並不是什麼稀奇事，只不過是工具不合用罷了。第三次則是針對蔣介石。自新月時代起胡適就不止一次地提示當前政治的弊端是武人獨裁，國民政府成立後始終不改其劍拔弩張的革命邏輯，而未曾施以與建國、統一等進程相匹配的法治、建設邏輯，同時他也對蔣介石的集權統治頗為不滿，據他自述他曾不止一次的以《淮南王書》暗示蔣宜垂拱而治，不必事事干涉，信任專家治政。胡適在一開始的確是將文治的理想寄託於汪精衛一派身上的，這也是他 1930 年前後在政治上傾向北方的一個重要原因，但隨著他對這一文治派官吏的失望，1932 年起便另行開始籌辦他的另一個黨外言論基地，即《獨立評論》。1932 年 4 月 7 日，國民黨迫於「九一八」後黨內外的輿論壓力於洛陽召開國難會議，期間胡適、丁文江、翁文灝等邀集與會的湯爾和、蔣廷黻、傅斯年、任書永、李石曾等北平故識共 14 人，統一意見，即議定此次會議本身「不當限於討論中日問題，」「但也不應對國民黨取反對意見」，「當以非革命的方式求得政治的改善」〔註18〕等共識。當然在國民黨的黨史記載中這次會議所得的結論顯然與之不符，但或許也正是這次會議催生了《獨立評論》，因為在一個基本的態度上《獨立》正延續了之前所達成的那一共識，即在承認現行政府統治的前提下以非革命的、或稱為政治協商的方式謀取合作的可能。

1930 年秋，張學良發表「站隊」通電、東北軍入關使整個中原大戰形勢漸顯，汪精衛所代表的北方政府不得不謀劃與蔣介石達成一種表面上的和解以謀取體面的下臺。10 月 12 日，閻汪馮即發表聯合通電，通電在辭令上下足功夫，一面稱北方政府珍視來自東北方面的和平敦促，陳述己方之下臺全為

〔註16〕 同上，第 715 頁。
〔註17〕 同上，第 718～719 頁。
〔註18〕 胡適日記（1932 年 1 月 27 日），見曹伯言編：《胡適日記全編》，第 6 卷，第 174 頁。

顧全大局，結束內戰，保衛民生；另一面則強調戰爭起始罪在獨裁，呼籲未來政治培植民治、實行法治，並單方面宣稱：南方「對於開國民會議制定約法、及另行召集全國大會諸點，均已表示服從」〔註19〕。這一則通電無疑在輿論上賺足同情，同時也是汪精衛一派的一種權謀策略，但是這裡我所感到有趣的恰恰是胡適在其中所扮演的角色。胡適日記從來就是有意識地作爲史料在記載，其中不無自我編撰的嫌疑，但是除去作爲事實的參照性，有意味的正是胡適的自我敘述，以及他將自己與這個時代事件相連接時所使用的言說方式本身。他在三人通電發出的前一天日記中這樣記載：

> 復初拿了精衛一稿來和我與鈞任商議。原來有三條辦法，皆對東北提出者：①若東北以「黨的立場」討蔣，則他們（改組派）以黨的地位參加，黨務政治軍事由東北主持。②若東北以非黨的立場討蔣，則他們以個人地位讚助。③若不討蔣而主張和平會議，而他們能以對等地位參加，則他們也讚助。

> 我勸他們，精衛此時應站的高一點，不可令人輕視；若如第一條所議，則他很失身份。「黨務軍事政治由東北主持」，是去一蔣又來一蔣，有何補於國家？不如說約法憲法與國民會議等，既已由南京承認，是他們的主張已勝利，此時惟望黨人監視代表大會，使他成功；國人監視國民會議，使他成功。如此下臺，豈不冠冕得多？
> 〔註20〕

顯然，第二天的三人通電在很大程度上的確採取了胡適的建議以及辭令法。如果胡適的記載屬實，那麼就等於說胡適的意見幾乎扭轉了汪精衛等這一次下臺的基本姿態，照汪原本的意思是希望通過依傍東北軍來牽制蔣介石，並希望在東北的實力統攝下使改組派仍能在未來的政權重組中獲得一席之地，但胡適很明確地否定了他們這種狹隘的黨爭姿態，以爲應該站得高一點，以國家利益的姿態退場，不僅可以獲得輿論優勢，同時也可爲未來的國民會議及民主議程造勢，使前番努力不致浪費。當然這前後間的這種顯而易見的關係尚是存疑，胡適日記中有太多類似的敘述編織，它們或許是事實，但在這

〔註19〕胡適日記剪報（1930 年 10 月 12 日），見曹伯言編：《胡適日記全編》，第 5 卷，第 811～812 頁。

〔註20〕引自胡適日記（1930 年 10 月 11 日），見曹伯言編：《胡適日記全編》，第 5 卷，第 810 頁。

裡，我所要強調的自然不是胡適在這一類事件中的參與程度的問題，或是要說明他的智囊的身份，而是在於他所表達的一種觀念，或是他行事的一種理念。

　　胡適早年留學美國期間就特別留意美國的行政操作程序，並刻苦練習演講術，胡適口述自傳就專門對唐德剛談及在美期間所作的政治訓練，包括公開演講、學習議會程序及和平主義、世界主義的觀念等〔註 21〕。值得注意的是，雖然是事後回憶，但其中他仍將自己在三四十年代對政府不抵抗政策的支持追溯至了第一次世界大戰期間，並將之形容爲受杜威、安吉爾的「新和平主義」的影響。新和平主義的核心就是對強力以及暴力之效果的否定，胡適專門引用了杜威發表於 1916 年的兩篇論文：《力量、暴力與法律》，《力量與強迫》，論述「力」所可能造成的兩面效果：「力如從可頌揚的意義上去看便是能。能便是能做工，能完成一些使命的力。但是力畢竟還是力──你也可說它是一種蠻力；它的理性化（的程度），端視其（使用後所得的）結果而定。就是這種同樣的力，如任其脫韁而馳，不受約束，那就叫做暴力」〔註 22〕。在杜氏與安氏看來，力本身之蠻性和缺乏理性維度極可能造成衝撞間的個別能源的浪費，因此如何進行統籌和規劃以使力能達到最佳效用，他們的訴求是法律，杜威說：「法律便是把那些在無組織狀態下，可以招致衝突和浪費的能源組織起來的各種條件的一種說明書。」〔註 23〕可以說，胡適深受這種理論的影響，他在自傳中稱之爲一種較之消極的不抵抗主義更爲經濟、有效的「建設性」方案〔註 24〕。從這個角度也就可以理解，胡適在三四十年代始終以一種（用他對周作人所講的話）「知其不可而爲之」的態度周旋於各種勢力之間，以其微弱的「辭令的」方式謀求一種和平解決的方案的來源了。事實上，上面所述的這一場權力遊戲中，胡適所扮演的並不單純是謀士的角色，他的確真心實意地認定這樣一種「表面功夫」所能夠起到的作用，他曾這樣說：

　　　　十七年「統一」以後，已無人敢爲戎首，而蔣介石逼成十八春
　　的戰事，遂重開內戰之局，遂並那表面的統一都破壞了。要知政府

〔註 21〕參見唐德剛評注：《胡適口述自傳》第四章「青年期的政治訓練」，第 58 頁。
〔註 22〕同上，第 239 頁。
〔註 23〕同上，第 240 頁。
〔註 24〕同上，第 240 頁。

之爲物，本是一種紙老虎，經不起戳穿，全靠政治家之能運用耳。
紙老虎不戳穿，故雍正帝一紙詔書可使年羹堯來京受戮。紙老虎一
戳穿了，故蔡鍔、陳宦一舉兵而袁世凱震恐而死。十七年至十八年
的統一局面是個紙老虎，留得住才可以弄假成眞。留不住則兵戈四
起了。〔註25〕

　　胡適顯然很清楚 1928～1929 年的統一局面是個「紙老虎」，但是無疑他
相信只有弄假才能成眞，形式或形式化本身並不是毫無作用的。他曾明確表
示，民國十七八年的統一靠的不全是武力，而是武力背後的一種新興的「民
族主義」，他所推重的正是這樣一種精神的、輿論氛圍的造成。正如胡適後
來與獨裁派論及在中國這樣一個民智並不發達的國家如何推行民主制度
時，曾說，民主政治並不是一種如大多數人所認爲的高級形態的政治，而相
反的是一種幼稚的制度，只要使那些不懂民主爲何物的阿斗百姓們培養出一
種按時投票，行使這一權利的基本習慣和常識，民主便可以逐步推廣開來。
顯然在某種程度上，胡適所持的不是一種實力主義的政治觀，而是一種協商
性的操作方式，這與前面提到他受杜威、安格爾的「力的組織」的觀點影響
有關。因此，所謂「文治」一方面是在主張由各領域的專家治國，另一方面
則指向一種改良主義的政治路線。正如他說，統一可以由形式上做起，民主
也可以從形式開始，他的信念爲其後學唐德剛這樣評價：「其實胡先生的政
治言論在理論上和實際上都是相當空泛的……胡先生在中國民主發展史上
的貢獻，與其說是他底學術『理論』和政治『行爲』，倒不如說他篤信自由
主義的『身教』和崇尚民主政治的『形象』。」〔註26〕

　　即使是在 1933 年之後的華北和談中，胡適也不斷地向國民政府強調一
種「外交」的手段。當時的國民黨高層在對日作戰上基本是持一種消極態度，
連蔣介石都明白表示，「近代式的戰爭是不可能的」，所可行的只能是「在幾
處地方用精兵死守」，且用意不在取勝，而是「可以叫世界人知道我們是不
怕死的」〔註27〕，在當時的統治集團中這種必敗論幾乎是確鑿的。胡適也並
非不承認這一消極態度，但是他仍然主張一種外交上的交涉，他建議蔣介

〔註25〕引自胡適 1930 年 8 月 23 日日記，見曹伯言編：《胡適日記全編》，第 5 卷，
　　　　第 765 頁。
〔註26〕唐德剛：《胡適雜憶》，北京：華文出版社，1990，第 50 頁。
〔註27〕引自胡適日記（1933 年 3 月 13 日），見曹伯言編：《胡適日記全編》，第 6 卷，
　　　　第 207 頁。

石，華北停戰應在取消滿洲國的條件下與日進行交涉，但顯然這種意見在當時的實力派政治觀來看是非常可笑的，戰敗者居然還敢提出這種非分要求，但胡適的這一態度一如他的一貫主張，政治首先必須是一種姿態性的方式，不可因爲不能便放棄。這種理解顯然與當時以武功爲核心的國民黨政權相左，而且即使是與他同來自新文化陣營的周氏兄弟也在不同程度上保持著一種類似的「實力論」。早在二十年代雙方論戰時，周、魯二人就對正人君子們提倡的「公道」不屑一顧，魯迅曾說：「公道和實力還沒有合爲一體」，如果「只有公道」，就得「永遠著力於辯誣」〔註 28〕，他提到「民氣」與「民力」的比較，民氣多則國家愈弱，民力多則國家愈強〔註 29〕。雖然，胡適在後來也強調反對一種教條主義的愛國論，即那種通過口號、宣傳、遊行等他認爲毫無實效的方式所宣洩的青年的愛國主義情緒，他稱之爲「名教」（這一點後面還會提到）；但換一個角度看，他自身的政治觀其實在某種程度上也可以稱爲一種形式的「名教」。當然在他自己看來，他此時已從事實際政治，爲國獻策，議論國事，甚至可以推動國家元首在某些措施上決策，遠較之前的文學方式更具實效，也更爲具體。事實上，他的這種對「形式主義」的偏向其實早在五四時代專注於文學改良時就已見雛形，在《嘗試集》自序中，他說：「我們認定文學革命須有先後的程序，先要做到文學體裁的大解放，方才可以用來做新思想新精神的運輸品。」〔註 30〕針對當時南社柳亞子等高呼文學革命卻並無具體措施，胡適以爲無論是政治的，還是文學的革命都必須首先在形式上進行，而就當時而言便是文學革命，即白話文運動。

四十年代周作人在重談文藝復興，即二十年代的整理國故的主題時，曾這樣說：

> 在二十多年前中國有過一次文藝復興的運動，即是所謂新文化運動。雖然那時途徑還沒有像現在的那麼明瞭，但是整理國故，接受新潮，這目標並未定錯，而且也有相當的人才，相當的熱心，然而成績不很大，這是什麼緣故呢。中國士流向來看重政治，從事文化工作者往往不專心，覺得弄政治更爲有效，逐漸的轉移過去了。

〔註 28〕 魯迅：《忽然想到十》，《華蓋集》，見《魯迅全集》，第 3 卷，北京：人民文學出版社，2005，第 95 頁。
〔註 29〕 魯迅：《忽然想到十》，《華蓋集》，見《魯迅全集》，第 3 卷，第 96 頁。
〔註 30〕 胡適：《嘗試集·自序》，《嘗試集》，見歐陽哲生編：《胡適文集》，第 9 卷，第 82 頁。

　　其實文化工作者固不必看輕政治，卻無須太看重，只應把自己的事
業看作與政治一樣重要，或者如必要即認為也是一種政治的工作亦
可，專精持久的做去，效果自會發生出來。〔註31〕

從文化方案轉移出來的無疑就是指胡適等一批新文化人，但周作人也進而指
出，二十年代乃至綿延向整個三四十年代的文化改造的方案其實從來沒有喪
失其時代意義，而所不同的是國家變局，政治的方案在當時更為明確，亦更
為直截快捷，因此士流流向，也是在所難免。但是正如他說，文化何嘗不能
是作為一種「政治」來從事的事業，四十年代周作人重新站在這一文化的立
場來強調一種文藝復興的改良方案，並將之與政治的方案並舉，顯然從新文
化的分流來看，這兩者或許正是互相補充。一個非常有趣的事實是，胡適後
來在談及新文化運動和五四時曾表示，正是五四運動夭折了新文化運動，使
之政治化，並自此與陳獨秀等分道〔註32〕；而周作人在後來也談及過新文化
運動，明白地說：「五四從頭至尾，是一個政治運動，而前頭的一段文學革命，
後頭的一段新文化運動，乃是焊接上去的。」〔註33〕這兩種說法雖然在本質
是一致的，但卻呈現為兩種相差的態度，胡適三十年代由文藝轉向政治，卻
始終保持著這一種關於文藝復興的理念，周作人在三十年代則是由之前政治
性的社會批評轉向了文學批評的領域，此時卻十分清楚地表白政治與文學、
學術間本有的夾纏。這無疑是一個有趣的話題。兩者間的這種互相流動的生
命的形態和選擇在某種程度上正向我們昭示了一代知識分子在經歷社會變革
之際所作的選擇，以及這些選擇在當時語境中所展示的某種共通的東西。

　　胡適的議政終其姿態、理想仍在一種最基本的層面上保留為其作為文學
者的對形式、精神、思想範疇的注意，他與實力論者的區別在於，他在乎一
種具有類似文學的影響力與教化能力的政治上的思想運動。簡單地說，五四
時代訴諸於文藝、思想改良的手段所針對的是那一廣大的中國民眾或國民，
或至少是青年學生，但是隨著二十年代中以後，學生運動在整個政治環境中
的變質，及對那一國民改造理想的在某種程度上的失望，胡適將這一教育的

〔註31〕周作人：《新中國文學復興之途徑》，見鍾叔河編：《周作人散文全編》，第 9
　　　　卷，第 30～31 頁。原載《中國文學》創刊號（1944 年 1 月 20 日）。
〔註32〕參見唐德剛評注：《胡適口述自傳》，第 206 頁。
〔註33〕周作人：《北平的事情》，見鍾叔河編：《周作人散文全編》，第 9 卷，第 762
　　　　頁。原載《子曰》叢刊，第 6 輯（1949 年 4 月 1 日）。

理想轉向了那些治政者本身。三十年代他爲自家所設定的政府之專家、教師的角色，無疑正來自於他的這種認識。但是胡適的悲哀在於，他的「文治」理想最終又不得不依賴於黨派政治，因此也必然地與當時的國民政府發生衝突。

第三節　胡適對杜威「社群主義民主」的接受與調試

　　格里德在分析胡適的政治觀時曾指出：「恰如胡適對國民黨政府的軍閥前輩們那樣，他也把國民黨政府當做事實上的統治政權。他努力要做的並不是要推翻這個新政權，而是要啓發這個新政權。」〔註 34〕格里德在這裡所要論述的主要是一種改良主義的方案，胡適的自由主義在很大程度上指向一種他所自稱的「和平改革」的意見。1948 年他在重申現代自由主義所代表的內涵時曾說：「自由主義的第一個意義是自由，第二個意義是民主，第三個意義是容忍──容忍反對黨，第四個意義是和平的漸進的改革。」〔註 35〕在某種程度上這一由個體精神上的到政治體制上的自由，包括代議制、立憲、民主選舉等三者構成的民主方案，最終指向的都是一種區別於暴力革命和專制政體的權力的和平讓渡，而正是基於此，胡適將英國 1832 年以來的政治革新引爲典範。但除此外，胡適的自由主義的另一個面向卻是來自其導師杜威的一種「社群主義的民主」，在《先賢的民主》一書中作者這樣寫道：

　　　　實用主義是一種社會接觸的哲學，在其對「個人主義」的獨特理解上得到最佳的表述。與支配現代西方思想的自由主義民主個人主義相反，美國的實用主義者如喬治・赫伯特・米德（George Herbert Mead）和約翰・杜威，提供了一種特色鮮明的有關經驗的社會描述，它認定人的生活的最完美形式是共同生活。杜威宣稱：「得到確保的、完整的個人性是……明確的社會關係和人所皆知的功能的產物。」〔註 36〕

〔註 34〕格里德：《胡適與中國的文藝復興──中國革命中的自由主義（1917～1937）》，魯奇譯，南京：江蘇人民出版社，1993，第 190 頁。

〔註 35〕胡適：《自由主義》，《胡適演講集》，見歐陽哲生編：《胡適文集》，第 12 卷，第 810 頁。本文爲胡適 1948 年 9 月 4 日在北平電臺的廣播詞，原載北平《世界日報》，1948 年 9 月 5 日。

〔註 36〕郝大維、安樂哲：《先賢的民主──杜威、孔子與中國民主之希望》，何剛強譯，劉東校，南京：江蘇人民出版社，2004，第 62 頁。

在作者看來，杜威意義上的個人主義或自主性與那種「以權利爲基礎的自由主義」是相區別的，即自由來自於一種現實的經驗語境，而不是在抽象意義上的。在一個共同體中，所有成員都擁有機會參與關乎共同體發展的決定和行動，但是這些決定和行動又必當反過來「豐富、充實了共同體」〔註 37〕，因此涉及到政府和政治，民主的要求就是所有的成員，包括選民、代表、代議制政府的官員、總裁等必須以整個社群的發展和完善作爲自身的使命和服務的最終目的，個人始終是作爲共同體的成員而被賦予權利的。這與「原子論」不同，作爲原子的個人是一個天然攜帶權利的社會單位，這種權利在其進入社會之前便已具備，社會、社群的形成依賴於所謂「契約」的締結，在這種意義上形成的共同體（即所謂「以權利爲基礎的自由主義」）存在一個嚴重的缺陷，那就是義務的某種被動性。

1919 年 9 月杜威在北京大學法科大禮堂連續做了十六次講演，總題爲《社會哲學與政治哲學》，由胡適口譯，內容涵括社會科學精神、個人主義與社會主義、民治與獨裁、國家、民族、政府的職能、教育、言論自由等諸多方面。杜威五四前後在華兩年的傳佈所產生的影響是不可輕估的，尤其是他的門生胡適，在此後的教育、政治、爲學等方面都深深打上了杜威思想的烙印。在1919 年的演講中，杜威首先明確了一個觀念，即從前認爲以個人與社會、人民與國家等形式表現的衝突，實則在根本上都是一種人群與人群的衝突，提出這一觀念是爲了引出他的一個前提，即「個人」在任何時候都必然是從屬群體、社會的。他反對十七、十八世紀英法革命所催生出的「個人主義」這一新的政治哲學：「以個人的自由意志去結合，去做自己要做的事，用不著政府和法律的干涉。政府的權力愈小愈好，只要於個人定了契約偶有違背的時候，略爲他們料理。」〔註 38〕他認爲這顯然是一種以經濟學原理應用於政治的觀念，在這種觀念下個人成爲最重要的目的，以爲只要按照個人的利益去做，那麼綜合起來便是全體的人群的幸福，與此相通就是一種對冒險、奮鬥的個人人格的崇拜。正是在這個意義上，杜威將當時熱門的「社會主義」作爲這種「經濟主義的個人主義」及政治觀的對比提出，認爲社會主義正是相反地指向一種公共目的；但同時他也不得不承認現有一種對社會主義制度的

〔註37〕同上，第 63 頁。
〔註38〕杜威：《社會哲學與政治哲學》，見《杜威五大講演》，胡適口譯，合肥：安徽教育出版社，2005，第 34 頁。

質疑，即這樣一種把「私人的經濟活動收回國家管理」﹝註 39﹞的舉措事實上也可能助長一種新的封建集權或大資本家的掌權，因此針對中國當時的狀況，他提出了一種折中的方案，即公所、工團主義，「怎樣利用現有的各業公所制度，保存他的好處。一方發展各業的共同生活；一方又以各業爲基礎，做個政治組織的單位。」﹝註 40﹞

而關於個人與國家之關係，他歷數了①無政府主義式的對國家的徹底反對，②自馬基雅維利，到霍布斯、斯賓諾莎所共同擁護的國家（或君主）的專制威權，及③自由主義一派洛克建立在民約論基礎上的君主立憲和法國大革命中盧梭意義上的偏重全民立法的民主政體。十九世紀前的這一系列脈路杜威儘管都有所不滿，但也客觀地指出了其中每一者的可取：①認同無政府主義對武力或「力」的濫用的反對；②讚賞獨裁一派對國家職能的比較全面的認識，即「國家所包，不僅在生計方面和物質方面的裁制，還有精神方面的文化事業、教育事業」﹝註 41﹞等觀點；③認同自由主義對政府權利的限制以及對人民之「革命」權的某種程度的允許。因此對杜威而言，民主主義無疑是未來政治和社會哲學的走向，他將十九世紀以來的革新總結爲一個觀念，即國民是國家威權的來源，國家是爲社會、爲人民所負責、服務。但同時他也強調，個人及其權利並不因此就成爲一種絕對的存在，「凡有權利不是獨立爲個人所有；個人所以能有權利，全賴個人是社會的一分子、國家的一分子。」﹝註 42﹞因此在杜威看來，個人的權利首先在於承認國家和社會的組織，其次則在於一種「對權利的使用」，他將幾個世紀以來關於政治問題的變遷歸結爲「從『權利的問題』變到『用權利的機會的問題』」﹝註 43﹞，即認爲那種將個人視爲權利的個體的觀念在認識上所攜帶的抽象性和封閉性，無疑將導致對個人作爲一種交流互動的社會產物的忽視。杜威明確表示：「民主主義不僅是一種政府的形式；它首先是一種聯合生活的方式，是一種共同交流經驗的方式」﹝註 44﹞。

研究者已經注意到，杜威對於一種所謂「溝通的共同體」的強調，「人們

﹝註 39﹞ 同上，第 43 頁。
﹝註 40﹞ 同上，第 44 頁。
﹝註 41﹞ 同上，第 56 頁。
﹝註 42﹞ 同上，第 66 頁。
﹝註 43﹞ 同上，第 66 頁。
﹝註 44﹞ 杜威：《民主主義與教育》，王承緒譯，北京：人民教育出版社，1990，第 92 頁。

所起的作用主要是支持共同的善（things-in-common）」〔註45〕。杜威將民主社會的特徵概括爲兩點：一方面是作爲共同體的成員應擁有著多方面的共同利益，且對那一「作爲社會控制的因素的共同利益」〔註46〕具備絕對的認識；另一方面則是成員相互間的影響、交流，通過多樣化的交互作用而促使共同體在社會習慣等諸方面不斷實現調整。對杜威而言，民主社會必須建立起一個自我溝通調整的模式，社會的進步與個人的發展應在共同體內以一種交互的關係完成，而不是命令式的或被動式的。因此也就是在這個意義上，教育成爲杜威強調的一個重要手段，正如他說：「這種社會必須有一種教育，使每個人都對社會關係和社會控制有個人興趣，都有促進社會的變化而不致引起社會混亂的心理習慣。」〔註47〕民主社會既然否定外部的權威，那麼其成員參與共同生活的自願的意向、興趣，乃至能力就必須依賴教育完成。爲此，杜威分析了西方歷史上具有代表性的三派教育哲學：他首先認爲柏拉圖的理想在形式上與自己最相合，即每個人都應按照個人的自然稟賦發展，同時對其所屬的群體作出相應的貢獻，社會便在此基礎上穩固的組織起來，但杜威同時指出柏拉圖在將這一理想付諸實踐時仍是「把階級作爲社會的單位」，而不是「把個人作爲社會的單位」〔註48〕，因此與他個體平等的理念相悖。而另一個在杜威看來也有問題的是十八世紀啓蒙時代的「個人主義」，其將個人視作人類的成員，而非社會的或國家的成員，在積極意義上追求一種人道主義，而將一種國家化和組織化形態視作對人性的桎梏，因此也遭到他的反對。第三種是十九世紀的「國家教育」，這種教育的特點是將一種「國家支持的教育運動」和「政治生活中的民族主義運動」合爲一件事，在民族國家的體制下，教育的目的在於塑造公民，而非「人」，尤其在當時的德國，教育普遍地成爲一種維護政權的手段。杜威寫道，在這樣一種國家主義理念下，個人人格發展完善的理想讓位於國家利益和社會效率，從康德以降包括黑格爾、費希特的教育哲學即都在於試圖調和這兩種相悖的理念，以證明個人的服從乃是爲了「使他自己獲得表現於國家的客觀的理性」，同時也是「他能夠變成眞

〔註45〕郝大維、安樂哲：《先賢的民主——杜威、孔子與中國民主之希望》，何剛強譯，劉東校，第 60 頁。
〔註46〕杜威：《民主主義與教育》，第 92 頁。
〔註47〕同上，第 105 頁。
〔註48〕同上。

正合理的唯一途徑」〔註 49〕。而這只是一種哲學上的解決，但在實施上卻仍是將個人所從屬的社會單位等同於同時的政治單位。因此，杜威提出了他的一個非常重要的命題：

> 一種教育制度能否由民族國家實施，而教育過程的全部社會目的又不受限制、不被約束，不被腐蝕呢？〔註 50〕

杜威提出這一問題的時候正是世界極權主義興起的時候，但他所描述的這一緊張狀態其實在當時的中國，尤其是二十年代末以後，中國開始真正步入一個形式上統一的現代民族國家行列的時候也同樣遭遇到，這一點在胡適與當時國民政府推行黨化教育之間發生的嚴重衝突就可以見出。胡適在某種程度上正是秉承著杜威關於民主訓練如何不受國家政權左右的理想而堅持在三十年代以一種「黨外」的姿態參與國家政治和推動民主進程。對杜威而言，教育的目的就是使共同體成員獲得一種主動參與社會進程的意願和能力，正如上文所說，民主社會的標準包括兩方面：共同的興趣，及參與發展共同的（也即個人的）新的興趣的動力和自由。他其後圍繞教育問題的大量實踐性意見，包括教育心理學、學校、興趣、課程、教材等眾多主題，都幾乎在於使教育成為達成這一理想的一個社會化過程，這從他的一些經典觀點：「教育是經驗的改造」，「學校即社會」等中就可以看出。

因此，杜威的這種民主理念又被稱之為「社群主義民主」，他所致力的正是以一種民主社會的理想形態來解決來自民族國家或稱之為「社會效率」的某種外部壓力，與人民在個人發展上的自由、權利之間的衝突。他通過構建這樣一種個人作為共同體成員，或個人的社會化過程的理想狀態，而使得「個人」能夠更為溫和地被組織進國家、社會的進程中。

三十年代，胡適的一項重要工作就是編輯《獨立評論》，這一份期刊彙集了胡適、丁文江、蔣廷黻等一批黨外議政者，扮演了為當時國民政府諫言薦策的角色。但值得注意的是，在當時的《獨立評論》內部卻爆發過一場爭論，爭論的雙方正是胡適及其同好蔣廷黻、丁文江等，這場論爭在當時被冠以「民主與獨裁」之名。論爭的起因是 1933 年 12 月 10 日《獨立評論》80 號刊發了蔣廷黻的《革命與專制》〔註 51〕一文。其主旨稱：「各國的政治史都分為兩個

〔註 49〕杜威：《民主主義與教育》，第 101 頁。
〔註 50〕同上，第 104 頁。
〔註 51〕此文的直接緣起是 1933 年 11 月的「閩變」事件，陳銘樞、蔣光鼐、蔡廷鍇、

階段，第一是建國，第二步才是用國家來謀幸福。我們第一步還沒有作，談不到第二步。」〔註52〕這裡，包括其後出場的吳景超等，其實主要是在強調一個問題，即為了統一事業，應暫緩民主進程。胡適顯然不贊成這種意見，連續撰文批駁，相關文章達數十篇。但在這場為時一年多的論爭中，胡適的聲音卻是相對孤單的，蔣廷黻、丁文江、陶希聖等老友皆站到了他的對立面，無怪乎胡適曾不無惱怒地致信眾人，痛陳：

> 你們這班教猱升木的學者們，將來總有一天要回想我的話。那時我也許早已被「少壯幹部」幹掉了，可是國家也已弄到不可收拾的地步。那時你們要懺悔自己誤國之罪，也來不及了！〔註53〕

事實上關於「建國」問題倒是胡適自己先提出的，1933年11月19日《獨立評論》77號即刊出了他的一篇《建國問題引論》，這篇文章的主旨在批駁當時圍繞所謂「現代化」方案所展開的討論。討論中一部分觀點認為應當走社會主義和統制經濟路線，而相應也有要求走個人主義或私人資本主義路線等，胡適為駁斥這種在他看來根本不切時務的討論，提出：「問題在於建立中國，不在於建立某種主義。一切主義都只是一些湯頭歌訣」，而中國目前的首要任務在建立一個像樣的國家、政府，可以遮風擋雨，因此他痛斥：「這時候我們那裡配談什麼生產分配制度的根本改造！」〔註54〕

但有趣的是，在「民主與獨裁」的後續論爭中，這一胡適一開始所言稱的「建國」和「統一」問題在其對手那裡卻反而成了為獨裁專制辯護的有力論據。蔣廷黻在引發這場論爭的《革命與專制》一文末尾就幾乎重複了與胡適相同的觀點：「我們現在的問題是國家存在與不存在的問題，不是個哪種國家的問題」〔註55〕。他承認中國目前的政府是不能令人滿意的，不僅如此，「中國近二十年來沒有一個差強人意的政府」〔註56〕，但問題根本不在於政府，他說每一個政府都是想作好的，而是在於政權不統一，他以為現行的「革命」無非是打著為人民謀福利的旗號所行的再一次的權力割據，並且據以往

陳友仁等原國民革命軍第十九路軍的高層將領於福建倒戈，並成立反對蔣介石政府的「中華共和國人民革命政府」，發表「人民權利宣言」，通電表示：一、否認南京政府，二、打倒國民黨系統，三、建立生產人民政權。

〔註52〕 蔣廷黻：《革命與專制》，刊於《獨立評論》，第80號（1933年12月10日）。
〔註53〕 胡適：《一九三四年的回憶》，見曹伯言《胡適日記全編》，第6卷，第427頁。
〔註54〕 胡適：《建國問題引論》，刊於《獨立評論》，第77號（1933年11月19日）。
〔註55〕 蔣廷黻：《革命與專制》，前揭。
〔註56〕 同上。

的經驗，某方若想獲得有利的籌碼就必然借助他國勢力，結果就是中國的始終受制於外。他援用英國的案例說，英國自十五世紀末至亨利七世統一英國開啓了長達百年的都鐸王朝專制，百年中建成了一種所謂「民族國家」的基礎，而這一基礎才成爲十七世紀「革命」爆發的歷史前提，同樣的還有法國、俄國。胡適對待「革命」，「統一」，「建國」的基本態度與蔣廷黻其實是一致的，但分歧就在於：「專制是否建國的必要階段？」〔註 57〕胡適指出，中國目前的問題並不僅在於建立一個民族國家，中國經過了兩千年的封建專制早已是一個民族國家，而要緊的是，如何使「這個中國民族國家在現代世界裏站得住腳」〔註 58〕，他所謂的「現代」就是一種民主化的政治趨勢。因此，面對這一批曾經作爲戰友的朋輩紛紛投向專制主義陣營，胡適其時也不得不發出這樣的感慨：「在二十多年前，民主立憲是最令人欽羨的政治制度。十幾年來，人心大變了：議會政治成了資本主義的副產，專政與獨裁忽然大時髦了。」〔註 59〕

胡適否認專制的一個重要原因就是他對獨裁者領袖的懷疑，他說：「我不相信中國今日有能專制的人，或能專制的黨，或能專制的階級」〔註 60〕。這裡，他幾乎是堅定地站在杜威的立場上，即否認階級，強調共同體內的平等及對公共事業的共同參與，在這一點，他所提出的著名的「民主幼稚園」的觀點最好地詮釋了他之於杜威的精神傳承：

> 我觀察近幾十年的世界政治，感覺到民主憲政只是一種幼稚的政治制度，最適宜於訓練一個缺乏政治經驗的民族。……民主政治的好處在於不甚需要出類拔萃的人才；在於可以逐漸推廣政權，有伸縮的餘地；在於「集思廣益」，使許多阿斗把他們的平凡常識湊起來也可以勉強對付；在於給多數平庸的人有個參加政治的機會，可以訓練他們愛護自己的權利。總而言之，民主政治是常識的政治，而開明專制是特別英傑的政治。特別英傑不可必得，而常識比較容易訓練。在我們這樣缺乏人才的國家，最好的政治訓練是一種可以逐漸推廣政權的民主憲政。〔註 61〕

〔註 57〕 胡適：《建國與專制》，刊於《獨立評論》，第 81 號（1933 年 12 月 17 日）。
〔註 58〕 同上
〔註 59〕 胡適：《再論建國與專制》，刊於《獨立評論》，第 82 號（1933 年 12 月 24 日）。
〔註 60〕 同上。
〔註 61〕 同上。

杜威不僅反對階級，同時也反對柏拉圖式的大哲學家、智者，以及專家治國論（當然他並不質疑專家在任何一個領域內的專長），他所構想的契合於個人與共同體之間的那一一致的興趣正是他所強調的「平等」的基礎，胡適在某種意義上也表達了這樣一種「平等」。蔣廷黻、吳景超等在戰爭的緊急狀態下要求暫緩民主進程的理由就在於認爲民主制是一種較高級的政治形態，中國目前的現狀不足以適應這樣一種要求一個成熟的公民全體的制度，而胡適爲了駁斥這種觀點「發明」了他的「民主幼稚園」的說法。「民主」在這裡被解釋爲一個幼稚的，用以訓練普通民眾的制度化過程，並且一旦建立這樣一套穩固的程序，不僅民主的方式、民主的權利，乃至民主的觀念都將自然地被植入到人民中去。很明顯，這裡所延續的正是杜威對個人參與社群和共同體生活的強調。

但是一個重要的問題是，胡適雖然堅持了某種杜威意義上的民主概念，但在他的思想中卻仍透露出一種隱秘的緊張關係——「英傑」和精英？「英傑」所指的無疑是專制政體所擁護的「獨裁的智者」，是需反對的，但是精英和民主之間的關係在胡適這裡卻是被模糊的。事實上，在這一場論爭中，胡適爲了反駁來自對立一方的強勢觀點不得不對以往所持的精英治國的姿態進行了話語上的調整。二十年代，新文化陣營的分化在某種程度上可以視爲在對待民眾話語上的區別，周作人二十年代中以後思想上的一個重要傾向就是由早一時期的民粹主義轉向一種對民眾的懷疑，並由此而生對民俗學和民間文學之思想本質的懷疑。胡適在某種意義上也顯然分有這樣一種精英化的態度，他在新月議政時期爲了反對國民黨的獨裁專制，就曾強調專家作爲一種現代政治的主要角色——當然這種角色類似於丁文江意義上的技術型官僚。但杜威是明確反對這種專家制度的，他認爲專家治國本質上仍然是一種關於知識的階級分化，由對知識的個人化的掌握極可能樹立起另一種新的權威，在他看來，知識的生產和提高顯然不是個人化的，而是共同體共同實踐的結果。因此，胡適在這裡所表達的這一種「阿斗」的民主與杜威的思想雖然在表面上具有相似的概念和形式，但是究其實質卻是有絕然區別的。胡適無疑強調全民參與的民主過程，但是誰來訓練這些「阿斗」？

事實上，國民黨在二十年代末宣佈進入「訓政」時期時，所使用的邏輯與胡適如出一轍，所謂訓政即訓練民眾學習憲政所需的各項參與能力，但胡適在當時明確指出國民黨實際是以訓政爲名，行專制之實，他當時用以反駁

國民黨的資源就是所謂知識分子的參政權，還不是民眾話語。即在當時的胡適看來，訓練民眾的權力不應歸於已顯然在理論乃至做派上都跟不上現代社會要求的國民黨及其領袖、黨眾，而應歸於專門家、技術型的政治家。這在後來丁文江不幸早逝，胡適不斷緬懷這位優秀的治國「專家」時也曾被明確地揭示出來。胡適對民主權利的論述其實是比較薄弱的，與其說他信奉的是民主，不如說他信奉的是民主的制度或民主的程序，甚至如上文說，只是一種知識分子的參政權，因此他可能並不是真正在杜威意義上推行那一共同體與個人之發展相融合的理想社會的模式，這一點從他後期基本上放棄了教育的手段，而寄希望於一種通過政治的改良來實現的方式就可以見出。

這場爭論在 1933 年至 1934 年的持續過程中，因胡適連續拋出「民主幼稚園」、「無為政治」等數個關鍵理念，民主派在論爭中也因此始終表現了比較有利的立場，加之後期陳之邁等的加入，則更顯有力。陳之邁在《獨立》時期的政治思想已有專文研究〔註 62〕，這裡不再贅言。他的出場大大支持了胡適，也頗引起胡適的注意，並預拉其加入《獨立評論》的編輯部。研究者指出，陳之邁在這場論爭中發揮的最大作用就是通過援引羅傑士（Lindsay Rogers）「危機政府」理論緩和了民主與獨裁兩派間的緊張對立，使「既能守住民主政治的基本價值觀，又可解決國難時期政府的效率問題」〔註 63〕。事實上，陳之邁的政治觀正是圍繞「效率」展開的，較之胡適所啓用的傳統民主觀及在這種觀念下對民主權利一維度的強調，陳之邁則將重點轉向了政府行為一維度，指出民主政治本身亦可產生效率，且民主並不僅在於強調民權，而更是一種傾向以和平方式處理國家問題的政治手段。因此，1935 年在關於這場論爭的總結性文章《從民主與獨裁的討論裏求得一個共同政治信仰》中，胡適不僅對陳之邁所提「被治者有和平的方法來產生及推倒（更換）統治者，這是民主政治的神髓」的觀點表示「完全同意」〔註 64〕，且毫不介意之前陳

〔註62〕 參見董國強：《論「獨立評論派」陳之邁的政治思想》，刊於《江蘇社會科學》，2007 年第 1 期；黃波粼：《「上軌道的政治」──〈獨立評論〉時期陳之邁的政治思想探析》，刊於《華東師範大學學報（哲學社會科學版）》，2008 年第 5 期；孫宏云：《陳之邁與抗戰前的「民主與獨裁」論戰》，刊於《社會科學研究》，2005 年第 1 期。

〔註63〕 孫宏云：《陳之邁與抗戰前的「民主與獨裁」論戰》，刊於《社會科學研究》，2005 年第 1 期。

〔註64〕 胡適：《從民主與獨裁的討論裏求得一個共同政治信仰》，刊於天津《大公報·星期論文》，1935 年 2 月 17 日。

之邁在其「民主幼稚園」一說上的批評，認為陳雖然不同意自己的說法，但事實上陳本人的觀點「卻正是勸人進幼稚園的辦法」〔註65〕。在這篇文章中，胡適呼籲兩派之間至少達成一種在陳之邁意義上的關於民主政治的基本共識，即以政治的方式取代武力的方式以實現統一，及一種政治上無可厚非的「民主」的願望和傾向。陳之邁的觀點無疑在很大程度上解決了民主制度落後於專制制度的為人所詬病的效率性問題，因此胡適此時信心滿滿的總結也基本上意味著，在他看來，論辯已結束，同時也幾乎是以一種勝利的姿態宣告：論爭可以暫時告一段落了〔註66〕。

提及陳之邁的觀點是在於說明，此前提到的杜威在某種意義上所致力解決的社會效率（民族國家）與個人發展之間的矛盾，在三十年代胡適所面對的政治環境中也同樣存在。「民主幼稚園」的說法雖然在理念上仍然承續了杜威對共同體成員之主動參與性的強調，但對立派所提出的效率性問題（即建國問題）卻仍然是極為有力的論據，因此無怪乎胡適在後期得陳之邁在理論上的讚助而表現出如此欣悅之情，就是在效率性問題上獲得了解決的方案。但是胡適他們的這種解決卻顯然不再是依託於杜威式的理想社會的教育觀，而是指向一種政府改良的方向，或者用他們的話說就是一種「政治的方式」，因此也只能是策略性的。這無疑是三十年代面對特殊局勢的救濟方案，但也就是在這一點上，胡適所主張的「民主」路線與蔣、丁等所主張的「獨裁」路線也就沒有本質上的區別。在國家危機下，早一時期由易卜生主義所帶出的那一指向個人之發展和無政府主義的思想，最終被歸結於這樣一種有色彩和有妥協的「民主」觀。杜威所指示的那一「共同發展」的理想也無法在中國當時的境遇中獲得實現的可能，而「社群主義的民主」也不可避免地導向了社會效率一面的要求。

第四節 「文學者」與現代民族國家之建設

一、從周、胡間的兩次通信說起

1936年元月，周作人在致胡適的信中說：

> 為了在君先生的去世，以及報上所載北大學生情形，不禁又想

〔註65〕同上。
〔註66〕參見《獨立評論》第141號《編輯後記》（1935年3月10日）。

> 對兄進一言。鄙意對於國事、社會、學生諸方面我們現在可以不談
> 或少管，此即弟兩三年前勸兄勿辦《獨立評論》的意思，現在卻又
> 提起來了而已，朋舊凋喪，青年無理解，盡足為「託可小休」的理
> 由，還不如專門講學論學。……我們平常以為青年是在我們一邊，
> 這與青年學生以為農工是在他們那一邊，（所以學生遊行到天橋去集
> 會呀。）實在一樣錯誤。〔註67〕

這封信涉及到三十年代的兩個事件：一是 1935 年底爆發的著名的「一二‧九」
運動。關於「一二‧九」運動，據胡適日記載，北平學生自 12 月 9 日舉行遊
行，北大 10 日起開始罷課，至 1936 年 1 月 4 日北大官方宣佈復課，但清華、
平大、師大、東北等校均無人上課，1 月 6 日北大學生復開會議決：「繼續罷
課，不達目的不止」〔註68〕。7 日，北大即宣佈次日起放假。另一事則是 1936
年 1 月 5 日丁文江的逝世。這顯然是一封慰問信，一方面是向身為丁摯友的
胡適致哀，另一面則是對當時身陷學潮的北大院長胡適致以勸慰。周作人在
三十年代對胡適所表達的善意是值得注意的，尤其是經歷了早一時期所謂「與
紳士們」的罵戰，不僅如此，幾乎在整個三十年代周胡之間都始終貫穿著這
樣一種彼此的善意、或者說同情。事實上，早在 1929 年，胡適因「新月」議
政得罪國民黨當局，一度被冠以「反革命罪」遭黨部再四警告時，遠在北京
的周作人就曾專程致信胡適：

> 去冬兄來北平，我們有些人都勸兄回北平來，回大學仍做一
> 個教授，當系主任，教書做書。昨天報載滬黨部有什麼決議，對
> 於這件事如樂觀說，不會有什麼，自然亦可以；又如憤慨說，應
> 當抵抗，自然也應當。不過我想，「這個年頭兒」還是小心點好，
> Rabelais（拉伯雷）說得對，「我自己已經夠熱了，不想再被烤。」
> 我想勸兄以後別說閒話，而且離開上海。最好的辦法是到北平來。
> 說閒話不但是有危險，而且妨礙你的工作，這與「在上海」一樣
> 地有妨礙於你的工作，──請恕我老實地說。〔註69〕

〔註67〕 周作人致胡適信（1936 年 1 月 7 日），引自胡適 1936 年 1 月 7 日日記，見曹
伯言編：《胡適日記全編》，第 6 卷，第 580～581 頁。

〔註68〕 引自胡適日記（1936 年 1 月 6 日），見曹伯言編：《胡適日記全編》，第 6 卷，
第 578 頁。

〔註69〕 周作人致胡適信（1929 年 8 月 30 日），見中國社會科學院近代史研究所中華民
國史研究室編：《胡適來往書信選》（上），北京：中華書局，1980，第 538 頁。

而胡適也顯然讀出了信中所道「交淺言深」的情誼，旋即於幾天後回信：

> 至於愛說閒話，愛管閒事，你批評的十分對。受病之源在於一個「熱」字。任公早年有「飲冰」之號，也正是一個熱病者。我對於名利，自信毫無沾戀。但有時候總有點看不過，忍不住。王仲任所謂「心噴湧，筆手擾」，最足寫此心境。自恨「養氣不到家」，但實在也沒有法子制止自己。〔註70〕

這一次通信幾乎開啓了三十年代周作人與胡適，及與現代評論派的某種和解，乃至理解。查胡適日記可以發現，自此後至那封著名的「藏暉先生」的信，胡適與周作人之間始終保持著一種默契。在信中，胡適以梁任公「飲冰」之典答覆了周作人所引述的拉伯雷「烈火炙烤」的名言，這其實涉及到了周作人後來所反覆述及的一個話題，即文人在世的選擇——一如孔子知其不可而爲之，還是選擇另一種尊嚴、隱忍的生活。他在當時所勸誡胡適的正在於後者，如 1935 年他在《苦茶隨筆》後記中所說：「從前上諭常云，知道了，欽此。」〔註71〕五四以來新文人們「不開藥方」、只爲揭起病痛的治世法門在他看來並沒有多少事實的效用，「打鬼」十數年來也依舊是一個變態人間，因此只好負氣：「知道了那麼這事情就完了，再有話，即是廢話」〔註72〕。周作人曾不止一次地對弟子、對讀者感慨自己「太積極」、「太有情」，責備自己寫了太多徒勞無用的牢騷文字，他說：「因知道而期待，而責備，這是一條路線。但是，也可因知道而不期待，而不責備，這是別一條路線。我走的卻一直是那第一路，不肯消極，不肯逃避現實，不肯死心」〔註73〕。這是 1935 年時的表白，查看周作人的創作，大致 1928 年至 1935 年間的這一時段正是通常研究所謂的轉型期，即木山英雄稱之爲「文學意識似乎最高漲的 1930 年左右」〔註74〕，也即是他表面上從此前的社會發言淡出的時期。從這個背景來返觀他寫給胡適的信，誠有一種惺惺相惜之感，正如他在後來談及孔子與隱逸之

〔註70〕 胡適致周作人信（1929 年 9 月 4 日），見中國社會科學院近代史研究所中華民國史研究室編：《胡適來往書信選》（上），第 542 頁。

〔註71〕 周作人：《〈苦茶隨筆〉後記》，見鍾叔河編：《周作人散文全編》，第 6 卷，第 691 頁。原載《益世報》，1935 年 7 月 24 日。

〔註72〕 同上。

〔註73〕 同上，第 690 頁。

〔註74〕 木山英雄：《周作人——思想與文章》，見氏著：《文學復古與文學革命——木山英雄中國現代文學思想論集》，趙京華譯，北京：北京大學出版社，2004，第 86 頁。

關係時所描述的那種彼此間的同情,「他們〔中國的隱逸者──筆者注〕有一肚子理想,但看得社會渾濁無可施為,便只安分去做個農工,不再來多管,見了那知其不可而為之的人,卻是所謂惺惺惜惺惺,好漢惜好漢,想了方法要留住他」〔註75〕。正如上文所說,1936 年周作人致信胡適之時正是所謂「朋舊凋喪,青年無理解」之世,同 1929 年的去信相似,意在勸胡專心治學,「訖可小休」,並在信中引馮班《鈍吟雜錄》所言:「家有四子,每思以所知示之,少年性快,老年諄諄之言非所樂聞,不至於頭觸屏風而睡,亦已足矣。無如之何,筆之於書,或冀有時一讀,未必無益也。」〔註76〕藉以表達自己在對青年的教諭以及文字之功效上的消極態度。但這封信也一如數年前的去信,並沒有使胡適信服:「我在這十年中,明白承認青年人多數不站在我這一邊,因為我不肯學時髦」〔註77〕,甚而更直接點出「吾兄自己也是有心人,時時發『諄諄之言』,無緊張之氣象,故讀者但覺其淡遠,不覺其為『諄諄之言』」〔註78〕。這一代知識分子,尤其是周作人都曾是五四時代的青年領袖,但從二十年代中以後伴隨著與左翼勢力的分野,他們也迅速從先鋒淪為落伍,周作人清醒地意識到「教訓之無用」,而在其文章中顯示了一種無奈的掙扎,「筆之於書,或冀有時一讀」所表達的正是一種無可奈何的留言。三十年代周作人在對文學的無用與使用之間無比糾纏的表述與實踐,以及周胡之間那一充滿了古典情懷的同情和同意,從這兩封信可以窺見。

將這兩次通信作為一個點提出來,是我以為這種理解在某種程度上已超越了我們通常用來概述的所謂自由派知識分子的身份問題,三十年代的這一次和解充滿著一種令人迷戀的幽微的情懷。整個五四時代都幾乎籠罩在一種「主義」或各種「主義」的交雜聲音中,即使是後來的「問題與主義」之爭也在事實上可以視為兩種主義之爭;而這一次和解,沒有共同的表白,沒有同仁的聲音,我們只是在往來的書信、唱和,及宴集中可以多少了然一些彼此的交流,「交淺言深」不僅說明了這一關係的有限的程度,也道出了一種可

〔註75〕 周作人:《談儒家》,見鍾叔河編:《周作人散文全編》,第 7 卷,第 395 頁。原載《世界日報》,1936 年 12 月 4 日。

〔註76〕 周作人致胡適信(1936 年 1 月 7 日),引自胡適日記(1936 年 1 月 7 日),見曹伯言編:《胡適日記全編》,第 6 卷,第 580~581 頁。

〔註77〕 胡適致周作人信(1936 年 1 月 9 日),見中國社會科學院近代史研究所中華民國史研究室編:《胡適來往書信選》(中),第 297 頁。

〔註78〕 胡適致周作人信(1936 年 1 月 9 日),見耿雲志、歐陽哲生編:《胡適書信集》(中),北京:北京大學出版社,1996,第 681 頁。

能的更深的同情。直到 1938 年遙在英倫的胡適聽聞周作人附逆的消息後所寄著名的「藏暉先生」的信仍在某種程度上表達了這樣一種不肯明言的委婉的情誼。高恒文在《京派文人：學院派的風采》一書中也將 1929 年周、胡之間的那次通信看做是三十年代京派之成立的一個重要的人事前提，這次歷史性的通信不僅成為三十年代胡適及以胡適為首的一大批南下「新月」文人最終北上的徵兆，同時也意味著二十年代發生在新文學內部的那一場深刻分裂的部分和解。同時，周胡之間的這一和解也將我們引向另一種關於三十年代的氛圍與語境，那就是在戰爭、在革命的聲音之外，這一群曾經作為新文化運動之先鋒的知識分子所作的選擇，而他們在當時被目為保守。

　　二十世紀初的幾十年間，一個關於「建國」的故事，或稱為神話，貫穿著這民國史的各個階段，不僅是文人與國家命運、政權更迭之間那種微妙關係的表達，同時這種糾纏也指向一個更具體的問題：自晚清以來，從不斷的呼喚到真正進入了對一個現代民族國家進行建設的歷史階段，知識分子基於國家具有怎樣不同的理解，他們根據各自的身份規劃了哪些文化的方案或政治的方案，以及這些方案在當時產生了怎樣的歷史效應等。尤其是 1927 年國民政府成立至 1933 年華北事件之間，是民國成立以來一個短暫的喘息期，國民黨第一次真正在軍事、政體兩方面達成了一種外圍的統一，一系列體制化和國家行為的啟動的確使中國自晚清以來第一次在國家形態上顯現了一種成熟的趨勢；也是自辛亥以來，經歷了二次革命、北伐等，那個在國民黨譜系上造就了民國歷史的「革命」所獲得的一次真正事實性的成功。在這樣一種局面下，胡適等一批知識分子開始依照西方民主國家的建制方案，預推動中國進入一種常態的建設期，但隨即遭遇了來自官方的「非常」政策的牴觸。不僅如此，包括周作人等在內的這一批「五四」人都面對著這樣一個問題：「國家」，一個統一的現代民族國家之成為「事實」，如何在這樣一種形勢下，重新面對「五四」的資源與姿態，及在二十年代中以後新文化陣營分化的前提下，來選擇一種表達的方式——或許正如杜威所說，那是一個在個人與民族國家之間謀求合作的難題。在這一批知識分子中，「國家」始終是一個隱在的存在，他們在某種程度上的言說甚至超越了二十年代那些煊赫的「主義」的邊界，而正是在這個意義上，和解才可能實現。

　　由二十年代末一直延續了整個三十年代的周胡間的這一次和解不僅代表著他們與左翼激進政治和階級論話語的分道，同時也意味著一種新的在政治

立場上的明確，即在承認一種相對寬泛的國家意識下，又與黨派統治保持距離，甚至反對。1929 年周作人去信的本意並不在指責胡適的議政，而恰是一種對胡適當時立場與態度的支持，這裡引向一個問題，就是三十年代文人對國家、社會的參與方式。不同於五四時代那種徹底的破壞性的使命，在二十年代末這一國家的具形下，如何以一種知識分子的身份和能力對民族、國家無論是在政治、文化或教諭上作出建設性的工作，是周胡這一批知識分子所面對的歷史任務。換種說法就是，爲了與那個二三十年代已以黨派形式出現，並對那一五四的「個人」發出限制的集團化聲音相區別，這一批知識分子勢必將自行規劃和實踐另一種貫徹個人與民族國家之合作的方案。

二、丁文江之死與「愛國」、「變節」

正如上文所述，周作人 1936 年致胡適的信是一封慰問信。丁文江於 1935 年底接受鐵道部委託查勘湘潭煤礦，以解決粵漢鐵路供煤問題，同時也受教育部委託在長沙附近爲清華大學勘查校址，但不期於衡陽中煤毒，終於 1936 年 1 月 5 日逝於長沙，享年 49 歲，時任中研院總幹事，中國地質學會會長，資源委員會委員等職。〔註 79〕二三十年代在知識界發生了好幾宗死亡事件，其中朱湘、徐志摩之死無疑被視爲一個關於詩人性格與命運的悲劇，成爲文學史上感傷的符號；而左聯五烈士的死以及相伴隨的一系列左翼的集體書寫，則將二十年代中以來作家與政治實踐之間的關係進一步明確化。而區別於這兩者的，丁文江的死則在某種程度上構成了另一種爲國爲民鞠躬盡瘁，死而後已的良臣形象。他去世後的悼念儀式也體現了當時相當高的規格，中央研究院召開的追悼會上不僅蔣介石、蔡元培、王世杰、朱家驊、胡適、翁文灝等政、學名流紛紛到場。同時《獨立評論》、《地質論評》等刊也專門開闢紀念專號，國民政府亦撥發恤金一萬四千四百元以示褒獎慰問。同年 11 月中國地質學會成立丁文江紀念基金，得募款總額四萬兩千餘元，越兩年中央研究院復設「楊銓、丁文江獎金」。在當時對其早逝的大量歎惋之辭中，丁文江被頻頻形容爲一種「損失」。李濟說：「一般有民族意識的公眾莫不認爲是國家的一種不可補償的損失。」〔註 80〕傅斯年說：「用充分的知識，忠勤的爲國家服務，絲毫不存自我利益心，便是眞實愛國者的定律，也便是在君的行

〔註79〕參見翁文灝：《丁文江先生傳》，刊於《地質論評》，1941 年第 6 卷第 1、2 期。
〔註80〕李濟：《懷丁在君》，刊於《獨立評論》，第 188 號（1936 年 2 月 16 日）。

事。」〔註 81〕汪敬熙：「國家失掉了一個極不可多得的人才。」〔註 82〕翁文灝說：「在君先生的死是中國的大損失，『人之云亡，邦國殄瘁』！」〔註 83〕可見，丁文江之死在當時知識界引起的一種普遍聲音就是國家於危難之時更喪棟樑的歡惋，同時，他的死以及圍繞著這一事件所發起的整個哀悼儀式也引出了三十年代另一種關於國家的情懷。在其中，丁文江被塑造成一個「眞正的愛國者」的形象──恪盡職守，以致獻身，以行政的手段，做實際的事業，不僅履行了他作爲知識分子的議政職責，而且兌現了他作爲科學家的知識能力。《字林西報》（*North China Herald*）就曾以「一個眞正的愛國者」（A True Patriot）爲題發表社論〔註 84〕。

但事實上，丁文江的一生中仍有一個重大的污點，就是他曾在孫傳芳任「五省聯軍」統帥時期入幕，並擔任淞滬商埠督辦公署總辦一職。正是這一點，自國民政府成立直到 1931 年大赦政治犯止，丁文江都一直是蔣介石通緝名單上的一員。周作人在當時便發過諷刺，在《丁文江的罪》一文中，他先稱自家早前對在「科玄論戰」中掛帥的丁在君還是頗有好感的，但豈料「做科學家的一變而爲皇英的高等華人，再變而爲孫聯帥的淞滬督辦，討赤軍興，便在上海殺戮學生工人了。」〔註 85〕胡適在《丁在君這個人》一文中提及這一段時也不得不表示：「丁在君一生最被人誤會的是他在民國十五年的政治生活。」〔註 86〕因此 1936 年在圍繞丁文江的悼念儀式，以及對其身份追認的過程中，一個首要解決和解釋的問題就是他的這一段政治履歷。而對他這一政治污點最爲得力的辯護恐怕要算傅斯年，他在《丁文江一個人物的幾片光影》中這樣評論：

> 在君是注重行政的，不是玩勾心鬥角的政治把戲的，所以在君以「治世之能臣」自喻，大家朋友也都知道，雖然他有處置政務的天才，他並不是「撥亂反正」之才。……用兩個英國名詞來形容，

〔註 81〕傅斯年：《我所認識的丁文江》，刊於《獨立評論》，第 188 號（1936 年 2 月 16 日）。

〔註 82〕汪敬熙：《丁在君先生》，刊於《獨立評論》，第 188 號（1936 年 2 月 16 日）。

〔註 83〕翁文灝：《追悼丁在君先生》，刊於《地理學報》，第 2 卷第 4 期。（1935 年 12 月）

〔註 84〕「A True Patriot」, in *North China Herald,* January 8, 1936, p. 45.

〔註 85〕周作人：《丁文江的罪》，見鍾叔河編：《周作人散文全編》，第 4 卷，第 854 頁。原載《語絲》，第 106 期（1926 年 11 月 20 日）。

〔註 86〕胡適：《丁在君這個人》，刊於《獨立評論》，第 188 號（1936 年 2 月 16 日）。

　　在君是一個 Bureaucrat，並且是一個頂好的。而絕不是一個
Politician，他若做 Politician 的生涯必焦頭爛額而已。在君在淞滬任
中，行政上的成績是天下共見的：爲滬市行政創設極好的規模，向
外國人爭回不少的權利。……即以此等成績論，假使當時在君的上
司是比孫傳芳更不好的，在君仍足以自解，因爲在君是借機會爲國
家辦事的，本不是和孫傳芳結黨的。批評他的人，要先批評他所辦
的事。〔註87〕

丁文江之死在當時之所以成爲知識界的一個事件，也正在於他本身的污點，
同時伴隨著他的功業，國民政府最終對他的定評也即在某種程度上昭顯了這
種對國家意識的肯定。「變節」，這一個關於中國文人的亙古話題在這樣一種
語境下已不再具備它傳統的約束力，不僅如此，在經歷了二十年代那一場深
刻的關於路線分化的運動後，「主義」與「國家」這一對辯證關係也在某種程
度上被重新認識。

　　而 1935 年前後關乎民族危亡的那一特殊時刻也爲這一話語提供了言說的
場景。在之前周作人就已多次批評中國古來在臨危之際「唯有一死報君恩」
的所謂「氣節的八股」，認爲是「士不務實事而囿虛習」〔註88〕，因此當 1935
年後華北全面告急，輿論界喧囂著一股主戰情緒之際，他卻不惜抗顏爲「和」
而辯，更直指事體的眞相：「中國往往大家都知道非和不可，等到和了，大家
從避難回來，卻熱烈地崇拜主戰者，稱岳飛而痛罵秦檜」〔註89〕，直言不希
望中國再出文天祥，或彌漫這樣一種盲目的「英雄」崇拜。他當時說過這樣
的話：

　　　　文人本來只能做詩文，一出手去弄政事軍務，鮮不一敗塗地者。
　　岳飛有言，天下太平要文官不愛錢，武官不怕死。我覺得現在的病卻
　　是在於武人談文，文人講武。武人高唱讀經固無異於用《孝經》退賊，
　　文人喜紙上談兵，而腦袋瓜兒裏只有南渡一策……〔註90〕

〔註87〕傅斯年：《丁文江一個人物的幾片光影》，刊於《獨立評論》，第 189 號（1936
　　　　年 2 月 23 日）。
〔註88〕周作人：《〈顏氏學記〉》，見鍾叔河編：《周作人散文全編》，第 6 卷，第 191
　　　　頁。原載《大公報》，1933 年 10 月 25 日。
〔註89〕周作人：《關於英雄崇拜》，見鍾叔河編：《周作人散文全編》，第 6 卷，第 479
　　　　頁。原載《華北日報》，1935 年 4 月 21 日。
〔註90〕周作人：《〈煮藥漫抄〉》，見鍾叔河編：《周作人散文全編》，第 6 卷，第 708
　　　　頁。原載《大公報》，1935 年 8 月 3 日。

當 1937 年成批的文人紛紛逃離北方，而重新換以一種道義上的正義凜然來寬慰、或譴責周作人的滯留時，他所早已預言的這一中國人的「南渡」情結終再次成為一個救世法門，並也如他所料反而成為一種公義。面對如此輿論，周作人為其滯留北京所提供的藉口也是極為反諷的，正如他答覆藏暉先生（胡適）的信中說：「因為庵裏住的好些老少」〔註91〕，1937 年面對友人的不斷催促，周作人一再地以家累、資費這樣一些似乎在民族大義之前微不足道的庸俗理由拒絕。我們看他當時的信件中那種不為所動的冷靜語氣，而同時又囁嚅地表達著家事瑣碎這一層意思時，那來自南方的莊嚴聲音竟顯得極其尷尬和無處。這種拒絕或許正是周作人對那一「文人腦中的南渡」和「所謂氣節」的最大諷刺。說到「變節」，周作人的最終落水無疑被視作現代文人在精神上的一次重大挫折，不僅成為民族，更是五四傳統的一個污點，但出乎意料的是，當 1945 年周作人在為自己的叛國罪辯護時竟又表現得無比自信，這種自信令當時的日本文人都備感意外。岡本堅次回憶，周作人曾在文學院門口貼出告示，「內容大概是蔣介石似乎說我是漢奸，其實自己承擔了對留在北京的青年之教育責任」〔註92〕，不僅如此岡本更指周「語調強硬」，「彷彿在說蔣介石才是漢奸」〔註93〕。當時周作人為自己列出的幾條辯護詞中，就有保存北人校產，使華北免受奴化教育等。木山英雄也曾客觀地指出周作人在出任偽職期間的確「有政治上消極怠工味道」〔註94〕的行動，甚至因此遭到來自日本方面的懷疑。針對這種辯護，錢理群在《周作人傳》中曾不客氣地歷數了周在任偽職期間的各條罪狀，認為 1941 年後，周不僅頻繁地「出入於各種教育會議及各類講習所，訓練班，每次到會，必致訓詞」，而每有訓示，必大談「善鄰友好、共同防共、經濟提攜」等陳調〔註95〕，且愈來愈主動地採取行動，在官僚化場境中嫻熟應對。但另一方面我們可以看到，錢理群所指出的逐條事實，大部分是對其言論的批評，他所主要針對的是周作人在當時所發之「官話」、「訓示」等，譬如 1941 年關於「治安強化

〔註91〕 周作人：《北大感舊錄七──胡適之》，見氏著：《知堂回想錄》，香港：三育圖書有限公司，1980，第 499～500 頁。

〔註92〕 轉引自木山英雄：《北京苦竹庵記──日中戰爭時代的周作人》，趙京華譯，北京：生活‧讀書‧新知三聯書店，2008，第 224 頁。

〔註93〕 轉引同上。

〔註94〕 同上，第 128 頁。

〔註95〕 錢理群：《周作人傳》，北京：北京十月文藝出版社，1990，第 447 頁。

運動」的廣播講話,爲張江裁所編《汪精衛先生庚戌蒙難實錄》作序,1942年視察保定後講話等〔註 96〕。這裡並不是要爲周作人辯護,但也不得不指出,錢理群所強調的這種言辭上的、或文人所代表的歷史意義在周作人其實早已是一個被消解的對象。

早從二十年代,周作人便開始談論所謂「事功」與「文人之能」的問題,可以說,正是對這兩者的不斷糾纏與辨析使周作人最終在「落水」與「氣節」這些問題上獲得了一種自我解決,也是他四十年代之自信的緣出。戰前他曾引洪允祥《醉餘隨筆》中一則云:

> 《甲申殉難錄》某公詩曰,愧無半策匡時難,只有一死答君恩。
>
> 天醉曰,沒中用人死亦不濟事。然則怕死者是歟?天醉曰,要他勿
>
> 怕死是要他拼命做事,不是要他一死便了事。〔註97〕

1945 年他再次以「道義的事功化」來爲自己辯護時即乾脆地說:「道義必須見諸事功,才有價值」〔註 98〕。在這一篇具有代表性和總結性的文章中,周作人非常巧妙地將其之前對氣節、道德的批判與民主、國家這一更爲根本的問題相勾連,並由此引向一個關於知識分子的核心命題:爲國爲民,或獨善其身。他認爲,對其「落水」的指責無非出於一種讀書人因旁無用處,只盡力在「德」與「言」上立功的驕傲,而實則「如驢鳴狗吠」,於世事無補,在他看來,所謂忠孝的現代化應當是「對於國家人民有所盡力」,而並不限於「殉孝殉忠」〔註 99〕。這一轉就將一個原本是「變節」的道德問題轉化成了一個關於「何爲愛國」的問題,正如他說:

> 我所說的道義之事功化,大抵也就是這個意思,要以道義爲宗
>
> 旨,去求到功利上的實現,以名譽生命爲資材,去博得國家人民的
>
> 福利,此爲知識階級最高之任務。〔註100〕

「道義的事功化」所著力解決的正是這一概念的轉換。錢理群在引周作人爲湯爾和所作挽聯:「一生多立經國事功,不圖華鬢忽萎,回首前塵成大夢。此

〔註96〕 參見同上,第 448～451 頁。

〔註97〕 周作人:《〈醉餘隨筆〉》,見鍾叔河編:《周作人散文全編》,第 6 卷,第 649
頁。原載《華北日報》,1935 年 6 月 21。

〔註98〕 周作人:《道義之事功化》,見鍾叔河編:《周作人散文全編》,第 9 卷,第 628
頁。作於 1945 年 11 月 7 日,收入《知堂乙酉文編》。

〔註99〕 同上,第 629 頁。

〔註100〕 同上,第 630 頁。

出只爲救民苦難，豈意擅度中斷，傷心輕打唇微言。」時，即認爲周作人這
是夫子自道，意在標榜己方的犧牲與「崇高」〔註101〕。但事實上，對周作人
而言這或許不只是一種簡單的標榜和自稱，這裡需再次牽引出「國家意識」
這一概念，在討論丁文江的變節問題時我曾提到，當時的國民政府及其輿論
環境其實已對「何爲愛國」進行了重新闡釋。而在周作人，以事功爲扭結，
將道義問題轉化爲一個愛國問題時，不僅使其自身變節的污點被轉移，同時
也構成了一種新的優越感，即愛國不在虛禮，在乎實行。他指新文化運動並
沒有在根本上成就一種「革命的思想」：「（五四後——筆者注）不久禮教的潛
勢力活動起來，以前反對封建思想的勇士也變了相，逐漸現出太史公和都老
爺的態度來，假借清議，利用名教，以立門戶，爭意氣，與明季清末的文人
沒有多大不同。」〔註102〕這裡周作人所稱的「變相的勇士」大致可以猜測，
係吳稚暉等一批革命老將在所謂革命「勝利」後，以黨派門戶之見排誅異己，
動輒以「反革命」作爲話語霸權的一派。而所謂「名教」派，不僅針對的是
國民黨，同時也涵指當時共產黨、左派所啓用的一系列宣傳性策略——將概
念、主義，簡言之那些空疏的言辭理論等作爲主要的活動準則和歷史動力，
周作人對這一整體語境持批判態度。並且這種批判的聲音在當時並不是孤立
的，胡適也曾表達類似的意思。

　　1928 年，胡適在《新月》發表《名教》一文，指出當今國人對於語言、
文字的某種神秘魔力的崇尚正是「名教」的一種現代表現，「名教便是崇拜寫
的文字的宗教；便是信仰寫的字有神力，有魔力的宗教。」〔註103〕在這篇文
章中胡適所主要依託的是馮友蘭基於哲學史的提煉，以及江紹原在民俗層面
上對民間例證的採集，但歸結到根本，他所反對的乃是一種當時以口號、標
語的形式所喧囂著的愛國情緒，或稱爲教條的民族主義，他寫道：

　　　　少年人抱著一腔熱沸的血，無處發洩，只好在牆上大書「打倒
　　賣國賊」，或「打倒日本帝國主義」。寫完之後，那二尺見方的大字，
　　那顏魯公的書法，個個挺出來，好生威武，他自己看著，血也不沸
　　了，氣也稍稍平了，心裏覺得舒服的多，可以坦然回去休息了。於

〔註101〕錢理群：《周作人傳》，第 443 頁。
〔註102〕周作人：《道義之事功化》，前揭，第 631 頁。作於 1945 年 11 月 7 日，收入
　　　　《知堂乙酉文編》。
〔註103〕胡適：《名教》，見歐陽哲生編：《胡適文集》，第 4 卷，第 52 頁。原載《新月》
　　　　第 1 卷第 5 號（1928 年 7 月 10 日）。

是他的一腔義憤，不曾收斂回去，在他的行爲上與人格上發生有益
的影響，卻輕輕地發洩在牆頭的標語上面了。〔註104〕

從孔夫子的「正名」到禮教的「名分」，從民間的「巫祝符咒」到口號標語，胡適引到：「爲治不在多言，顧力行何如耳」〔註105〕，一方面指向統治者的政治策略，一方面則指向青年與民眾的盲從。這兩句話在後來也被周作人多次引用〔註106〕，表達同樣的意思，這種對於「名教」的共同批判或許正是構成二十年代末三十年代初周胡之間和解的一個重要的精神基點。

但問題在於，胡適將事功歸之政治，三十年代的黨外議政，四十年代的臨危受命，甚至具體到他在戰中所持的外交國際主義策略，至少與他一貫的實用主義精神和自由主義姿態之間達成了一種內在邏輯的完成；但周作人的尷尬在於，對他而言「事功」如果無法依託那已被解構了的語言的能力，那麼又將何處？因此，1945 年當他一面持續地言說著名教、氣節、道德的虛空無力，而一面又不得不同樣地以一種「說」的方式來爲自己辯解時，立即遭來了嘲弄，他曾經所標榜的「一說便俗」〔註107〕的高貴姿態與此時囁嚅的脫身之辭間的矛盾實在不由得人不唏噓。但儘管如此，他的辯解也仍然有他的底線，正如我上文所說，在《道義的事功化》中周作人曾嘗試將關於愛國的問題引向「民」與「民主」的維度，他區分了中國古來「爲君」與「爲民」的兩派思想，指出那種禮教化的黨派主義和國家觀念其實仍是一種封建的奴隸意識，民國以來並沒有產生眞正的民主化精神，他寫道：「道義的事功化本是小問題，但根柢還是在那裡，必須把中國思想重新估價，首先先勾消君臣主奴的倫理觀念，改立民主的國家人民的關係，再將禮教名分等舊意義加以修正，這才可以通行」〔註108〕。顯然，這裡的「民主」並不是制度性的，與胡適訴諸立憲、法治、專家等具體的政治環節相區別，他所言稱的「民主」其實指代的仍是「立人」。我們可以猜測，對「民」的啓用的確可以在某種程

〔註104〕同上，第 56 頁。

〔註105〕同上，第 59 頁。

〔註106〕周作人在《道義之事功化》一文中即有引用，作於 1945 年 11 月 7 日，收入《知堂乙酉文編》。見鍾叔河編：《周作人散文全編》，第 9 卷，第 628 頁。

〔註107〕周作人：《讀〈東山談苑〉》，見鍾叔河編：《周作人散文全編》，第 8 卷，第 49 頁。原載《晨報》，1938 年 6 月 24 日。《東山談苑》：「倪元鎭爲張士信所窘辱，絕口不言。或問之，元鎭曰，一說便俗。」

〔註108〕周作人：《道義之事功化》，前揭，第 631 頁。作於 1945 年 11 月 7 日，收入《知堂乙酉文編》。

度上轉移某些來自黨派或「國家」話語的對其「失節」的指責，並且有助於
形成一種關於「愛國」的新的話語，但是鑒於周作人一貫對「人民」這一概
念的警惕以及對左翼挾「群眾」之名以自居這一名教邏輯的批判，他最終只
是輕輕地在「民」這一話題上滑過，而沒有在上面做文章，最終將其對「國
家意識」的表述嫁接回了國民性與啟蒙的語境。

　　整個三十年代，周作人都持續地言說著自己的一種不斷壓抑的情熱，就
像開頭所引他與胡適的通信中頻頻提到的「飲冰」、「拉伯雷」這樣的典故和
隱喻，甚至直到「落水」後他也依然以「流水斜陽太有情」這樣的委曲表白
來透露自己的「出仕」乃是出於一種「不忍」。將知識分子之於國家的這一命
題最終歸結到那個二十年代中起便時隱時現、纏綿不斷的「為我／兼愛」的
糾結時，雖然對周作人自身而言可能始終處在一條合理的邏輯中，但是他的
尷尬在於他所表達的這樣一種深沉、理智、甚至無法克服的民族主義的情懷
和國家意識，卻最終落入到一種他所預言的最消極的狀態中而得以實現，並
同時遭到一種同樣來自國家、民族的聲音的指責。
　　因此，正如我在前面所說，胡適、周作人在三十年代的這一次和解可以
視為一種表徵，三十年代在這個民族國家開始進入建設的事實面前，他們所
作出的調整是：胡適攜帶著一種「治文」時代的理想與姿態進入議政，而持
續地發揮著引發各種話題性論爭的輿論影響力，並以此推動著那個他所期許
的現代化國家進程的展開；而周作人由社會批評向文學批評退守，但仍在某
種程度上保持著一種文化上的建設性，這在後面章節將要論及。作為三十年
代「京派」之成立的最重要的兩大盟主的匯合，在這一歷史時刻所顯示的不
僅是一種對歷史命運的深刻體悟，而更是一種以「偏保守」的姿態所展示的
在他們看來更為穩健的現代化方案。

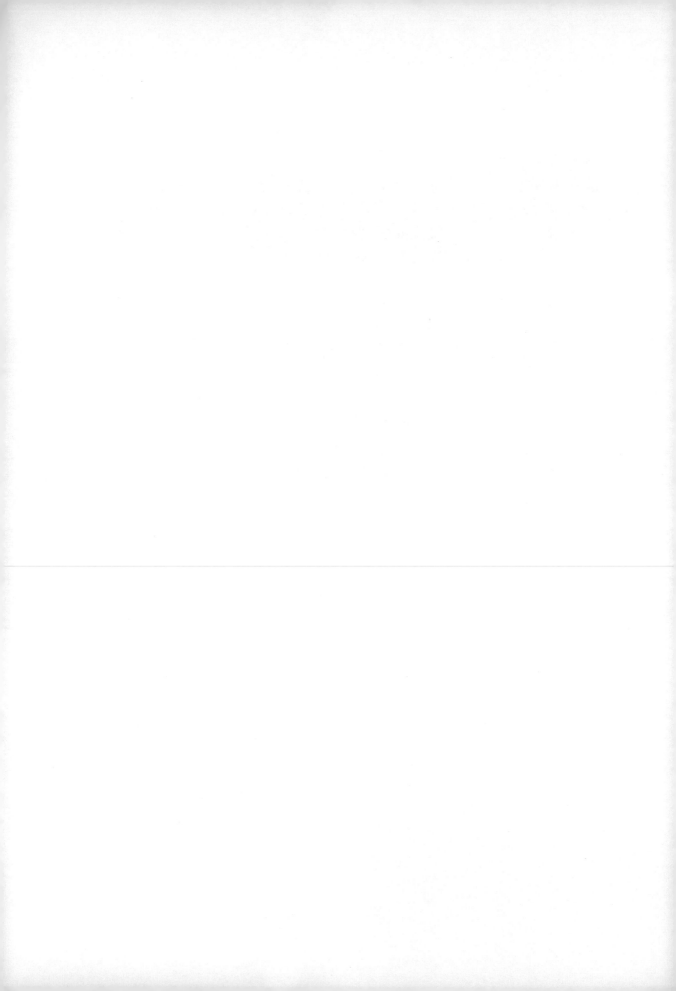

第二章　北京學院體制的重建與
北方人事的重組

第一節　從魯迅在回平問題上的「躊躇」說起

1929 年 8 月 20 日，魯迅在致李霽野的信中說：

> 上海到處都是商人氣（北新也大爲商業化了），住得眞不舒服，
> 但北京也是畏途，現在似乎是非很多，我能否以著書生活，恐怕也
> 是一個疑問，北返否只能將來再看了。〔註1〕

稍後在致章廷謙的信中又及：

> 北京似乎不宜草率前去，看事情略定後再定行止，最佳，道路
> 太遠，又非獨身，偶一奔波，損失不小也。〔註2〕

1929 年 11 月 8 日，在同致章廷謙的信中，魯迅最終表示：

> 北京已非善地，可以不去，以暫且不去爲是。〔註3〕

從幾封書信可以看出，魯迅對「回平」一事頗有躊躇，雖然 1929 年底他已決
定暫不回平，但在此後的一大段時間裏，「回平」仍是一個被反覆提起的話題，
尤其是 1932 年上海戰事後。一則是出於安全的考慮，戰中魯迅「挈婦將雛」
避居內山書店，在致許壽裳的信中就說道：「倘舊寓終成灰燼，則擬攜眷北上，

〔註1〕　魯迅：《致李霽野》（1929 年 8 月 20 日），見《魯迅全集》，第 12 卷，第 202 頁。
〔註2〕　魯迅：《致章廷謙》（1929 年 10 月 26 日），見《魯迅全集》，第 12 卷，第 209 頁。
〔註3〕　魯迅：《致章廷謙》（1929 年 11 月 8 日），見《魯迅全集》，第 12 卷，第 211 頁。

—73—

不復居滬上矣。」〔註4〕；另一則是北平相對便利讀書、著書,「那邊壓迫還沒有這裡利害,但常有日本出兵的謠言,所以住民也不安靜。倘終於沒有什麼事,我們明年也許到那邊去住一兩年,因為我想編一本『中國文學史』,那邊較便於得到參考書籍。」〔註5〕編著「中國文學史」是魯迅未盡的工作,尤其是出於當時對鄭振鐸所編文學史和周作人依託《中國新文學的源流》所作的文學史圖解的不滿,1932 年在致臺靜農的信中便評價道:「鄭君所作《中國文學史》,頃已在上海豫約出版,我曾於《小說月報》上見其關於小說者數章,誠哉滔滔不已,然此乃文學史資料長編,非『史』也。但倘有具史識者,資以為史,亦可用耳。」〔註6〕如果鄭氏文學史尚為可用,那麼同是 1932 年出世的周作人的《源流》則道地的是一部籠攝於歷史觀念下的文學裁成,魯迅並沒有對此直接評述,但在此後興起以周氏理論為旗幟的小品文潮中,魯迅與之衝折就很明顯了。三十年代包括鄭振鐸、周作人、魯迅在內的這一「重寫文學史」的衝動其實也是要從各自立場為現世找尋解釋範式的努力。

1933 年在致曹聚仁的信中魯迅又一次提及了這一計劃:

> 中國學問,待從新整理者甚多,即如歷史,就該另編一部。古人告訴我們唐如何盛,明如何佳,其實唐室大有胡氣,明則無賴兒郎,此種對象,都須褫其華袞,示人本相,庶青年不再鳥煙瘴氣,莫名其妙。其他如社會史,藝術史,賭博史,娼妓史,文禍史⋯⋯都未有人著手。然而又怎能著手?居今之世,縱使在決堤灌水,飛機擲彈範圍之外,也難得數年糧食,一屋圖書。我數年前,曾擬編中國字體變遷史及文學史稿各一部,先從作長編入手,但即此長編,已成難事,剪取歟,無此許多書,赴圖書館抄錄歟,上海就沒有圖書館,即有之,一人無此精力與時光,請書記又有欠薪之懼,所以直到現在,還是空談。現在做人,似乎只能隨時隨手做點有益於人之事,倘其不能,就做些利己而不損人之事,又不能,則做些損人利己之事。只有損人而不利己的事,我是反對的,如強盜之放火是也。〔註7〕

顯然,北平對魯迅而言意味著另一種工作的模式,對歷史「褫其華袞,示人

〔註4〕 魯迅:《致許壽裳》(1932 年 3 月 2 日),見《魯迅全集》,第 12 卷,第 287 頁。
〔註5〕 魯迅:《致曹聚仁》(1932 年 12 月 12 日),見《魯迅全集》,第 12 卷,第 349 頁。
〔註6〕 魯迅:《致臺靜農》(1932 年 8 月 15 日),見《魯迅全集》,第 12 卷,第 322 頁。
〔註7〕 魯迅:《致曹聚仁》(1933 年 6 月 18 日),見《魯迅全集》,第 12 卷,第 404 頁。

本相」〔註8〕，是二十年代整理國故的延續，這與周作人三十年代以後「披沙揀金」、抄錄舊書的工作其實並無本質上的分別。周作人曾在後來總結：「中國現時的思想文化綜錯混亂，所謂古今中外都雜在一起，經過最近二三十年的糾紛，已經從這酸辛的經驗中稍微找出一點頭緒來，可是要整理清楚，把握得住，還是很不容易。走到兩極端去，一味的急進或保守都不難，難的是認清了上自聖賢下至凡民所同具的中國固有思想，外加世界人類所共有的新興文明，膽大心細的進行調整，基礎既定，然後文化工作才可以進行。」〔註9〕

從魯迅當時的言談來看，要完成他預計的編史和整理工作，北平無疑是最適宜的環境，所謂「數年糧食，一屋圖書」指向的正是三十年代北平所具備的物質條件。正如胡適在當時之所以能組織梁實秋等一批人啓動「莎士比亞翻譯」這一龐大計劃，一方面依託的正是來自政府、機構的實力（胡適當時任中華教育文化基金會董事，後主持其翻譯委員會），另一方面也離不開北京的大學體系和文化資源。事實上，以整理國故的規模在當時的境況下如果沒有來自體制內的支持，以一己之力確實難以辦到，而身在滬上，因「無此許多書」和「欠薪之懼」，不得不「隨時隨手做點有益於人之事」〔註10〕，可以說是三十年代魯迅之疏離於體制後的無奈選擇。

但是，此時的北方其實也悄然在發生著一種變化。1929 年 5 月間魯迅曾回平探母，並應邀在燕京大學作講演，或許正是這一次的經歷觸發了他最終留居滬上的決定。他對恢復後的北京學界的觀感就是「懶」：「比我出京時散漫，所爭的都是些微乎其微」〔註11〕。此番北行魯迅顯然已敏銳地注意到北平學界正在發生的一種變遷：1927 年國民政府成立之初便對舊有知識界進行了一系列收編或稱爲體制化的分配，而隨著這種重新分配的進行，二十年代幾乎決裂的語絲派和現代評論派在彼時的北平竟呈現出了一種合流的趨勢。當時楊振聲負責組織青島大學文學院，其擬請名單上除了新月諸人，周作人也赫然在列〔註12〕，無怪乎魯迅當時即結論：「北京學界，似乎已經和現代評

〔註8〕　同上。
〔註9〕　周作人：《新中國文學復興之途徑》，見鍾叔河編：《周作人散文全編》，第 9卷，第 31 頁。原載《中國文學》創刊號（1944 年 1 月 20 日）。
〔註10〕魯迅：《致曹聚仁》（1933 年 6 月 18 日），見《魯迅全集》，第 12 卷，第 404 頁。
〔註11〕魯迅：《致章廷謙》（1929 年 6 月 25 日），見《魯迅全集》，第 12 卷，第 190 頁。
〔註12〕參見魯迅：《致章廷謙》（1929 年 7 月 21 日）：「青島大學已開。文科主任楊振聲，此君近來似已聯繫周啓明之流矣。此後各派分合，當頗改觀。語絲派當

論派聯合一氣了。」〔註 13〕因此在致章廷謙的信中才堅定地表示「以暫且不去爲是」〔註 14〕。不得不提到的是，1932 年魯迅再次回平探母，這一次回平與 1929 年又稍有不同，此刻魯迅的身份已較先前特殊，當時他已與太陽社、創造社等在左聯的名義下達成和解，據魯迅記載，與三年前相比，在平期間的訪客更是寥寥〔註 15〕。但即使是在這種景況下他的回平之念仍然：「舊友對我，亦甚好，殊不似上海之專以利害爲目的，故倘我們移居這裡，比上海是可以較爲有趣的。但看這幾天的情形，則我一北來，學生必又要迫我去教書，終或招人忌恨，其結果將與先前之非離北京不可。」〔註 16〕此次回平，魯迅不斷在信中向許廣平感慨北平舊友的情誼，與滬上文人趨於利益爲盟，或反臉不相識的情形殊異，並提議今後可來小住遊玩。魯迅的這種對北平依然留存的溫情是非常值得注意的，我們總是在很多時候，將魯迅 1926 年的出走，乃至 1928 年之後的停踞滬上視作一種決絕，但事實上這一次分化並非如後來文學史和思想史所敘述的那樣，我們從書信、日記這類比較私人的材料來觸摸當時，就不難看到那些人在其時其地的躊躇、抉擇、對話，與偶然。

事實上，早在 1926 年魯迅到廈門後就曾向許廣平抱怨，在廈頗爲青年學生的追隨所煩擾，一是覺得害人，二是無以爲安排入學、職業等事。在他離開廈門往廣州時就「黏帶」了二十來個學生，對這些學生，魯迅不僅深知他們所可能造成的對自己工作的妨害，同時也警惕：「將來攻擊我的人，也許其中也有」〔註 17〕。二十年代中周氏兄弟因對學生運動的積極讚助而成爲當時最具聲望的青年導師，但隨著學生運動在某種程度上發生的變質，周作人很快認清了青年身上其實遺傳的「鬼」，1929 年他曾親眼目睹國立北平大學法學院的學生用武力強行接收女子學院的場景，事後他即發出這樣的感慨：「我得了這個經驗，明白地知道我自己的愚蠢，以後當努力廓清我心中虛僞的妄想，糾正對於教育與法律的迷信，清楚地認識中國人這東西的眞相」〔註 18〕。自

消滅也。陳源亦已往青島大學，還有趙景深沉從文易家鉞之流雲。」（《魯迅全集》，第 12 卷，第 197 頁）。

〔註 13〕 魯迅：《致李霽野》（1929 年 7 月 31 日），見《魯迅全集》，第 12 卷，第 198 頁。
〔註 14〕 魯迅：《致章廷謙》（1929 年 11 月 8 日），見《魯迅全集》，第 12 卷，第 211 頁。
〔註 15〕 參見魯迅日記（1932 年 11 月），《魯迅全集》，第 16 卷，第 334～336。
〔註 16〕 魯迅：《致許廣平》（1932 年 11 月 25 日），見《魯迅全集》，第 12 卷，第 346 頁。
〔註 17〕 魯迅：《致許廣平》（1927 年 1 月 2 日），見《魯迅全集》，第 12 卷，第 2 頁。
〔註 18〕 周作人：《在女子學院被囚記》，見鍾叔河編：《周作人散文全編》，第 5 卷，第 564 頁。原載《華北日報・副刊》，1929 年 4 月 26 日。

此後便在青年、民粹這樣一些五四時代所信奉的主題上都發生了動搖。事實上，魯迅亦並非不知道這種作爲「偶像」的危險，在南期間就曾不止一次地提到自己被勒做了「名人」和「放火者」的恐怖：

> 因爲我在這裡，竟有從河南中州大學轉學而來的，而學校是這樣，我若再給他們做招牌，豈非害人，所以我一面又做了一則通信，登《語絲》，說明我已離廈。我不知何以忽然成爲偶像，這裡的幾個學生力勸我回罵長虹，說道，你不是你自己的了，許多青年等著聽你的話。我爲之吃驚，我成了他們的公物，那是不得了的，我不願意。我想，不得已，再硬做「名人」若干時之後，還不如倒下去，舒服得多。〔註19〕

高長虹的事件據後來魯迅的查證，或是關乎戀愛問題〔註20〕。但是這一期間，周作人所描述的那種率爾爲領袖，爲青年所綁架的場景卻是眞實的，魯迅就曾這樣向許廣平描述他離廈時的餞別會：「爲廈大未有之盛舉，有唱歌，有頌詞，忽然將我造成一個連自己也想不到的大人物」〔註21〕；而即使到了中大，這種情況也絲毫未有轉變，他一再向友人抱怨：「一變『名人』，自己就沒有了」〔註22〕。但魯迅的矛盾在於，其思想中對青年寄予的希望，及早期信奉進化論遺留的烙印都無疑使他對這些所反感的人事仍保留著一種責任和寬容，如他說，自家的犧牲爲偶像，實是一點想藉此引起改革運動的癡心——雖然期間高長虹的事件曾一度使他對青年運動失掉信心，「我這三四年來，怎樣地爲學生，爲青年拼命，並無一點壞心思，只要可給予的便給予」，「他們貌作新思想，其實都是暴君酷吏，偵探，小人」〔註23〕

因此，當身爲後來者的我們站在三十年代那一場劍拔弩張的「京海」對峙的基礎上來總結那構成了一整個十年文壇之分合的種種地域的、媒介的、人事的差別時，卻忽略了一種在最樸素的歷史情境下的無奈。1926 年之後魯迅的一系列選擇，以及由此引發的二十年代末以後的那一場大分裂，甚至所謂「京派」的在某種意義上的顯形——「京派」這一命名及其代表的文學、政治姿態的標舉、表白本身就是在這一場二十年代末所肇始的對話中產生的

〔註19〕 魯迅：《致許廣平》（1927 年 1 月 5 日），見《魯迅全集》，第 12 卷，第 4 頁。
〔註20〕 魯迅：《致許廣平》（1927 年 1 月 11 日），見《魯迅全集》，第 12 卷，第 11 頁。
〔註21〕 魯迅：《致許廣平》（1927 年 1 月 6 日），見《魯迅全集》，第 12 卷，第 7 頁。
〔註22〕 魯迅：《致章廷謙》（1927 年 2 月 25 日），見《魯迅全集》，第 12 卷，第 21 頁。
〔註23〕 魯迅：《致許廣平》（1927 年 1 月 11 日），見《魯迅全集》，第 12 卷，第 11 頁。

──都或許並非如後來文學史所敘述的那樣理所當然，因此回到這場分化最初展開的場景中將有助於展示那一在今天已被論證爲必然的歷史的事實下，來自歷史本身的躊躇和微妙的情思。

第二節　國民政府參與下的北京學院體制的重建

魯迅在回平問題上的躊躇很大程度上正來自於這一北方學院體制的兩面性，煩擾的是人事上的糾纏，有益的是學院系統所提供的研究和生活便利。事實上國民黨自 1927 年定都南京後，的確對當時的一批文人進行了大規模收編，除了像吳稚暉任政府委員，蔡元培任大學院院長外，早前的「東吉祥系」文人，包括周氏兄弟口中的「正人君子」們也紛紛「下馬拜印」。他們除了直接進入政府就職外，國民政府更另設中央研究院，網羅各專業的學者專家，從而開啓了民國歷史上一次大規模的對知識分子的組織化管理和體制化吸收，並由此，學術與政治，黨治與教界之間的糾纏也遠較五四以來的局面更加複雜。

1927 年 6 月 7 日蔡元培向中政會提交《請變更教育行政制度呈》，其中寫道：

> 一般教育之行政機關，簿書而外，幾無他事。其所恃以爲判斷之標準者，法令成例而已，不問學術根據之如何，於是而與學術最相關之教育事業，亦且與學術相分離，豈不可惜！自宜倣法國制度，以大學區爲教育行政之單元，區內之教育行政事項，由大學校長處理之，遇有難題，得由各學院相助以解決之，庶幾設施教育得有學術之根據……〔註 24〕

蔡元培最初設立大學院的意圖在仿效法國的大學區制〔註 25〕。通過試行大學院和大學區制，一方面縱向地對全國教界進行統一化管理，另一方面則橫向

〔註 24〕 蔡元培：《提請變更教育行政制度之文件》，見《蔡元培全集》，第 5 卷，北京：中華書局，1988，第 134～135 頁。

〔註 25〕 法國的教育制度，根據陶英惠的《蔡元培與大學院》：「在一九二○年以前，法國總攬全國教育行政事務者爲『法國大學院』院長，同時兼任巴黎大學區校長。一九二○年以後，始以教育美術部之首席爲教育部長，即所謂國家教育部長。在教育部長指揮監督之下，分全國爲十七大學區，每區設一國立大學，大學校長同時負擔該區內中小學考覈指導的責任。大學校長則受許多教育家的指導。在巴黎的教育部長也是聽取由學者所組成的委員會的建議。」（刊於《中央研究院近代史研究所集刊》，1972 年第 3 期上冊，第 191 頁）。

地在各個大學區內實現教育界管理教育界，避免以往教育部等官僚化機構對學術、教育事的干涉盲斷，正如他說：「顧十餘年來，教育部處於北京腐敗空氣之中，受其他各部之薰染，長部者又時有不知學術教育爲何物，而專鶩營植黨之人，聲應氣求，幾漸腐化，遂使教育部名詞與腐敗官僚亦爲密切之聯想。此國民政府所以捨教育部之名而以大學院名管理學術及教育之機構也。」〔註 26〕大學院制體現了蔡元培欲使教界分立於政黨政治的教育理想，但同時也必須指出，這一大學區制賴以推行的基礎正是當時國民黨對全國行政上的統一，如果沒有中央權力機制的支持，大學院體系所要求的從中央到地方的統一化設置便無從談起，而欲從這一層依附關係中尋求與黨治、政府的分離更是不切實際。當時遠在北京冷眼旁觀的周作人便一針見血地點出，此時的蔡元培已與五四時代殊異，針對當時北大學生抗議政府改組北大、合併北平八校，並堅持迎蔡復校一事，他即說：「蔡先生身任黨主席大學院長以及什麼部長校長，我們在北平也不能詳知，總之公務煩忙，不能分身來平，我們何必要求明知不可能的事」〔註 27〕。顯然，周作人知道此時的蔡元培身後已隱含著另一個關於人事和權力的系統，他所代表的很可能已不再是一種獨立的教育理念，而是作爲另一個控制和壓迫勢力的傀儡，因此他不無嘲諷地說：「大家所希望來救民『於水火』的北大前校長兼五四的師傅蔡元培先生，原來卻就是主張八校合併，規定北平大學辦法，提議停止青年運動的人。」〔註 28〕周作人十分警惕地提示那些尚不明事理的學生們，昔日的精神導師已成爲政府出聲者，而欲迎接這樣一位本就要禁止青年運動的人來反抗政府壓制實是一件可笑的事。這不僅僅是青年們的糊塗，恐怕連當時身在事中的蔡元培本人也並不十分明瞭自家的處境，他欲借黨國之權勢而以大學院體系獨立於黨國政治之外的規劃，最終也被證明是一次失敗的嘗試。大學院自設立起便備受攻擊，「大學院組織法在民國十七年一月二十七日、四月十七日、及六月十三日，經過三次修改，以期緩和攻擊的氣氛。經此三次修改，使大學院由與國民政府平列的機關改爲直隸於國民政府的機關」〔註 29〕，並且進一步在 1928

〔註 26〕蔡元培：《〈大學院公報〉發刊詞》，見《蔡元培全集》第 5 卷，第 194 頁。
〔註 27〕周作人：《關於北京大學等》，見鍾叔河編：《周作人散文全編》，第 5 卷，第487 頁。原載《世界日報》，1928 年 7 月 16 日。
〔註 28〕周作人：《論可談的》，見鍾叔河編：《周作人散文全編》，第 5 卷，第 524 頁。原載《新中華報》，1928 年 12 月 6 日。
〔註 29〕陶英惠：《蔡元培與大學院》，刊於《中央研究院近代史研究所集刊》，1972年第 3 期上冊，第 197 頁。

年 10 月被取消，而重新改組爲教育部（這個之前蔡元培所欲極力摒棄的官僚化機構名稱）。

同樣的情況還有中央研究院，蔡元培等最初的打算是欲將其歸於大學院之下，區別於大學和大學研究院體系，而成爲一個比較專門地以「研究」性質多於「教育」性質的學術機構，但在 1928 年 4 月 10 修正的研究院組織條例中，中研院即被定名爲「國立中央研究院」，並規定「設院長一人，由國民政府特任之」〔註30〕，至 1928 年 11 月 9 日公佈的中研院組織法更進一步明定：「中央研究院直隸於國民政府，爲中華民國最高學術研究機構」〔註31〕。此時，大學院已被撤銷，改組爲教育部，中研院成爲國民政府的直屬機構。

胡適在 1930 年 2 月 1 日的日記中便總結道：

> 蔡楊諸君在前年屢次用政府勢力壓迫學術文化機關〔註32〕，而自己後來總想造成一個不受政府支配的學術機關，此是甚不易做到的事。果然今日自己受威力壓迫！

> 歐洲各大學在中古時皆有特殊保障，略似一種治外法權，故能不受宗教勢力與政治勢力的壓迫。此種保障雖不完全有效，然究竟保全不少。其最重要者爲每一學術機關皆有一種「憲章」（Charter），在此憲章搬與之後，一切憲章範圍以內的事，皆不受外力的干涉。〔註33〕

顯然，胡適所寄期望的是另一種「法」的法案（或「憲章」），在他看來，研究院的失利正在於其《組織法》的不得力，「直隸於國民政府」，「院長特任」，「經費來源」〔註34〕三項規定便足以使其喪失獨立地位。胡適的這種對於「法」的過於樂觀在之前「新月」議政和其後「獨立評論」時代也同樣顯著──希望以「法」來約束黨政權限，保全專家的議政自由和知識者的獨立地

〔註30〕陶英惠：《蔡元培與中央研究院（1927～1940）》，刊於《中央研究院近代史所研究集刊》，1978 年第 7 期，第 18 頁。

〔註31〕同上，第 19 頁。

〔註32〕指 1928 年替補中基會董事會成員一事，當時胡適曾力阻政府以不合法程序自行決定董事成員、控制中基金，而蔡元培、楊杏佛等即是當日支持一方，參見胡適日記（1928 年 8 月 11 日），見曹伯言編：《胡適日記全編》，第 5 卷，第 251～256 頁。

〔註33〕引自胡適日記（1930 年 2 月 1 日），見曹伯言編：《胡適日記全編》，第 5 卷，第 652 頁。

〔註34〕同上。

位。但顯然當時的政府治下他的方案也未見得有效，二三十年代他之掌中國公學的失敗就是一個例子。他爲當時這所幾近失控的學校制定章程法規，施以開明政策，一度曾將頹勢扭轉，但這所作爲中國近代以來最早的私立大學之一的學校最終仍難逃被國民政府教育部勒令停辦的命運〔註35〕，也足見當時黨化教育的強勢。

　　二十年代末的這場對教育界、文化界的收編，除了蔡吳這樣的元老級人物，之前與北洋政府有合作的東吉祥系文人，現代評論派，「國家主義者」等都悉數進入重組外，沒有直接進入南京的體制，但實際上也參與了當時的「分配」工作的便是前面提到魯迅所說的「北京學界」，指的正是一批「語絲」舊人。周作人1928年7月19日在致江紹原的信中說：

> 　　朋友中多已高升了，玄伯開灤局長、北平政務分會委員，尹默河北省政府委員，叔平兼士半農古物保存會委員，玄同國語統一會委員，幼漁管天文臺，只有我和耀辰還在做布衣，但耀辰恐不久亦須出仕，因他雖無此意而鳳舉等頗想抬他出來。鳳舉自己尚未有印綬，唯其必有一顆印可拿則是必然之事，故亦可以官論矣，觀於每天坐了借來的汽車各處跑，可以知其貴忙矣。我所等候的只有中華大學或者還有日本文學系，我仍舊可去教幾點鐘書，假使沒有則亦罷了，反正過去一年也鬧出在京大之外，也仍可以敷衍過日也。〔註36〕

信中提到的「高升了」的朋友：李宗侗（玄伯），沈尹默，馬衡（叔平），沈兼士，劉半農，錢玄同，馬幼漁，徐祖正（耀辰），張定璜（鳳舉）等，幾乎就囊括了當時北平語絲圈的主要成員。舊日朋輩紛紛授印拜官，「北京一切如舊」〔註37〕，身處圈中的周作人雖持做布衣，但也不得不對「飯碗」發出無奈感慨：「我所等候的只有中華大學〔註38〕或者還有日本文學系，我仍舊可去教幾點鐘書。」〔註39〕而同樣的，1926年被迫離開北京，1928年已寓居滬上的魯迅，此時對北平教界的重新分配亦無好感：

> 　　學校諸要人已見昨報，百年（陳大齊——筆者注）長文（文學

〔註35〕因學潮難平，1931年2月6日教育部正式接管中國公學，宣佈教師聘約停止發生效力，限學生三日內離校。

〔註36〕周作人：《與江紹原書九通》，見鍾叔河編：《周作人散文全編》，第5卷，第423～424頁。

〔註37〕同上，第424頁。

〔註38〕1928年6月，南京政府通過政令改北京大學爲中華大學。

〔註39〕周作人：《與江紹原書九通》，前揭，第424頁。

院──筆者注），半農長豫（預科──筆者注），傅斯年白眉初長師
範，此在我輩視之，都所謂隨便都好者也。玄伯欲「拉」，「因有民
眾」之說，聽來殊為可駭，然則倘「無」，則不「拉」矣。嗟乎，無
民眾則將餓死，有民眾則將拉死，民眾之於不佞，何其有深仇夙怨
歟？！〔註40〕

對二十年代末的這一次分道，魯迅即記有《我和〈語絲〉的始終》，隱約已
透露出與劉半農等的分歧，「語絲派的人，先前確曾和黑暗戰鬥，但他們自
己一有地位，本身又便變成黑暗了，一聲不響，專用小玩意，來抖抖的把守
飯碗。」〔註41〕而同樣在北方的眼中，滯留滬上的魯迅則不僅漸成為受捧奉
的「普羅首領」〔註42〕，且其發言也不再能代表一個自由知識分子的獨立聲
音，周作人就曾諷刺他為「老人傀儡」：「叫他們去同青年一起跑，結果使氣
喘吁吁地兩條老腿不聽命，反遲誤青年的路程，抬了走做傀儡呢，也只好嚇
唬鄉下小孩，總之都非所以『敬老』之道」〔註43〕。二十年代末魯迅與這些
語絲舊友的分道幾乎成為此後文壇分化的一個契機，不僅是後文將會提到的
現代散文在其各自形態上的進一步明晰，我們通常所說的「京派」也無疑是
在此人事的基礎上成立的。

而在學院建制方面，以北京大學為例，1927 年國民政府成立之初，北大
便一度處在解散狀態下，時蔡元培擔任大學院院長曾提議恢復北京大學，並
推行大學區制，但政府接受了當時李石曾、易培基等的提議，將北大改為中
華大學，李石曾任校長；後因遭到抵制，中華大學又改為北平大學，屬北平
大學區，將北大一院與河北大學文科合併，稱文學院，將二院稱理學院，將
三院與北京法政大學、河北大學法科、天津法政專門學校合併，稱法學院，
這種舉措實際上等於將北大分解了，因此再次遭到抵制，學生的復校運動也
遭到鎮壓；至 1929 年初，政府才不得不妥協，改稱國立北平大學北大學院，
保留原北大的建制。1929 年 6 月大學區制停行，至 8 月，北大學院復改為國
立北京大學，蔡元培被任命校長，但未到任，曾發致北京大學教職員函和致
北京大學學生函，允諾九個月後就職，校長由陳大齊暫代。但 1930 年 9 月，

〔註40〕 魯迅致章廷謙信（1928 年 9 月 19 日），見《魯迅全集》，第 12 卷，第 131 頁。
〔註41〕 魯迅致章廷謙信（1930 年 2 月 22 日），見《魯迅全集》，第 12 卷，第 223 頁。
〔註42〕 周作人：《與江紹原書》（1933 年 3 月 7 日），見鍾叔河編：《周作人散文全編》，
　　　　第 6 卷，第 143 頁。
〔註43〕 周作人：《〈蛙〉的教訓》，見鍾叔河編：《周作人散文全編》，第 6 卷，第 483
　　　　頁。原載《華北日報》，1935 年 4 年 24 日。

政府旋即批准蔡元培辭去北京大學校長名義，蔡元培最終沒有回到北大。1930年 12 月起，蔣夢麟開始執掌北大，北大由此才進入了一個新的重組期，而這一期的特點就是胡適等現代評論派的回歸。

　　胡適回平後，即著手爲新的北大招兵買馬，召集人員。1931 年 1 月 11日胡適就勸說丁西林、李四光、周鯁生等回北大，「他們都願意回北大，但事實上都有困難」〔註44〕；1 月 27 日又約楊振聲、梁實秋、聞一多等青島大學教授商談回平事，「金甫肯回北京大學，並約聞梁二君同去。所躊躇者，青島大學不易丟手」〔註45〕。後又勸林語堂回北大。經過這一番網羅，最終北大於 1931 年 8 月選出了 15 位研究教授，基本上可以視作這一人事重組的初具規模：

汪敬熙（心）	王守敬（物）	曾昭掄（化）
劉樹杞（化）	馮祖荀（數）	徐　驤（生）
丁文江（地）	李四光（地）	劉志揚（法）
趙道摶（經）	周作人（文）	劉　復（文）
陳受頤（史）	徐志摩（文）	湯用彤（哲）〔註46〕

　　同時，作爲中基金董事的胡適也積極推動中基會與北大之間的合作，爲此番改組提供了強有力的後援。合作辦法中即規定，自民國二十年起至二十四年，每年都將由北大和中基會雙方各提出國幣二十萬，作爲合作研究特款，用以 1、「設立北大研究教授」，名額總三十五人左右，年俸自四千八百元至九千元不等，教授不得再兼任校外教務或事務；2、「擴充北大圖書儀器及他種相關的設備」；3、「設立北大助學金及獎學金」，十五個每年兩百元的助學金及十五個每年六百元的獎學金。〔註47〕在此之前北大教授的最高月俸不過三百元，尚不如政府部門的一個科長，因此教師往往需兼職自給，而且學校經費不固定，常有欠薪事件發生。因此在這一次合作案中，爲了保證資金供給的穩定，規定合款由中基會保管，供北大提用，由中基會製作每年度合款收

〔註44〕引自胡適日記（1931 年 1 月 11 日），見曹伯言編：《胡適日記全編》，第 6 卷，第 9 頁。

〔註45〕引自胡適日記（1931 年 1 月 27 日），見曹伯言編：《胡適日記全編》，第 6 卷，第 45 頁。

〔註46〕引自胡適日記（1931 年 8 月 5 日），見曹伯言編：《胡適日記全編》，第 6 卷，第 141 頁。

〔註47〕參見《北京大學與中華教育文化基金董事會合作研究特款辦法》，引自胡適日記（1931 年 3 月 14 日），見曹伯言編：《胡適日記全編》，第 6 卷，第 95～96 頁。

支報告，資金的具體預算和實施由北大、中基會及其他社會人士構成的顧問委員會共同決定。

蔣、胡此番帶資入駐，無疑爲其在重組中奠定了有力地位，但也並非全無阻礙，他們所遭遇的最初的牴觸就是一批原先的留平教授（馬幼漁等）。當時在關於文學院院長的人選問題上就頗有文章，1931 年 2 月 8 日蔣夢麟在致胡適的信中寫道：

> 文學院院長問題，我仔細考慮過，承認你的見解是對的，現在一個問題是：三學院同時發表呢，還是先發表理法兩院，稍緩再發表文學院？以爲文學院我已承認自兼了，要轉彎過來，須經過以下的步驟實較穩當：
> 1、發表文學院未覓得妥人以前暫行兼代，理法兩院爲某某。
> 2、兩院長都就任以後一二月內即發表現在已覓得某某爲文院長。
> 你以爲何如？〔註48〕

胡適北上後基本上擔任著蔣夢麟背後的軍師角色，查看其 1930 至 1931 年的日記，其中不乏爲整個文學院籌劃之事，但卻堅辭文學院院長一職，「夢麟與梅蓀（周炳琳）皆要我任北大文學院長，今天苦勸我，我不曾答應。」〔註49〕胡適深知二十年代北大內部的派系之爭仍不可能徹底熄滅，蔣夢麟也不得不採用這種「緩兵之計」，實際上懸空了文學院院長一職，直至 1932 年胡適才正式接任。而這一事態的發展也無疑坐實了周作人在 1928 年中華大學時代即已表達的對現代評論派集體回歸的擔憂，他在當時致友人的信中曾說：「聞李石公明日可抵上海，李玄公於昨日到北平，想中華大學可以漸漸組織起來，唯現代諸派君子似因此有點灰心，無再來平重張旗鼓之勢」〔註50〕。但與馬幼漁、沈兼士等的不合作態度不同，他在某種程度上選擇了和解。

蔣夢麟執掌北大後的一大舉措就是屬行取消原先的教授評議會，由蔡元培時代「教授治校」的理念轉爲「教授治學」、「校長治校」，使學術與校務分離，這一舉措無疑大大削弱了原北大舊派的力量，從而引起強烈抗議。胡適

〔註48〕胡適日記（1931 年 2 月 9 日），見曹伯言編：《胡適日記全編》，第 6 卷，第54 頁。

〔註49〕胡適日記（1931 年 9 月 14 日），見曹伯言編：《胡適日記全編》，第 6 卷，第152 頁。

〔註50〕周作人：《與江紹原書九通》，前揭，第 424 頁。

在 1931 年的日記中就曾提到評議會前夜蔣招宴各位評議員「商議校事」,「到者馬幼漁、劉半農、賀之才(法文)、王仁輔(數學)、夏元瑮(物理)、樊際昌(心理)、王烈(地質)、何基鴻(法學),及我」〔註51〕,席間主要圍繞的問題就是新舊體制的交接,但事實上正如胡適記述,最終談判的重點實在「辭退教授須經評議會通過」〔註52〕一條。這一條例曾是蔡元培治下的產物,1922年,蔡元培提議「教員保障案」,其中便有「凡已得續聘書之各系教授之辭退,應由該系教授開會討論,經該系教授會五分之四之可決,並得校長之認可,方能辦理。」〔註53〕蔡元培推行教授評議會的本意在防止主任或教務長的專制獨斷,使教授能安心治學,但在其後也不無弊端,部分教員因此隨意鬆散,到處兼課,甚至有意在各處輪流輟課,當時所謂「『三不主義』──不請假、不上課、不離職──乃應運而生」〔註54〕。因此,胡適曾不屑地將舊派這一抱殘守缺的觀念斥為「飯碗」之利。早在 1929 年,蔣夢麟擔任教育部長時就起草提出了後來由國民政府頒佈的《大學組織法》,對大學校務行政、學術行政各機構之任命、職權等作出了明確規定,並規定大學的立法機構為「校務會議」,以「全體教授副教授所選出之代表若干人,及校長、各學院院長、各學系主任組織之,校長為主席」〔註55〕。查民國二十四年度《國立北京大學一覽》所公佈的大學組織法,校務會議的職權主要有七項,包括:

一、大學預算

二、大學學院學系之設立及廢止

三、大學課程

四、大學內部各種規則

五、關於學生試驗事項

六、關於學生訓育事項

七、校長交議事項〔註56〕

〔註51〕胡適日記(1931 年 3 月 25 日),見曹伯言編:《胡適日記全編》,第 6 卷,第102 頁。

〔註52〕同上。

〔註53〕蔡元培:《提請〈教員保障案〉》,見《蔡元培全集》,第 4 卷,第 152 頁。

〔註54〕楊翠華:《蔣夢麟與北京大學,1930～1937》,刊於《中央研究院近代史研究所集刊》,1988 第 17 期下冊,第 284 頁。

〔註55〕《教育部公報》第 1 卷第 9 期(1929 年 8 月),第 113～116 頁。

〔註56〕《民國二十四年度國立北京大學一覽》,第 10 頁。

從這幾項規定可以看出校務會議的職權是相對有限的，只限於比較大的立法決策方面，而無人事任免等具體的實際權力。因此，重點並不在於以校務會議取代評議會，而是校長、院長負責制，過往集中於評議會的組織權、任免權等悉被收歸校長及校長轄下的各院長。胡適在 1931 年協助蔣夢麟籌備各學院的人事名單時就曾讚譽「院長制」的簡捷有效，1931 年 3 月 28 日北大新聘的理學院長劉樹杞到京，與蔣夢麟等共商理院教授人選，胡適載「不到兩點鐘，整個學院已形成了」，由此稱讚「院長制之效如此」〔註 57〕。又各院院長由校長聘任，各學院教員、各系主任則由院長商請校長聘任，事實上通過這樣的規定，校長的權限被進一步放大，在胡適所說的舊派教授所關心的人事去取問題上，也不再由教授內部選舉決定，這才是三十年代初改革的利害之處。因此無怪乎胡適當時將蔣夢麟敷衍馬幼漁等的話：「凡是和大學組織法等法規不牴觸的議案，自然都有效」稱為「聰明而得體的官話」〔註 58〕。1931年 3 月 26 日的評議會上，新的《大學組織法》及《大學規程》即正式通過，評議會的職權也隨之宣告結束，雖然在這次評議會上，馬幼漁、沈兼士、馬衡（叔平）等均未到席，馬幼漁更致信蔣夢麟表示異議，支持「舊法」，但此時的抗議已了無效用。

經過二十年代末至三十年代初在國民政府治下的這一系列權力分配和重組，北方的文化格局基本成型。這裡順帶應該提到的是 1930 年代清華的重組，由於本身的歷史、傳統、人事都沒有北大複雜，因此狀況比之要順利得多。羅家倫作為新文學的舊將，兼在蔣介石的親自授意下，於 1928 年順利接收清華，改稱國立大學。1930 年中原大戰爆發，羅離開北平，1931 年起即由梅貽琦接掌，從此開始了所謂清華的「黃金時代」。相對於北大而言，清華確實比較平穩地進入了學術化、專門化的進程。連胡適在 1934 年對畢業生的演講中也稱，清華學生的質量要比北大好。並且值得注意的是，三十年代「京派」新生的文學力量便主要產生在清華，像李長之、錢鍾書、季羨林等，這極可能與當時清華大學文學部門的傾向相關，清華中文系 1928 年由新文學作家楊振聲一手開創，1931 至 1937 年則由朱自清長期主持系務，

〔註 57〕引自胡適日記（1931 年 3 月 28 日），見曹伯言編：《胡適日記全編》，第 6 卷，第 104 頁。
〔註 58〕引自胡適日記（1931 年 3 月 25 日），見曹伯言編：《胡適日記全編》，第 6 卷，第 102 頁。

相比於北大等，在辦學理念上對新文學是具有相當傾向的。據楊振聲後來回憶：「那時清華國文系與他校最不同的一點，是我們注意新舊文學貫通與中外文學的結合」〔註 59〕，並確定將「創造我們這個時代的中國新文學」〔註 60〕作爲辦學宗旨。即此，三十年代北平的文化格局漸成規模，在這一場利益的漩渦中，我們可以看到，爲三十年代「京派」之形成奠基的正是某種來自體制的組織。所謂的「京派的聚合」從某種程度上說並非如後來的文學史所想像的那樣，全然是在一種共同的文學追求或美學理想下彙聚。可以說，三十年代「京派」的形成首先就來自於這一充滿了政治意味的體制化過程。

〔註 59〕 楊振聲：《爲追悼朱自清先生講到中國文學系》，刊於《文學雜誌》，第 3 卷第 5 期（1948 年 8 月 29 日）。
〔註 60〕 《中國文學系的目的與課程的組織》，刊於 1929 年《國立清華大學一覽》，第 39 頁。

第三章　多重論爭中的「京海之爭」

　　「京海之爭」雖然由沈從文發起，但在後續的展開中，他並沒有積極參
與，甚至表達了自己對於大多數言論的失望，「文章既不過是有興有感，說點
趣話打諢，或且照流行習氣作著所謂只在那麼幽默一下的表示……」〔註1〕沈
從文的失望一方面在於參與論爭的各方並沒有表現出他所要求的嚴正態
度，同時隨著文壇各種力量的加入，他所提示的焦點也被不斷地模糊和轉
移，一次面對新文學歷史和當下文壇問題的批評轉而變成一場互揭陰私，翻
出醜態的罵戰。不得不承認三十年代的「京海之爭」最終是在何家槐竊稿事
件的醜聞中落幕的，這對於沈從文而言無疑是極其尷尬和失望，何家槐一度
是沈從文與徐志摩重點培養的青年作家之一，從親自爲他修改文章到推薦、
發表，沈從文無疑將二十年代自己所受到的提攜、鼓勵全力傾注於新一代的
文學青年身上。但是在這場最終發展爲「海派」之揭陰私戰的論爭中，他選
擇了沉默，甚至沒有應胡適的邀約爲何家槐作任何辯護。何家槐竊稿是事
實，也夾纏著左翼的力量，但是對於沈從文而言，這一場論爭幾乎從一開始
就偏離了他的初衷。

第一節　「京海之爭」與滬上論爭的合流

　　回顧這場論爭，先後大致有幾方面的力量加入。一是蘇汶、韓侍桁等在
此前因與左翼文壇爭奪創作自由而被命名的「第三種人」，二是林希雋、楊邨

〔註1〕　沈從文：《關於「海派」》，見《沈從文全集》，第17卷，太原：北嶽文藝出版
　　　　社，2002，第61頁。原載天津《大公報·文藝副刊》，1934年2月21日。

人等以揭發何家槐竊稿醜聞爲主要活動的《文化列車》同人，三是代表魯迅、左翼聲音的《申報‧自由談》，四是《時事新報‧青光》，《時事新報‧星期學燈》，《大晚報‧火炬》，《人言》等滬上大眾刊物的言論，立場不像前幾者那麼明確。

在《文人在上海》一文中，蘇汶的主要意圖：一是提示上海生活之不易，二是抗議「海派」一詞抹殺全部上海文人之不公。這篇文章與其說是爲海派辯護，不如說它的另一個直接效果就是促使沈從文對先前說法進行調整。在回應蘇汶的《論「海派」》一文中，沈從文不僅肯定了蘇汶並非海派作家，同時也將「茅盾，葉紹君，魯迅，以及若干正在從事於文學創作雜誌編纂人（除吃官飯的作家在外）」〔註 2〕均排除在了「海派」之外。可以說，這個名單一定程度上是在蘇汶的逼迫下給出的，而經過沈從文的這一重廓清，「海派」此時在程度上就已經幾乎被等同於之前臭名昭著的禮拜六派了：「『投機取巧』，『見風轉舵』，如舊禮拜六派一位某先生，到近來也談哲學史，也說要左傾，……招納子弟，鬨騙讀者，思想淺薄可笑，伎倆下流難言，……」〔註3〕但問題是，三十年代沈從文的批判矛頭是否果然如此就指向這些不言自明、人人得而誅之的文壇惡習，指向這一早在新文學時代便已遭貶斥的「禮拜六」作風？在蘇汶的抗議下所重新界定的「海派」是否就是沈從文最原初的目標？

此前在第三種人論爭中與左翼頗有摩擦的蘇汶在其文章的起首就有意地借籍貫問題將魯迅引入話題，而這樣一個包括了魯迅在內的「海派」又顯然是沈從文不肯直接、公開得罪的對象；研究者往往認爲蘇汶爲海派辯護所主要依據的是上海文人生活之不易，但事實上他眞正用以反駁沈從文的恰恰是沈從文自己的論點，在《文人在上海》一文中他就宣稱：「無論在怎樣的情況下，我們還是不能對新書市場所要求的低級趣味妥協，投降，我們還是不能被卑劣的 Journalism 所影響。」〔註4〕顯然，這裡的「我們」正是沈從文所要求的具有嚴正態度的一群體，因此，那個魯迅和「我們」的存在就是要求沈從文對「海派」進行明確界定的最有力的憑證。可以說正是在這樣一種論辯邏輯下，沈從文才不得不對早前的論調進行了調整──從《文學者的態度》到《論「海派」》，他所提出的主題其實已被悄然進行了某種挪移，這點後面

〔註 2〕 沈從文：《論「海派」》，刊於《大公報‧文藝副刊》，1934 年 1 月 10 日。
〔註 3〕 同上。
〔註 4〕 蘇汶：《文人在上海》，刊於《現代》，第 4 卷 2 期（1933 年 12 月）。

再談。但無論如何，至此，上海方面的「可尊敬的作家」同「海派文人」之間的界限明晰了。

事實上，對於上海文壇的這些現象沈從文並不是第一個出聲者，魯迅在上海就諷刺過「才子＋流氓」，「文壇登龍術」，「盛家女婿」等。而且 1933 年在《文攤秘訣十條》一文中就列舉了諸如「一、須竭力巴結書坊老闆，受得住氣。二、須多談胡適之之流，但上面應加『我的朋友』四字，但仍須諷笑他幾句。三、須設法辦一份小報或期刊，竭力將自己的作品登在第一篇……」〔註 5〕等十條上海文壇的醜相，可以說與沈從文所指證的「海派氣」並無二致。事實上，在沈從文此次為「海派」命名之前，他所指斥的這些文人行徑在滬上文壇已經引起過爭論，而且時間就在 1933 年，主角則是被魯迅茅盾等諷為「禮拜五派」的曾今可、張資平等，那次的主題是所謂「文人無行」。

曾今可是由於之前邀集滬上一批文人騷客章衣萍、柳亞子、余慕陶等大倡「詞的解放」、創作所謂「解放詞」而遭到魯迅諷刺：「『詞的解放』已經有過專號，詞裏可以罵娘，還可以『打打麻將』。」〔註 6〕張資平則是由於三十年代著名的《自由談》「腰斬」事件而與左翼結怨。1933 年 5 月曾今可邀集了同被魯迅攻擊過的張資平、胡懷琛等召開「文藝座談會」，並炮製了一篇暗示魯迅、內山書店與日本政府素有暗曲的《內山書店小坐記》，刊登於《文藝座談》1 卷 1 期。於是作為反擊，《自由談》於 7 月 5 日發表了谷春帆的一篇《談「文人無行」》，直刺曾今可、張資平的醜行：「他（指曾今可——筆者注）可以借崔萬秋的名字為自己吹牛（見二月崔在本報所等廣告），甚至硬把日本一打字女和一個中學教員派作『女詩人』和『大學教授』，把自己吹捧得無微不至；他可以用卑劣的手段投稿於小報，指他的朋友為XXX，並公佈其住址，把朋友公開出賣」，「專寫三角戀愛小說出名，併發了財的張 XX，彼固動輒以日本某校出身自炫者……」〔註 7〕這裡所提到的曾今可的醜行包括他借友人《大晚報·火炬》主編崔萬秋之名寫序吹捧自己，後被崔所揭發，於是索性向小報告密，誣陷崔萬秋已加入國家主義派等；而張資平素與左翼嫌隙，加上這次被拉攏「座談」，更被視作有意報復。魯迅

〔註 5〕　魯迅：《文攤秘訣十條》，見《魯迅全集》，第 8 卷，第 373 頁。原載《申報·自由談》，1933 年 3 月 20 日。

〔註 6〕　魯迅：《曲的解放》，見《魯迅全集》，第 5 卷，第 58 頁。原載《申報·自由談》，1933 年 3 月 12 日。

〔註 7〕　谷春帆：《談「文人無行」》，刊於《申報·自由談》，1933 年 7 月 5 日。

後來在爲這次的「文人無行」下斷語時說：「將這樣的『作家』，歸入『文人無行』一類裏，是受了騙的。他們不過是在『文人』這一面旗子的掩護之下，建立著害人肥己的事業的一群『商人與賊』的混血兒而已。」〔註8〕而稍後，遙在北平的沈從文即通過《論「海派」》給出了他所以爲「何爲海派」的幾條舉證：

> 如邀集若干新斯文人，冒充風雅，名士相聚一堂，吟詩論文，或遠談希臘羅馬，或近談文士女人，行爲與扶乩猜詩謎者相差一間。從官方拿到了點錢，則吃吃喝喝，辦什麼文藝會，招納子弟，鬩騙讀者，思想淺薄可笑，伎倆下流難言，也就是所謂海派。感情主義的左傾，勇如獅子，一看情形不對時，即刻自首投降，且指認栽害友人，邀功伴利，也就是所謂海派。因渴慕出名，在作品之外去利用種種方法招搖；或與小刊物互通聲氣，自作有利於己的消息；或每書一出，各處請人批評；或偷掠他人作品，作爲自己文章；或借用小報，去製造旁人謠言，傳述撮取不實不信的消息，凡此種種，也就是所謂海派。〔註9〕

這裡，沈從文雖然沒有明確地指出事件和人物，但是聯繫當時滬上文壇的熱鬧場景，不難發現，所謂「若干新斯文人，冒充風雅，名士相聚一堂，吟詩論文」，或「借用小報，去製造旁人謠言」〔註10〕等幾乎都可以用來形容此前的這一段滬上公案。雖然並沒有明確的證據說沈從文所暗示的就是曾今可、張資平事件，但是可以說，這裡他所指證的「海派」與同一時期左翼在上海所揭發的那種「文人無行」的內容是幾乎一致的。但是爲什麼「京海之爭」在人們的印象中往往演變成針對的是左翼文壇？

我們可以發現，在蘇汶發表《文人在上海》的同時，《現代》雜誌集中展開的是關於「批評」問題的討論，《文人在上海》一文原本也是隸屬於當時的這一討論中的。蘇汶在文章開頭寫道：「照古今中外的通例，文人莫不善於罵人，當然也最容易被罵於人；到現在，彷彿記得魯迅先生說過，連個人的極偶然而且往往不由自主的姓名和籍貫，都似乎也可以構成罪狀而被人所譏笑，嘲諷，例如我的朋友高明兄，就因爲他的父親或兄偶一不愼，錫以

〔註8〕 魯迅：《辦「文人無行」》，見《魯迅全集》，第 8 卷，第 394 頁。原載《文學》月刊，第 1 卷第 2 號（1933 年 8 月 1 日）。

〔註9〕 沈從文：《論「海派」》，刊於《大公報‧文藝副刊》，1934 年 1 月 10 日。

〔註10〕 同上。

這樣的嘉名而吃了不少的虧。」〔註11〕這當然不是對魯迅的恭維，而是一種挑釁，在這裡提及魯迅不僅是如上文所說，可以轉移直指海派的矛頭，而一個更爲直接的語境就是 1933 年底 1934 年初，《現代》諸作家與魯迅在「批評」問題上發生的一次摩擦。1934 年初，魯迅在《批評家的批評家》一文中寫道：「去年以來，卻變了文學家和非文學家都翻了一個身，轉過來批評批評家了。」〔註12〕其中所指正是這一事。事件的肇始是 1933 年 11 月蘇汶刊發於《現代》4 卷 1 期的《新的公式主義》一文，在文中他引用張天翼在其短篇集《蜜蜂》的《自題》中所寫：「他（指一位批評者——汶注）是不知從什麼地方拿來了一個圈子，就拿這去套一切的文章。小了不合適，大了套不進：『不行。』恰恰套住：『行。』」〔註13〕責備當前的一些所謂批評家有意無意中正在憑一種公式主義塑造一個時代的文學，指這一批評所造成的後果不僅是針對所評對象的，同時也影響著寫作的整體趨勢：「我們許多寫作品的人往往都不問將要套到自己身上來的圈子它本身是否大小適當，就事先削尖了自己的頭，盡向那些圈子裏鑽，以圖博得一個『行』字。」〔註14〕這篇文章曾被指其實是針對《文學》雜誌的，《文化列車》1933 年第四期所刊號兵的一篇評論文章《〈現代〉與〈文學〉鬥爭尖銳化》中即稱：「《現代》十一月號上『文壇漫步』裏有編者杜衡的一篇文章《反公式主義》對於《文學》編者的反公式主義而成爲一種公式主義有所評論。接著，《文學》第六期上編者茅盾揭發一篇《主義與外遇》對於《現代》編者竟出諸謾罵態度，說『有些文藝雜誌的編者還不知道審擇稿件，卻已在發表什麼什麼主義的創作大綱了……』甚至還譏誚《現代》編者杜衡的『第三種人』的文學主張。」〔註15〕《現代》隨後更在 4 卷 2 期，3 期，4 期連續刊出文章討論「批評」及「批評標準」問題，並進一步引發《太白》、《文學》等其他刊物的應對發聲。這一場論爭在當時幾乎與「京海之爭」同時並行，正是由於有這樣一個論爭背景的存在，蘇汶以及其後所引發的「第三種人」等對「京海之爭」的加入，其實在某種程度上仍是一種針對左翼發聲的延續。這也就是爲什麼沈

〔註11〕蘇汶：《文人在上海》，刊於《現代》，第 4 卷第 2 期（1933 年 12 月）。

〔註12〕魯迅：《批評家的批評家》，《僞自由書》，見《魯迅全集》，第 5 卷，第 449 頁。原載《申報·自由談》，1934 年 1 月 21 日。

〔註13〕轉引自蘇汶《新的公式主義》，刊於《現代》，第 4 卷第 1 期（1933 年 11 月）。

〔註14〕蘇汶《新的公式主義》，刊於《現代》，第 4 卷第 1 期（1933 年 11 月）。

〔註15〕號兵：《〈現代〉與〈文學〉鬥爭尖銳化》，刊於《文化列車》，第 4 期（1933 年 12 月 15 日）。

從文在最初面向「海派」發出批評時並沒有具體指向，但是當這一批評被引入滬上語境後卻使左翼有意無意中成為矛頭所向的部分原因。

在上文提到的「文人無行」一戰中，有一點不得不指出，魯迅在諷刺曾、張二人時也曾順帶給了另二人楊邨人、韓侍桁一小箭（見《偽自由書‧後記》）。事實上 1933 年滬上文壇的語境仍是在三十年代開始的長達數年的關於「第三種人」論爭的延長線上，根據已有的研究顯示，這次論爭分為幾個階段：1931年末胡秋原首提「自由人」問題，指謫錢杏邨等左翼批評家是一種不合馬克思主義的冒牌貨，此時的論爭焦點仍是關於馬克思主義文藝理論內部的闡釋權分歧；1932 年 7 月蘇汶以「第三種人」的姿態介入而將論爭主題轉向了關於作家的創作自由和「同路人」問題；此後魯迅、周揚、馮雪峰、瞿秋白等均有發言，持續一年的論戰以左聯的部分讓步和對自身「關門主義」的檢討暫時告歇，韓侍桁在其總結性的《論「第三種人」》中這樣說：「有了洛揚先生和丹仁先生關於胡秋原先生及蘇汶先生的最後的論斷，這兩篇文章是出自一口，表示了左聯的態度，而是相當讓步的。於是蘇汶先生無需再多固執，而把一年間的文藝論辯作了一個清算，大家丟手了。」〔註16〕但是 1933 年初楊邨人的公開脫黨、以及所謂「揭起小資產階級革命文學之旗」的行動卻又將「第三種人」問題重新點燃，這位魯迅所稱的「從革命陣線上退回來」，「竭力要化為『第三種人』」〔註17〕來為自己的尷尬地位辯護的前革命文學家，進一步將論爭的級別由原先關於「同路人」問題的探討上昇到了另一程度，見其幾篇炮火文章：《新儒林外史》、《楊邨人給魯迅的公開信》等。談及這些是因為三十年代「京海之爭」在滬上的後續轉向正是在這一背景下展開的，楊邨人所主編的《文化列車》在其中扮演了相當重要的角色，不僅《楊邨人給魯迅的公開信》是發表於 1933 年 12 月 10 日《文化列車》第三期，1933 年12 月 15 日第四期上號兵的一篇《〈現代〉與〈文學〉鬥爭尖銳化》更直接將《文學》與《現代》兩刊置於對立陣營……而到 1934 年 2 月 1 日第九期楊邨人的一篇《滾出文壇罷，海派！》，杜普牢的《曹聚仁的海派論》，清道夫（林希雋）的《「海派」後起之秀何家槐小說別人做的》，聚義《曹聚仁將成為回

〔註16〕 韓侍桁：《論「第三種人」》，見氏著：《文藝評論集》，上海：現代書局，1934，第 190 頁。

〔註17〕 魯迅：《答楊邨人先生的公開信的公開信》，見《魯迅全集》，第 4 卷，第 647頁。作於 1933 年 12 月 28 日。

力球學者》等，幾乎是在與左翼的直接對立中將「海派」問題引向了何家槐醜聞，也可以視作是對左翼之前一系列攻擊性活動的有力回擊。楊邨人在《滾出文壇罷，海派！》一文中稱：

> 誰是「海派」？還有以騙錢爲目的而將別人的小說詩歌等作品編輯成許多的書的人，是「海派」。還有自己竭力擠入左翼陣營宣告於青年曰「魯迅翁」「厚我厚我」，一經被人加以承認，而自己又覺得生命危險，趕快說人家是造謠，甚至於引出沒有得著盧布的事來作辯護的人，是「海派」。——這「海派」文人的忽崇古忽信今，以及腳踏兩邊船，左右逢源的投機取巧，人所共知，卻又出馬大罵「海派」，其聰明過人之處，有如賊喊捉賊，實足以令人佩服膜拜，將來可以成爲青年們的偶像可知。可是，這尊偶像正是「商人與賊」，奸險卑鄙的程度等於漢奸。〔註18〕

顯然，揭露何家槐事件一方面是通過攻擊那些投機取巧、左右逢源的「僞左翼」來爲自己的「退回」和「脫離」立場作辯護，同時值得注意的是楊邨人在這裡顯然是有意地援引了魯迅在之前諷刺曾今可和張資平之「文人無行」時所使用的「商人與賊」〔註19〕這一典故，以彼之道還治彼身，目的是十分明顯的。而沈從文所提出的「海派」問題之所以能夠如此便當地被移入滬上論爭，事實上也從一個側面證明了，他所界定的那個「海派」本身就是附庸於滬上語境的。此後整個《文化列車》幾乎成爲圍繞何家槐事件的專刊。

前面已說，沈從文在蘇汶的壓力下重新界定了「海派」一詞，但事實上這只是第一回合的劃界，隨著上海輿論的廣泛介入，海派的範圍仍在被不斷廓定。之後一個時段內《大晚報‧火炬》、《時事新報‧青光》等圍繞「海派」展開的討論幾乎不外乎兩種意見：承認並標舉出「海派」各種應予清掃的特徵，或通過引證詩人之死（朱湘）、文人之窮等事實將矛頭指向時代、制度等，幾乎沒有超出蘇、沈二人的論域。但是1934年何家槐竊稿事件的爆發，卻使得「海派」的稱名被進一步鎖定，從沈從文泛泛而談的各種惡習以及滬上輿論關於「某某是海派」，「海派是某某」的各種模糊言論至此，海派可以說終於擁有了一個可以準確標注自身的具體案例。無疑林希雋、楊邨人等的這一

〔註18〕楊邨人：《滾出文壇罷，海派！》，刊於《文化列車》，第9期（1934年2月1日）。

〔註19〕魯迅：《辨「文人無行」》，前揭，第394頁。原載《文學》月刊，第1卷第2號（1933年8月1日）。

次揭發行爲在動機上是有指向性的，欲將海派的污水引向左翼，因爲正如當時的評論所說，何家槐在三十年代實可謂得各方讚助，出身中國公學，與胡適、沈從文、傅東華等相識，後加入左聯，是左翼此一時期出產豐富且有質量的青年作家之一。但事實上，在這次事件中何家槐與左翼之間的關係並沒有在輿論上被顯明。一方面是因爲當時左翼的輿論陣地被大幅壓縮，1933 年起國民黨當局即開始實行預防性的新聞檢查制度以取代原先的事後審查追懲制，魯迅曾多次在書信中表達當時左翼刊物的困境：「那目的在封鎖一切刊物，給我們沒有投稿的地方」〔註 20〕，「《文藝》本係我們的青年所辦，一月間已被迫停刊；《現代》雖自稱中立，各派兼收，其實是有利於他們的刊物；《文學》編輯者，原有茅盾在內，但今年亦被排斥」〔註 21〕。甚至此前一直被作爲左翼之喉舌的《申報·自由談》此時也在悄然分化，《自由談》針對何徐事件刊發的文章有──何家槐《關於我的創作》（1934 年 2 月 26 日），侍桁《何家槐的創作問題》（1934 年 3 月 7 日），徐轉蓬《我的自白──關於何家槐與我的創作問題》（1934 年 3 月 9 日），梁辛《願聞何徐創作問題的解說》（1934 年 3 月 10 日），宇文宙（任白戈）《關於何徐創作問題的感想》（1934 年 3 月 21 日），何家槐《我的自白》（1934 年 3 月 22 日、23 日），徐轉蓬《答何家槐誣害的自白》（1934 年 3 月 31 日、4 月 2 日）。顯然《自由談》除了表達一種呈現事件始末、并給予雙方爭辯機會的公正態度外，並沒有發出左翼的具有傾向性的聲音。魯迅即曾暗示當時韓侍桁等侵入《自由談》、排擠黎烈文的隱曲，並指自己亦曾被懷疑爲稍有利於何的《關於何徐創作問題的感想》一文作者〔註 22〕。這裡 1933、1934 年之交滬上文壇勢力的狀況基本可以清晰地呈現出來了，由於國民黨當局對左翼言論的大力圍剿，左翼在《現代》、《文學》、《自由談》等幾個大型刊物的發言權被進一步壓制，而各種新、小刊物也由於事前送審制度幾乎夭折，因此，當此之時滬上文壇能夠取得版面，並佔據輿論資源的只能是時髦刊物、國民黨派以及此前在與左翼的論爭中備受打擊的所謂「中間派們」，無怪乎魯迅當時說，「此刻在上海作品可以到處發表，不生問題的作者，其實十之九是先前用筆墨競爭，久已敗北的人，此輩

〔註 20〕 魯迅：《致曹靜華》（1933 年 11 月 25 日），見《魯迅全集》，第 12 卷，第 504 頁。

〔註 21〕 魯迅：《致蕭三》（1934 年 1 月 17 日），見《魯迅全集》，第 13 卷，第 11 頁。

〔註 22〕 魯迅：《致鄭振鐸》（1934 年 5 月 16 日），見《魯迅全集》，第 13 卷，第 105 頁。

藉武力而登壇，則文壇之怪像可想。」〔註23〕

　　除了這一制度性因素外，左翼在當時的應對也是有策略的，左聯雖然沒有以集團的名義作出回應，但反擊的聲音混雜於《大晚報・火炬》、《時事新報・青光》這樣一些大眾刊物，以普通評論的方式悄然引導輿論走向。其實在這之前《自由談》剛剛揭發過一起關於余慕陶抄襲趙景深、鄭振鐸的事件，但那次事件卻不了了之，並沒有引起多大關注，何徐事件之所以在當時引起爆炸性轟動，原因是一開始就牽涉進了一個誘人的文壇人物和勢力的名單，正如當時的一篇評論所說：「這問題的關係範圍比較的大。地域是南京後湖，上海，物主徐轉蓬先生的家鄉（我不知道是哪裏）；人物是兩位主角之外，有侍桁，『清道夫』，儲安平，高植，沈從文，施蟄存，邵洵美，杜衡，邨人諸位先生，實在為先前的一切案件所未有的熱鬧。」〔註24〕正是如此，加上左翼的有意引導，這次事件在當時滬上輿論中的普遍印象就是其背後複雜、揭發者另有陰謀等，無怪乎當時韓侍桁不無委屈地說：「從前打落水狗曾今可的時候，沒看見有人出頭『請製止』；揭發余慕陶君抄襲的時候，沒看見有人出頭『請製止』；因為一點小問題大家圍攻施蟄存君的時候，也沒看見有人出頭『請製止』；然而，現在上了呈文，『請製止』了。……何徐雙方不但無過，反是有功於革命的了，而罪過呢？──罪過全推在多事的人身上」〔註25〕。曾今可、余慕陶、施蟄存等正是稍前在左翼（包括魯迅）的圍攻下慘敗的人物，韓侍桁以此借指左翼只許州官放火，不許百姓點燈，暗示何家槐背後的左翼力量，意圖是十分明顯的。但是這一次論爭中，除了何家槐本人，一開始就聲勢浩大地被宣佈涉及的各方力量（沈從文等）均選擇了沉默應對，因此在「誰是海派？」〔註26〕這個問題的搜尋下，鎖定何家槐卻並沒有因此牽扯出任何一方面勢力，而恰恰是跟之前的余慕陶事件一樣，所得的結果就是「文剪公」余慕陶、「文竊公」何家槐這樣的個人劣跡。

〔註23〕魯迅：《致姚克信》（1934 年 2 月 11 日），見《魯迅全集》，第 13 卷，第 24 頁。

〔註24〕梁辛：《願聞何徐創作問題的解說》，刊於《申報・自由談》，1934 年 3 月 10 日。

〔註25〕侍桁：《再談何家槐的創作問題》，刊於《大晚報・火炬》，1934 年 3 月 19 日。

〔註26〕在沈從文的《論「海派」》一文發表後，《自由談》針對「海派」的討論中，青農《誰是海派？》（1934 年 1 月 29 日）一文表面上是提示各種屬於海派的惡現象，但事實上它也是第一篇暗示何家槐竊稿事件的文章，旋即《文化列車》（1934 年 2 月 1 日）就發表了清道夫關於《「海派」後起之秀何家槐小說別人做的》的點名文章。

　　將這次事件放在「京海之爭」的背景下，可以得出幾個結論：一、沈從文在蘇汶之後所定義的「海派」其實連接著前一時期滬上文壇對相關行爲的爭論結果，因此某種程度上可以說，「海派」不是沈從文的提起，而是總結；二、鑒於沈從文本人所號召的嚴肅文學觀，揭陰私、小報式的暗諷，包括魯迅式的「罵」都不是他所認可的，因此他對「海派」的表達更側重於一種對文學現象和一般形態的描述，但是當這一話頭被移入滬上語境，文學現象復又轉向了一種文壇勢力間的指認，尤其是蘇汶的首先回應，事實上在第一時間就將「京海之爭」植入了當時與魯迅的、左翼的爭執中；三、《文化列車》同人從北京重新引進換湯不換藥的「海派」一詞，目的是在將之前「文人無行」中的矛頭倒指，但是事實爭論的結果表明，由於其中被點名的一些勢力的迴避，「海派」最終所得到的結論仍是一種在「商業化」層面上的敘述，之後文學史對「海派」的定格也幾乎指向這樣一種一般意義上的文壇現象，而無從辨明事實對象和具體內涵，這也是這一次論爭不斷轉換焦點的必然結果，正如當時觀者總結：「到今日，南方的所謂『海派』是怎樣一種人物，差不多是『家喻戶曉』，共知爲毫無書香氣的下流種子了。」〔註 27〕四、正是這樣一種對一般意義的揭示，使「京海之爭」作爲三十年代的一次文壇事件，而兼具了轉向另一種後來意義上的文化比較範疇的可能，同時，雖然沈從文在其中只是一個被引用的角色，但他對「海派」的敘述正因爲指向這樣一種一般意義而使其言論在「京海之爭」中反而成爲了一種標識性存在。

第二節　沈從文的初衷：對新文學的批評

　　如上文所說，沈從文因蘇汶抗議而提起的「海派」是一種對文壇現象的有先在語境的概括，並隨著滬上諸种競爭勢力的介入，使得這一問題的後續討論幾乎徹底地「海派化」。那麼，三十年代初，在沈從文原本所發起的意見中，除了這一被顯明的「海派」問題，是否有另一些部分是被這一突發的熱烈爭論所遮蔽的，他的初衷究竟是什麼？

　　自 1929 年下半年受聘中國公學至 1933 年發表《文學者的態度》期間，沈從文撰寫了大量批評文章：

　　《〈沉〉的序》發表於 1930 年 3 月 3 日天津《益世報》；

〔註 27〕胡依凡：《文人之爭》，刊於《大晚報・火炬》，1934 年 3 月 26 日。

《郁達夫張資平及其影響》發表於《新月》第 3 卷第 1 期（1930 年 3 月 10 日）；

《論聞一多的〈死水〉》發表於《新月》第 3 卷第 2 期（1930 年 4 月 10 日）；

《海上通訊》發表於《燕大月刊》第 6 卷第 2 期（1930 年 5 月）；

《論馮文炳》作於 1930 年 7 月 21 日，後收入《沫沫集》（上海大東書局 1934 年出版）；

《〈輪盤〉的序》作於 1930 年 7 月；

《我們怎樣去讀新詩》發表於《現代學生》第 1 卷第 1 期（1930 年 10 月）；

《論汪靜之的〈蕙的風〉》發表於《文藝月刊》第 1 卷第 4 號（1930 年 11 月 15 日）；

《論焦菊隱的詩》發表於《中央日報・文藝周刊》第 5 期（1930 年 11 月 30 日）；

《論落花生》發表於《讀書》月刊第 1 卷第 1 期（1930 年 11 月）；

《論施蟄存與羅黑芷》發表於《現代學生》第 1 卷第 2 期（1930 年 11 月）；

《現代中國文學的小感想》發表於《文藝月刊》第 1 卷第 5 號（1930 年 12 月 15 日）；

《論郭沫若》發表於《日出》月刊第 1 卷第 1 期（1930 年）；

《論朱湘的詩》發表於《文藝月刊》第 2 卷第 1 號（1931 年 1 月 25 日）；

《論劉半農〈揚鞭集〉》發表於《文藝月刊》第 2 卷第 2 號（1931 年 2 月 15 日）；

《論中國創作小說》連載於《文藝月刊》第 2 卷第 4 號（1931 年 4 月 15 日），第 2 卷 5～6 號合刊（1931 年 6 月 30 日）；

《〈群鴉集〉附記》發表於《創作月刊》創刊號（1931 年 5 月 1 日）；

《感想》發表於《創作月刊》第 1 卷第 2 期（1931 年 6 月 1 日）；

通信《談詩》,《創作態度——與轉蓬》發表於《創作月刊》第 1 卷第 2 期（1931 年 6 月 1 日）；

《甲辰閒話》（即《甲辰閒話（一）》）發表於《創作月刊》第 1 卷第 3 期（1931 年 7 月 1 日）；

《窣而黴齋閒話》發表於《文藝月刊》第 2 卷第 8 號（1931 年 8 月 15 日）；

《記胡也頻》連載於《時報》（1931 年 10 月 4 日至 11 月 29 日）；

《論徐志摩的詩》發表於《現代學生》第 2 卷第 2 期（1932 年 8 月）；
《上海作家》發表於《小說月刊》第 1 卷第 3 期（1932 年 12 月 15 日）；
《記丁玲女士》連載於《國聞周報》第 10 卷第 29 期（1933 年 7 月 24 日）
到第 50 期（1933 年 12 月 18 日）；
《〈記丁玲女士〉跋》發表於《大公報‧文藝副刊》第 1 期（1933 年 9 月
23 日）；
《文學者的態度》發表於《大公報‧文藝副刊》第 8 期（1933 年 10 月
18 日）。

沈從文這一時期積極的批評活動無疑是來自中國公學時期的教學需要，1930
年 1 月 29 日致王際眞的信中就說：「新的功課是使我最頭痛不過的，因爲得
耐耐煩煩去看中國新興文學的全部，作一總檢察。」〔註 28〕但這一次相對
密集、統一的對新文學的檢閱和溫習，正是他形成自己的文學史態度、批評
標準和文學觀念的一次重要機遇。1931 年，在結束了滬上賣稿，以及在中
國公學、武漢大學的教書生涯後，沈從文一度想以辦刊物的方式實現自己的
文藝主張，1931 年 2 月 27 日致王際眞的信中就說：「我成天都想有一個刊
物辦下來，不怕小，不怕無銷路，不怕無稿子，一切由我自己來，只要有人
印，有人代賣，這計劃可以消磨我的一生，可是大致到老了我還是辦不成。」
〔註 29〕而四月間，確實有了這樣一個機會，即南京的《創作月刊》，汪曼鐸
主編。〔註 30〕沈從文對此充滿信心，他爲刊物擬定了宏大的計劃：

> 我想將這刊物在精神方面成爲一個獨立東西。在十二期刊物
> 內，我將使讀者對於十餘年來中國文學的過去得失，得到一個較公
> 平的認識。且將讓讀者從過去的發展上，認明白中國文學的將來，
> 宜如何去發展。我正在對歷史發生興味，相信文學論者從小說史的

〔註 28〕 沈從文：《致王際眞》（1930 年 1 月 29 日），見《沈從文全集》，第 18 卷，第
48 頁。
〔註 29〕 沈從文：《致王際眞──朋友已死去》，見《沈從文全集》，第 18 卷，第 133 頁。
〔註 30〕 沈從文最終因爲兩位友人的反對而放棄了這一計劃。在《記丁玲‧續集》中
提到：「這計劃因了兩個人的意見而變更，到了五月，我卻過北京了。那個女
作家以爲我的打算不啻『與虎謀皮』。徐志摩適在北京，卻來信說：『北京不
是使人餓死的地方，你若在上海已感到厭倦，儘管來北京好了。北京各處機
關各個位置上雖彷彿已塡滿了人，地面也好像全是人，但你一來，就會有一
個空處讓你站。……』」（沈從文：《記丁玲‧續集》，見《沈從文全集》，第 13
卷，第 198 頁。）

發展上疏解文學的可能性與必然性。這種從歷史言論的討論文學，
一面可以作左翼文學理論者一點事實上參考，一面也就正面的指示
出所謂「英國紳士的幽默」，「本國土產的諧謔」，「小報式的造謠」，
「黑幕大觀式之說謊」，〔「捪撕揉扯旁人理論而來的大眾文學主
張」，「受官方豢養而來的三民主義文學」，如何不適宜於存在，〕以
及一切流行趣味風氣，如何妨礙到有價值的作品產生。我預備作十
二期的批評，每一期討論一個問題。〔註31〕（方括號內爲初版時書
報檢查刪去的文字）

這裡充分透露出三十年代初沈從文欲指點文學的野心和理想，「英國紳士的幽
默」，「本國土產的諧謔」，「小報式的造謠」，「黑幕大觀式之說謊」，「捪撕揉
扯旁人理論而來的大眾文學主張」，「受官方豢養而來的三民主義文學」〔註32〕
幾乎囊括了當時文學場域中所存在的諸種形態。在更直接的影射關係上，老
舍、魯迅、郁達夫（《大眾文藝》）、國民黨民族主義文學等種屬，也幾乎全部
在指示之列。事實上從中國公學時代起，沈從文便開始有意識地脫離之前在
創作上的隨意，而嘗試在作品中灌輸理念，用後來他自己的話講即：「我的作
品在文字處理組織和現實問題的表現，也就嚴謹進步了些。……寫作一故事
和思想意識有計劃結合，從這時方起始」〔註33〕。《文學者的態度》在三十年
代的語境中多被解讀爲一種針對當時滬上風氣的時評，而忽略了沈從文這一
時期所集中進行的對新文學十年的總結。在頗具代表性的《論中國創作小說》
中，他一方面具體地敘述了新文學的各種歷史形態及各個階段，同時也不止
一次地提示那些在過程中顯現，並爲「人生文學」增加了雜質的文學因素。
首先便是魯迅：

還有一個情形，就是在當時「人生文學」能拘束作者的方向，
卻無從概括讀者的興味。作者許可有一個高尚尊嚴的企圖，而讀者
卻需要一個詼諧美麗的故事。一些作者都只注意自己的「作品」，乃
忘卻了「讀者」。魯迅一來，寫了《故鄉》、《社戲》，給年青人展覽
一幅鄉村的風景畫在眼前。使各人皆從自己回想中去印證。又從《阿
Q正傳》上，顯出一個大家熟習的中國人的姿式，用一種不莊重的

〔註31〕沈從文：《記丁玲・續集》，前揭，第198頁。
〔註32〕同上。
〔註33〕沈從文：《總結・傳記部分》，見《沈從文全集》，第27卷，第85頁。原爲作
　　　　者在革命大學學習結束前所寫總結的一部分。

諧趣，用一種稍稍離開藝術範圍不節制的刻畫，寫成了這個作品。
作者在這個工作上，恰恰給了一些讀者所能接受的東西，一種精神
的糧食，按照年青人胃口所喜悅而著手烹炒，魯迅因此意外成功了。
其實魯迅作品的成就，使作品與讀者成立一種友誼，是「趣味」卻
不是「感動」。一個讀過魯迅的作品的人，所得到的印象，原是不會
超出「趣味」以上的。〔註34〕

在這篇文章中，沈從文為新文學劃分了三條脈路：感動、趣味、認識。他說
魯迅的作品與讀者所成立的友誼是「趣味」而不是「感動」，在這一個標準下，
第一個十年的創作小說因此得以劃界：冰心、郁達夫、淦女士、丁玲給予讀
者的是「感動」；而魯迅及由魯迅所帶出的許欽文、黎錦明、魯彥等鄉土諷刺
派，以及張資平、老舍給予讀者的卻是「趣味」更多一些；而在「認識」的
脈路下，他盛舉的是葉紹君、落華生和凌淑華，這三者共同的特點是一種平
靜、節制、及在趣味與感動之外細膩幽靜的寫作方式，如他評價葉紹君時所
說：「他的作品缺少一種眩目的驚人的光芒，卻在每一篇作品上，賦予一種溫
暖的愛，以及一個完整無疵的故事，故給讀者的影響，將不是趣味，也不是
感動，是認識。」〔註35〕這裡一個值得注意的問題是，在沈從文的觀察下，
魯迅與張資平幾乎在本質上是被並立的，顯然魯迅與讀者結成的友誼與張資
平之得到「大眾」，兩者之間只有程度的差異，如他說：「儼然為讀者而有所
製作，故事的內容，文字的幽默，給予讀者以非常喜悅，張資平的作品，得
到的『大眾』，比魯迅作品為多。」〔註36〕在沈從文所反覆申言的 1928 年的
轉變中，張資平是一個被他作為癥結的存在，張不僅是前期創造社的代表作
家之一，分有著創作社同人所共享的給予讀者的情感的震撼和興奮，同時也
表徵著一種新文學的悄然變型，他說：「使作品同海派文學混淆，使中國新芽
初生的文學，態度與傾向，皆由熱誠的崇高的企望，轉入低級的趣味的培養，
影響到讀者與作者，也便是這一個人。」〔註37〕顯然，在 1931 年的語境中，
以及在「京海之爭」予以界定之前，「海派」的觀念在沈從文那裡其實是早已
存在的，在稍前一時的《郁達夫張資平及其影響》中，他就明確地勾勒了一

〔註34〕沈從文：《論中國創作小說》，見《沈從文全集》，第 16 卷，第 200～201 頁。
原載《文藝月刊》第 2 卷第 4～6 號（1931 年 4 月 15 日，6 月 30 日）。
〔註35〕同上，第 202 頁。
〔註36〕同上，第 206 頁。
〔註37〕同上，第 206 頁。

條新舊海派的脈路：舊的禮拜六派以及新的以「良友」之流爲代表的包括愛情、文學、電影等內容的「新海派」，而張資平就被放置在這一條脈路的延長線上：「張資平作品，最相宜的去處，是一面看《良友》上女校皇后一面談論電影接吻方法那種大學生的書桌上」〔註38〕。討論這一點，並不是要確定沈從文之「海派」觀的具體內涵，而是藉以說明，三十年代初他之批評海派的首要目標並不是指向那個「新／舊海派」本身，那早已是一個不值得被打倒的對象，沈從文也從來沒有將之列入自己批評的文學版圖中，他所在意的恰恰是張資平這樣一類新文學作家及作品所引發的「人生文學」的變質。因此在這個意義上，我們可以理解，他之將魯迅與張資平並立的動機，正是在於指向新文學內部，及一種「變」的趨勢。

在對沈從文的解讀中，往往存在著一個微妙的誤解。他所在意的新文學的變質恰恰是與1928年新文學的整體南遷相耦合，這也就意味著，他對新文學的檢查與對「海派」的批判將不可避免地相糾纏，這也正是文學史往往將關注點集中於他反覆提示的「海派」本身，而忽略了他所發出的整體的意見的一個重要原因。

在《論中國創作小說》中，沈從文曾明確地說：

> 中國新文學的勢力，由北平轉到上海以後，一個不可避免的變遷，是在出版業中，爲新出版物起了一種商業的競賣。一切趣味的俯就，使中國新的文學，與爲時稍前低級趣味的海派文學，有了許多混淆的機會。因此，影響創作方向與創作態度非常之大。從這混淆的結果上看來，創作的精神，是完全墮落了的。〔註39〕

二十年代末中國新文學史上所發生的這一次重大遷徙，不僅造成了作家群的集體流動、文壇中心的更換，同時引起的更是一種在文學的生產、傳播，甚至是功能上的巨大變化。1927年，曾在北京舉足重輕的《現代評論》，北新書局等南遷，上海則有中華、商務、開明、亞東、泰東、良友、現代、光華、春野、樂群、胡風、水沫、眞善美等大批新舊書店、出版社同時存在。已有研究談到當時上海的小書店潮，據章鐵民1927年致江馥泉的信中所說，要辦

〔註38〕沈從文：《郁達夫張資平及其影響》，見《沈從文全集》，第16卷，第192頁。原載《新月》第3卷第1期（1930年3月10日）。
〔註39〕沈從文：《論中國創作小說》，前揭，第196頁。原載《文藝月刊》第2卷第4～6號（1931年4月15日，6月30日）。

一小書店在當時大致需要股本四千即可〔註 40〕，沈從文與丁玲、胡也頻等參與編輯的人間書店資本也不過數千元，而他三人創辦的《紅黑》雜誌投入則不過一千元。創造社與泰東書局，《語絲》、魯迅與北新書局的成功範例在前，出版業在上海更成為一種門檻較低，並可能帶來爆炸性收益的風險行當。在這一次遷徙中，沈從文是少數在第一時間就已嗅出其中意味的作家之一。他在《記丁玲》中便記載 1927 年底，「中國的南方革命已進展到了南京，出版物的盈虛消息已顯然有由北而南的趨勢」，「並且在上海一方面，則正是一些新書業發軔的時節」〔註 41〕。而在其個人方面，他曾說，因為《小說月報》換了編輯，作品取捨的標準也發生了變化，因此使他登載小說的機會多了一些，不僅如此，「另一登載我作品的《現代評論》，編輯部又已遷過上海，北新書局與新月書店皆為我印行了一本新書……」〔註 42〕這種對文學與市場之間關係的明確認知，不僅是因為職業作家這一身份對商業體制的依賴與敏感，同時也在於他已清晰地認識到文學在這樣一種全新的氛圍中所可能擁有的巨大能量，如他所說 1928 年以前文學多是「為主張而製作」，卻沒有「行市」，所憑的只是一種「熱誠前進」〔註 43〕的勇氣，其影響也有限地存在於中心地北京及青年中間，但 1928 年之後文學卻可以由一個商人手中向作家「定購一批戀愛的或革命的創作小說」，並同時即可「支配一種文學空氣」〔註 44〕。顯然，上海的「商業競賣」所帶來的不僅是對文學的破壞性挾制，而在另一層面它同樣造成了一種「力」。以往我們總是把焦點集中在沈從文及其他作家對滬上商業氣的否定上，但不能否認的是，文學的轟動性功效正是在這一次變遷中被最大規模地昭示，而就是在這個意義上，沈從文一方面批判商業化對文學造成的惡劣影響，同時卻無比堅定地信奉自己這樣一個在商業化模式下被訓練出來的職業作家所操持的創作資源、創作姿態。無論在何種意義上，沈從文對這一轉變的體悟都是深刻的：「這競爭，這由於『商業』的競爭，乃支配了許多人的興味，成為中國文學轉換方向使之熱鬧的背景。在上海轉變

〔註 40〕 章鐵名：《致汪馥泉》（1927 年 12 月 30 日），見孔令鏡編：《現代作家書簡》，上海：生活書店，1936，第 195 頁。
〔註 41〕 沈從文：《記丁玲》，見《沈從文全集》，第 13 卷，第 102 頁。
〔註 42〕 同上。
〔註 43〕 沈從文：《論中國創作小說》，前揭，第 198 頁。原載《文藝月刊》第 2 卷第 4 ～6 號（1931 年 4 月 15 日，6 月 30 日）。
〔註 44〕 同上。

這兩個字是大家所熟習的字，都據說是那麼轉過來了，這個那個，儼然皆『變』了。或者可以這樣說：譯書人皆有了覺悟，知道文學將成一種力，一種轉動社會，傾翻一切的力。」〔註45〕由沈從文發動京海之爭，引發對上海文壇之商業化的批判幾乎是今天我們從文學史所能得到的結論，但對沈從文而言，由他的一篇義正嚴辭的文章引發京滬文壇的口水戰並不是他的初衷，他雖然在很多場合批判甚至詛咒過上海的商業化作派，但同時也清醒地認識到，「北京不是我住得下的地方，我的文章是只有在上海才寫得出也才賣得出」〔註46〕的道理。甚至在某種程度上，沈從文認同那種商業化的效率模式，正是在這種訓練下，他很可能是第一個把作品比作「商品」的嚴肅作家，「不妨如一個商人，講究他作品的『效率』，講究他作品的『適用』」〔註47〕；他所批判的恰恰是上海商業化中的市儈，而其繁榮的出版業及對文學所能達到之功效的認識，顯然已成為這一職業作家身份不可分割的組成因素。或許，沈從文在三四十年代所表現的對文學本身之能力的巨大信心正是在這樣一種對「文學將成一種力，一種轉動社會，傾翻一切的力」〔註48〕的深刻體悟下養成的。我們已習慣於將其對於文學的近乎宗教式的純粹態度歸向一種與左翼積極介入時代社會相對立的審美姿態，從而使之成為八十年代「純文學」實踐的典範，但事實上，這一位嚴格的職業作家與他口中所稱的「文學票友」之間的最大的區別恰恰是他的對文學的功利主義式的信仰。

這裡就要引向一個問題，三十年代沈從文批判「海派」的表象下所要真正表達的究竟是一種什麼樣的文學姿態？

在《文學者的態度》一文中，沈從文提到了「名士風度」：

> 弄文學的同「名士風度」發生關係，當在魏晉之間，去時較遠似乎還無所聞。……直到如今，文學的地位雖因時下風氣不同，稍稍高升了一著，然而從一般人看來，就並不怎樣瞧得起它，照多數

〔註45〕沈從文：《現代中國文學小感想》，見《沈從文全集》，第17卷，第32頁。原載《文藝月刊》第1卷第5號（1930年12月15日）。

〔註46〕沈從文：《致王際真》（1931年6月29日），見《沈從文全集》，第13卷，2009，第143頁。

〔註47〕沈從文：《窄而黴齋閒話》，見《沈從文全集》，第17卷，第39頁。原載《文藝月刊》，第2卷第8號（1931年8月15日）。

〔註48〕沈從文：《現代中國文學小感想》，前揭。原載《文藝月刊》第1卷第5號（1930年12月15日）。

作家自己看來，也還只算一種副業。一切別的事業似乎皆可以使人一本正經裝模作樣的作下去，但一提到寫作，則不過是隨興而發的一種工作而已。〔註 49〕

「名士風度」所指的就是一種玩票性的文人習氣，也即一種不嚴肅的文學態度，這與之前所提到的「趣味化」在本質上是一致的。雖然在後來的京海之爭中，沈從文迫於滬上的反抗聲音，不得不將「名士才情」進一步窄化爲各種惡劣習性：「冒充風雅，名士相聚一堂，吟詩論文，或遠談希臘羅馬，或近談文士女人，……」〔註 50〕；但是在其三十年代初對文學史發言的出發點上，「名士才情」指向的顯然不僅是這樣一種徹底「海派化」的惡趣味，而是五四落潮以後曾經的新文學文人所表現出來的那種對文學的使用姿態。他在談及第一個十年「人生文學」的消歇時曾指出：

人生文學提倡者同時即是『趣味主義』講究者。趣味主義的擁護，幾幾乎成爲地方文學見解的正宗，看看名人雜感集數量之多，以及稍前幾個作家詼諧諷刺作品的流行，即可明白。諷刺與詼諧，在原則上說來，當初原不悖於人生文學，但這趣味使人生文學不能端重，失去嚴肅，瑣碎小巧，轉入泥裏……〔註 51〕

顯然，聯繫上文他對魯迅之「趣味化」的批評，幾乎可以斷定這裡所指稱的這種胎生於新文學內部的、在第一個十年便已生長的「趣味主義」，以及「諷刺、詼諧」，「不能莊重」等指向的正是周氏兄弟在二十年代所引領的在文學使用上的玩世風格。因此，造成新文學之「海派化」的因素：一個是內因，即新文學本身所攜帶的「趣味主義」傾向；另一個是外因，即上海的商業化和出版業所帶來的文學的轉向。在這個意義上，我們也就可以理解沈從文在後來爲「海派」所下的定義：「名士才情與商業競賣」相結合，同時這也從一個側面證明在沈從文的批判矛頭中，「海派」之商業化只是其中一的。

在文學史意義上，伴隨著二十年代中期所捲入的各種紛爭以及新文學陣營的進一步分化，周氏兄弟的雜感文不僅在事實上被作爲一種足以昭示時代、性格的文體，而且也的確代表著新文學以來一種相對獨特的對於「文學

〔註 49〕沈從文：《文學者的態度》，見《沈從文全集》，第 17 卷，第 48～49 頁。原載《大公報・文藝副刊》，1933 年 10 月 18 日。

〔註 50〕沈從文：《論「海派」》，刊於《大公報・文藝副刊》，1934 年 1 月 10 日。

〔註 51〕沈從文：《窄而黴齋閑話》，前揭，第 38 頁。原載《文藝月刊》，第 2 卷第 8 號（1931 年 8 月 15 日）。

之使用」的姿態。木山英雄曾提示，周氏兄弟「語絲」時代的散文〔註52〕在某種程度上體現了一種在「文章」與「實力」間的張力：

> 這些批判還涉及具體的時事和人際關係，隨著批判對象的複雜化和批判的深刻性的加重，其文章的反諷和遊戲性表現也就不斷地增多，常常有接近於「玩世」的傾向，這大概可以歸結爲來自下面這種冷靜的自覺：「我們的反抗只限於語言文字」。〔註53〕

在木山看來，周氏兄弟在語絲時期所表現的潑辣的「罵戰」形式是具有策略性的，即他所說：「他們將僅憑高超理論無法撼動的舊道德，從其卑劣野蠻的心性詭計方面加以批判，又以足可勝任這種批判的邏輯性和基於卓越的歷史感覺之辛辣的諷刺性文章而大放異彩。」〔註54〕另一方面也來自於周氏兄弟對「強權之下無公理」這一歷史邏輯的清醒認識，1925 年周作人借談「五四」之功過對「五卅」事件發言時曾說：「從五四運動的往事中看出幻妄的教訓，以爲（1）有公理無強權，（2）群眾運動可以成事：這兩條迷信成立以後，近四年中遂無日不見大同盟之設立，憑了檄，代電，宣言，遊行之神力想去解決一切的不自由不平等，把思想改造實力養成等事放在腦後。」〔註55〕在這一點，魯迅也表示過「公道和實力還沒有合爲一體」，「不得已而空手鼓舞民氣時，尤必須同時設法增長國民的實力」〔註56〕的意思。顯然，周氏兄弟對於輿論、造勢、語言等能夠取得的所謂「公道」的虛妄性具有深刻認識，而引申向文學，他們更在一個反諷的層面上將文學及文學家身份置於一種尷尬境地，魯迅說：「文學家也許應該狂喊了。查老例，做事的

〔註52〕木山強調他對「散文」這一範疇並不是在 30 年代「小品文運動」這一框架下使用的，他的「散文」涵義基於兩個層面：「一個是散文的界限向更廣闊的非文學方向展開著；另一個是在文學內部成爲各種文學樣式之根底的文字語言具有最融通自在的形態。」（木山英雄：《實力與文章的關係——周氏兄弟與散文的發展》，見氏著：《文學復古與文學革命——木山英雄中國現代文學思想論集》，第 70～71 頁。）木山認爲「散文」集中體現了周氏兄弟的文學意識，並且在文學創作的純粹性和老獪性之間的振幅之大上也表現得很到位。

〔註53〕木山英雄：《實力與文章的關係——周氏兄弟與散文的發展》，前揭，第72～73 頁。

〔註54〕同上，第 72 頁。

〔註55〕周作人：《五四運動之功過》，見鍾叔河編：《周作人散文全編》，第 4 卷，第218 頁。原載《京報副刊》，1925 年 6 月 29 日。

〔註56〕魯迅：《忽然想到·十》，見《魯迅全集》，第 3 卷，第95～96 頁。原載《民眾文藝周刊》第 24 號（1925 年 6 月 16 日），《民眾周刊》（《民眾文藝周刊》改名）第 25 號（1925 年 6 月 23 日）。

總不如做文的有名。」〔註 57〕同樣，在二十年代那場與現代評論派的著名論爭中，一個最根本的分歧也正在於此：由魯迅他們看來正人君子和紳士們宣稱維持「公允」、「公理」，而在事實上卻成為政府強權之幫忙，因而不惜以一種反文學和流氓的姿態與之對抗。正是在這樣一種理念主導下，他們對文學的使用也顯然具有彈性：他們對於文學的這種在信任與不信任之間的相當彈性的使用態度，以及隨之而出的「遊戲」「反諷」風格，顯然是三十年代初憑藉自身的不斷練習、并開始熟練掌握文學技能，對自家的文學類型充滿自信的沈從文所不能理解的。雖然他也曾表示過應當清醒地認識文學之能力的意思，但其根本上與周氏兄弟對文學的態度是有區別的：

> 紳士玩弄文學，也似乎看得起文學，志士重視文學，不消說更看得起文學了。兩者皆尊敬文學，同時把文學也儼然近於溺愛的來看待。文學「是什麼」，雖各有解釋，但文學究竟「能什麼」，卻糊塗了。我既不是紳士，又不作志士，對於文學則惟只知它的產生，與產生技術，以及產生以後對於它在社會方面的得失而加以注意……〔註58〕

可見，區別於周氏兄弟對文學之局限性的認識，沈從文對文學之能力的限制卻更加來源於他對文學本身的信心，即他所稱對文學的知識：「產生」，「產生技術」，「在社會方面的得失」等。周作人在《答伏園「論〈語絲〉的文體」》中說：「有些人好意地稱《語絲》是一種文藝雜誌，這個名號我覺得也只好『璧謝』。現在文藝這兩個字十分威嚴，自有許多中國的王爾德們在那裡主持，我們不配也不願滾，混進裏邊去，更不必說《語絲》其實不是專門賣什麼文藝貨色的。」〔註 59〕周作人的這番話顯然是有針對性的，二十年代中隨著新文學陣營的進一步分化，《語絲》顯示了一種文學參與的方案：拒絕純粹作為審美形式和姿態化的文藝；拒絕參與政黨或職業政治家的論政；談政治，而不談治國。所謂文學的範圍在相當程度上被放寬，即使是周作人後來似乎返回了純文學的園地，但實際上仍保持著對「文學」這一概念

〔註57〕 魯迅：《忽然想到・十一》，見《魯迅全集》，第 3 卷，第 100 頁。原載《民眾文藝周刊》第 24 號（1925 年 6 月 16 日），《民眾周刊》（《民眾文藝周刊》改名）第 25 號（1925 年 6 月 23 日）。

〔註58〕 沈從文：《記丁玲・續集》，前揭，第 208 頁。

〔註59〕 周作人：《答伏園「論〈語絲〉的問題」》，見鍾叔河編：《周作人散文全編》，第 4 卷，第 338 頁。原載《語絲》第 54 期（1925 年 11 月 23 日）。

的不斷突破——三十年代以「生活的藝術」的形式對文藝和日常生活的領域重新修正，通過對「人情物理」這樣一些基本形式的批判性重構，而將五四觀念化的啓蒙運動轉向更爲經驗的層面，使文學在脫離了意識形態化的捆綁後仍獲得一種對社會事實發言的可能——而這也正是他們這一類知識分子超越了自身之技術功能而參與社會的一種方式。但沈從文不同，他將對自我的確認嚴格局限於職業身份和知識技能的範圍內，即「一切基礎皆固定在我知識上」〔註 60〕，用他後來的話講，就是一種「專家」意識，他強調自家在社會構成中的技術化功能，通過這種自我身份上的確認和堅守，從而獲得一種對社會秩序的貢獻，而這種對「秩序」的態度或許正是三十年代以後他之爲自由派知識分子接受和培植的一個重要體質。

〔註 60〕沈從文：《記丁玲·續集》，前揭，第 208 頁。

第四章　周作人與「苦雨齋」群落的形成

第一節　《周作人書信》：一種有意的形式

　　1933 年 7 月，上海青光書局出版《周作人書信》，據周作人在全書的《序信》中交代，其中收錄書、信兩部分，書即「韓愈以來各文集中所錄」的文字，因宋人在文集之外另立尺牘一目，書自然就成了古文的一種，而信即指尺牘〔註 1〕。三十年代出版書信在當時的新文人界已是一件頗為時髦的事情，早前就已有魯迅的《兩地書》出版，針對這一點，周作人在《序信》中就曾暗諷：「這原不是情書，不會有什麼好看。」〔註 2〕這部《書信》在當時既應李小峰之約編訂，而同年的 4 月有魯迅的《兩地書》由上海青光書局出版，雖為青光書局出版，但事實的經銷商仍為北新書局，編輯也同是李小峰〔註 3〕。這兩部書信的先後問世，一方面或許是北新的營銷策略，另一方面，在周作人一方也不失為一種有意的對話，正如他在《序信》中說：「行年五十，不免為兼好所訶，只是深願尚不忘記老醜，並不以老醜賣錢耳。」〔註 4〕這些話可能暗指魯迅。1933 年他在致江紹原的信中就曾不客氣地寫道：

〔註 1〕　周作人：《〈周作人書信〉序信》，見鍾叔河編：《周作人散文全編》，第 6 卷，
　　　　　第 157 頁。原載《青年界》，第 3 卷第 4 期（1933 年 6 月 5 日）。
〔註 2〕　同上。
〔註 3〕　參見魯迅：《致李小峰》（1933 年 1 月 15 日），見《魯迅全集》，第 12 卷，第
　　　　　361～362 頁。
〔註 4〕　周作人：《〈周作人書信〉序信》，前揭，第 157～158 頁。原載《青年界》，第

「『魯』公之高升爲普羅首領，近又聞將刊行情書集，則幾乎喪失理性矣。」
〔註 5〕除了將自家的書信集與魯迅的「情書集」劃清界限外，周作人在其篇
目的選擇上也著實經意，如他說專門揀選了「少少有些感情有點事實，文句
無大疵謬的」部分，而另「辦理公務，或雌黃人物者悉不錄」〔註 6〕。顯然，
這部《書信》的輯錄在當時不僅呈現爲一種兄弟間的對話，同時周作人也有
意藉此次機會表白自家在文學上的態度。尤其是《序信》中特別對書、信兩
種文體譜系的交代，周作人在三十年代初的這一次結集充滿著一種建構的動
機，正如早前的《中國新文學的源流》搭配沈啓無編《近代散文鈔》編目聯
合推出所達成的效果一樣，《書信》在當時亦成爲一項重要的組織行爲：在某
種意義上，他使「書信」由郁達夫時代的那一關乎內容之私密的私人性的文
學類型，轉向了一種基於「性靈」說的文學態度，如他說「收入正集者，其
用處在於說大話，以鏗鏘典雅之文詞，講正大堂皇的道理，而尺牘乃非古文，
桐城義法作古文忌用尺牘語，可以證矣。」〔註 7〕顯然，尺牘語在周作人這
裡不僅指向一種私話語，而更構成爲一種對抗性的形式，用以對抗那些文學
使用上的「大言」派、「載道」派和「堂皇」派。

整個三十年代，周作人都對那一意識形態控制下的文學表達和使用保持
著一以貫之的批判，從最初對載道／言志的強行劃分到最終落腳於批韓文、
唐宋文，進而直指一脈相承的八股文及後出之「宣傳文」。對於文起八代之衰
的韓愈，周指出他最大的壞處就在於使道統和文統結合，「韓退之的道乃是有
統的，他自己闢佛卻中了衣鉢的迷，以爲吾家周公三吐哺的那隻鐵碗在周朝
轉了兩個手之後一下子就掉落在他手裏，他就成了正宗的教長，努力於統制
思想」〔註 8〕。韓愈將道統的魔力載之於「文」中，形成了一種充滿語詞魅力
的「氣盛」文風，即將來自的「道統」的天然權勢灌注在一種特有的行文方
式中，從而使「文」也同時具有了一種權勢化的魔力，這一點後來被桐城派
直接闡發爲「文即是道」。而周作人所要做的就是爲文驅魔，「中國相信文學

3 卷第 4 期（1933 年 6 月 5 日）。

〔註 5〕 周作人：《與江紹原書》（1933 年 3 月 7 日），見鍾叔河編：《周作人散文全編》，
第 6 卷，第 143 頁。

〔註 6〕 周作人：《〈周作人書信〉序信》，前揭，第 157 頁。原載《青年界》，第 3 卷
第 4 期（1933 年 6 月 5 日）。

〔註 7〕 同上。

〔註 8〕 周作人：《談韓文》，見鍾叔河編：《周作人散文全編》，第 7 卷，第 392 頁。
原載《世界日報》，1936 年 12 月 2 日。

有用而實在只能說濫調風涼話，其源蓋出於韓退之」〔註9〕。在周作人看來，文學所具有的教宗的功能正是由韓愈肇始，韓文行筆重聲調氣勢，因此有一唱三歎、跌宕可以吟誦之感，但那「偉岸奇縱」，「曲折蕩漾」背後卻有一股周作人說的唱舊戲般的熱鬧，「裝腔作勢、搔首弄姿而已，正是策士之文」〔註10〕。根本上，周作人反對的就是一種爲文的空疏，以及爲文者的「唯心」：爲文的空疏在於這種講究文辭、迂迴反覆的文章不僅缺乏眞情實在，也易學、模仿，因此最終養成一種空談之風，即所謂「雅達有餘而誠不足」〔註11〕；而「唯心」同「空談」正相通，韓愈將道統與文統結合而賦予了文人或文學一種言說的權力，爲文即衛道，正如周作人在批判桐城派時所說，他們頗以爲「只要文章作得好，則『道』也即跟著好起來」〔註12〕。文學從彼時起便已確立起一種與世道之間的因果關係，通俗地講就是文學的政治化（當然不是在八十年代自由主義的言說框架中），這種政治化所造成的直接結果就是一種周作人所說的「唯心」主義——文學家之自以爲文字能革命、能退敵、能治國，蓋出於這一文、道統結合的歷史病症：

> 載道派的意見根本是唯心的，他們以爲治國平天下全在正心誠意，平常靜坐深思，或拱手講學，或執筆爲文，所想所說所寫應該無一不是聖道，其效能能使國家自治天下自平，蓋神秘不亞於金剛法會焉。〔註13〕

《周作人書信》在當時與《中國新文學的源流》所著意建構的文學系統是相通的，即在於顯示一種文學在功能上的轉換：文字的使用只在於一種如書信一樣的情感的交流或日常人事的表達與溝通，正如他在演講新文學之源流時所反覆申言的，文學之用，在於表達，而非載道派所期待的文學對於社會歷史的一種實際作用與推動力。

〔註9〕周作人：《宋人的文章思想》，見鍾叔河編：《周作人散文全編》，第 7 卷，第 65 頁。原載《宇宙風》，第 10 期（1936 年 2 月 1 日）。

〔註10〕周作人：《談韓退之與桐城派》，見鍾叔河編：《周作人散文全編》，第 6 卷，第 536 頁。原載《人間世》，第 21 期（1935 年 2 月 5 日）。

〔註11〕周作人：《文學史的教訓》，見鍾叔河編：《周作人散文全編》，第 9 卷，第 432 頁。原載《藝文雜誌》，第 3 卷第 1、2 期合刊（1945 年 1 月 16 日）。

〔註12〕周作人：《清代文學的反動下——桐城派古文（中國新文學的源流四）》，見鍾叔河編：《周作人散文全編》，第 6 卷，第 86 頁。

〔註13〕周作人：《論伊川說詩》，見鍾叔河編：《周作人散文全編》，第 6 卷，第 324 頁。原載《華北日報》，1934 年 5 月 26 日。

　　除了文學態度上的表白，《周作人書信》的另一效果就是昭示著那個通常意義上的「苦雨齋」群落的誕生。我們可以發現，在這部書信中，「書」的部分大多爲先前已發表過的篇目，收錄在之前包括《雨天的書》、《澤瀉集》、《談虎集》、《談龍集》等集中。而信的部分則幾乎都爲首次面世，1933年4月間，周作人曾先後向沈啓無、俞平伯等借回自己的舊箚若干封分別抄錄，附於該書最末，分別命以「與俞平伯君書三十五通」，「與廢名君書十七通」，「與沈啓無君書二十五通」〔註14〕。顯然，周作人非常有意地只選取了與這三位苦雨齋中常客的通信，並伴之以亦師亦友且擬古的稱謂（如稱沈啓無茶衲道兄、茗緣道兄，俞平伯爲白萍道兄，廢名爲長出屋齋主人等），談天氣，談讀書購書，談春色，談修葺，談文債，談信箋……三組信件勾勒出的正是幾個文壇隱士、林下生活的形象。如1933年2月21日致廢名的信：

　　　　廢名兄：

　　　　　　兩信均收到。聯頗佳，似可以用。下句殊有風致，上句似因下
　　　　句而後有，故稍欠圓熟，然亦無甚妨礙也。小雪正下，甚希望其能
　　　　久耳，雖不能一尺，亦須有數寸才佳。匆匆。

　　　　　　　　　　　　　　　　　　　　　　二月廿一日，知堂拜〔註15〕

一般看客在面對這種有意營造的語境時的確很難不得出名士山友風雅酬唱的印象。阿英在批評《書信》時就曾這樣寫道：

　　　　周作人的短信，所謂「片言隻語中」，寫了些怎樣的生活呢？從頭到
　　　　尾，展開了的，無非是如此大的場面：

　　　　　　讀古書　看花　生病　問病　「蓮花白酒」　　「吃福茶」
　　　　　　閒遊　閒臥　閒適　約人閒談　寫楹聯　買書　考古
　　　　　　印古色古香的信封信箋　刻印章說印泥　說夢　宴會　延
　　　　　　僧誦經　搜集郵票　刻木版書　坐蕭蕭南窗下〔註16〕

顯然在阿英這位左翼批評家眼中，《書信》給人的印象便主要集中於周作人與沈、俞、馮三人的通信，而事實上在這部書信中，大量的像之前已經發表過

〔註14〕　參見止菴校訂：《周作人書信》目錄，《周作人自編集》，北京：北京十月文藝
　　　　　出版社，2011。
〔註15〕　周作人：《與廢名君書十七通》，見止菴校訂：《周作人書信》，收入《周作人
　　　　　自編集》，第111頁。
〔註16〕　阿英：《〈周作人書信〉》，見氏著：《夜航集》，上海：良友圖書印刷公司，1935，
　　　　　第111頁。

的《山中雜信》、《與友人論國民文學書》、《與友人論性道德》等皆不是阿英所概述的那種風月之作，尤其是其中《南北》一篇就絕不是一封閒談的書信，而是針對 1926 年北伐之際所生「南北之爭」而發的諷刺語。但是不僅是阿英，在當時的讀者中間，對《書信》的首先觀感就是如此。事實上，這也從一個角度說明，周作人在序信中所作的自我闡釋和引導是非常有效的，《太白》1卷 8 期周木齋評《周作人書信》一篇就幾乎沒有超出周自己的評定，述及書與信的分別，尺牘與古文的對立等〔註17〕。我們甚至不能說這在當時是來自於一種讀者的誤解，因為事實上，這正是周作人本人表達和剪輯的結果，而且在他一開始就給出的那個來自古文譜系的對「書信」的特別命名，就已在一定程度上造成了一種對讀者的限制，或者說是閱讀障礙：書信在他這裡並不提供通常所期待的個人隱私和情事故事，而另以一種挑戰讀者的期待視野的「無聊」和瑣碎來編織其「日常」。顯然，這種挑戰除了是針對魯迅的書信集，另一方面也來自他對自家所理解的那個「生活」和「文學」的在表達上的一種過分渲染，或稱為「有意」。

這種「有意」的後果在 1933 年之後就顯示出來了，面對當時已幾乎一邊倒的輿論批判和諷刺，周作人不得不對早前所刻意經營的意象——如吃茶、古董、打油詩等——一一作出解釋。我們通常認為，周作人、包括其「苦雨齋」意象的整個營造，都在於提示一種他在進入三十年代後的「退」與「變」，這在當時的輿論中也是一種主導的看法。但事實上，周作人本人對所謂名士氣始終保持著一種精細的區分和某種程度上的否定。在《笠翁與隨園》一文中他便以「印」為例，比較了李漁的「雅」和袁枚的「俗」，稱古來愛印之人無非是在使用之外更多一點愛惜珍重之意，正同「木工之於斧鑿，農夫之於鋤犁」〔註18〕是一樣的態度，隨園偏好多面刻的印，正是華而不實，貪且小器的趣味，而笠翁講房屋器具注重實用，華實兼備，以為較之隨園高明得多，藉以表明自家對庸俗的名士氣的不屑。三十年代在小品文遭到魯迅的迎頭痛斥下，周作人也一度在其文章中不斷進行影射反駁，正如前面說，不僅對包括趣味、擺設、古董、喝茶等被左翼引為戲謔的意象都一一作出辯解，甚至針對魯迅晚年與鄭振鐸重印《十竹齋箋譜》，也刺之為「維新古玩鋪」，更反擊「夫刻木板已『玩物喪志』矣，木板而又畫圖，豈不更

〔註17〕周木齋：《〈周作人書信〉》，刊於《太白》，第 1 卷第 8 期（1935 年 1 月 5 日）。
〔註18〕周作人：《笠翁與隨園》，見鍾叔河編：《周作人散文全編》，第 6 卷，第 755 頁。原載《大公報》，1935 年 9 月 6 日。

玩而益喪歟」〔註 19〕。藉以反擊此前左翼對其「玩物喪志」的攻擊。周作人後來不斷表白，所謂「趣味」不過是一種生活的態度，人各異面，只有各自保存本來的樣子、個性，才能有生氣〔註 20〕，同樣喝茶、讀書也不外乎一種習慣，正與普通人的一點平常嗜好相同，並沒有標榜的意思。但是我們回到最初的語境中──在尚未經過這番退讓的解釋之前──他用文辭、交遊、媒介所營造、呈現的那種出離於當時語境的生活姿態，顯然不能說不是一種標榜，甚至是一種挑釁，當然挑釁的訊息立即便被接收到了──被視爲一種復活的士大夫情趣，及一種與左翼話語截然相對的出世面目。

把這個問題退至 1928 年左右，周作人一邊推薦著廢名的文章，一邊言說著一種文學的無用，其實針對的正是革命文學。他當時發表的意見主要有：文學應不具有煽動的能力；文學是表現情意的，是情緒的產物；新文學應當兼及文章與內容雙方面；文學是生活、現實的補足，而非實在；文學只是人之間溝通的一種媒介，猶如談話、寫信……〔註 21〕這些意見幾乎都是夾雜在當時對革命文學、左翼文學的回應中發出的。而事實上，1932 年《中國新文學的源流》所拋出的系統論點追蹤其來源，與二十年代末那一場他似乎並沒有深入參與的革命文學論爭是具有直接關聯的──通過將文學局限於一種表情達意的基本層面，來駁斥那種賦予文學的以替代事功的使命。回顧二十年代末革命文學論爭中周氏兄弟的態度，魯迅說：「革命文學家風起雲湧的所在，其實是並沒有革命的。」〔註 22〕一針見血地指出了革命／文學這一套話語的內部悖論。對革命與文學之間的這種可疑的必然聯繫，周作人也同樣持否定態度，用他的話講即所謂在中國的「文字的魔力」：「在秀才階級支配著思想的中國，雖然實際上還是武帝和財神在執牛耳，文章卻有他的虛榮……所以說關聖帝君必得說他讀《春秋》，說岳爺爺也必得舉出他的一首《滿江紅》來」〔註 23〕。這種文學所承擔的錯位的話語權力以及作爲幫閒的

〔註 19〕 周作人：《十竹齋的小擺設》，見鍾叔河編：《周作人散文全編》，第 6 卷，第 669 頁。原載《文飯小品》，第 5 期（1935 年 6 月 25 日）。

〔註 20〕 周作人：《笠翁與隨園》，前揭，第 754 頁。原載《大公報》，1935 年 9 月 6 日。

〔註 21〕 各觀點參見《半封回信》（《周作人散文全編》第 5 卷），《死文學與活文學》（《周作人散文全編》第 5 卷），《文學與常識》（《周作人散文全編》第 5 卷），《〈桃園〉跋》（《周作人散文全編》第 5 卷），《文章的放蕩》（《周作人散文全編》第 6 卷）等。

〔註 22〕 魯迅：《革命文學》，《而已集》，見《魯迅全集》，第 3 卷，第 568 頁。原載上海《民眾旬刊》，第 5 期（1927 年 10 月 21 日）。

〔註 23〕 周作人：《文字的魔力》，見鍾叔河編：《周作人散文全編》，第 5 卷，第 685

秀才們的虛榮，都指示出一種在中國傳統下，文學本身的荒誕角色——它作為附庸而支配著思想。正如周作人諷刺蔣觀雲之詠盧梭「文字成功日，全球革命潮」，這正是一種典型的中國文人的幻覺，因此在他看來，想憑藉著革命文學來引起革命，則同「以前的舊派人物以讀了四書五經，諸子百家等的古書來治國平天下的夢想」〔註24〕一樣來得虛妄。另一方面，周作人與魯迅的區別在於，周更進一步指證出革命文學所仰賴的階級基礎或民眾話語本身的靠不住。二十年代中以後周作人思想的一個大轉變就是對以往的民粹主義立場，包括其一直作為文化研究之基礎的民俗學所生出的一股深刻的懷疑：「中國有『有產』與『無產』這兩類，而其思想感情實無差別，有產者在陞官發財中而希望更升更發者也，無產者希望將來陞官發財者也，故生活上有兩階級，思想上只有一階級，即為陞官發財之思想。」〔註25〕二十年代中以後日益膨脹的「階級」話語實成為當時社會的一種普遍壓力，周作人對群眾理論的反應成為三十年代他之與魯迅相對峙的一個重要方面，「許多運動家還是浪漫派，往往把民眾等字太理想化了，憑了民眾之名發揮他的氣焰，與憑了神的名沒有多大不同」〔註26〕。周作人對革命文學的深刻懷疑不僅在於認為文字之功能的有限，同時也是一種源自五四的立人觀念的延伸，中國人身上的鬼，群鬼，僵屍是比階級來得更為根本的一種存在，因此在立人尚未成功之前更無所謂來自某階級的道德優勢，或民眾信仰。但魯迅後來在某種程度上隨著與共產黨及左翼的和解，在淡出革命文學論爭的同時，也始終對群眾之力保持著一種公開的讚助。1934 年針對杜衡所作《莎劇凱撒傳裏所表現的群眾》一文中對於「群眾」的「詆毀」——「他們沒有理性，他們沒有明確的利害觀；他們底感情是完全被幾個煽動家所控制著，所操縱著」〔註27〕——魯迅便連續寫下了《「莎士比亞」》，《又是「莎士比亞」》，《「以眼還眼」》三篇，提出英雄，不過是群眾的餘興的論調。周作人在魯迅逝世後曾一度試

頁。原載《駱駝草》第 9 期（1930 年 7 月 7 日）。

〔註24〕周作人：《文學的貴族性》，見鍾叔河編：《周作人散文全編》，第 5 卷，第 417 頁。原載《晨報副刊》，1928 年 1 月 5 日。

〔註25〕周作人：《爆竹》，見鍾叔河編：《周作人散文全編》，第 5 卷，第 348～349 頁。原載《語絲》，第 4 卷第 9 期（1928 年 2 月 9 日）。

〔註26〕同上，第 349 頁。

〔註27〕杜衡：《莎劇凱撒傳裏所表現的群眾》，刊於《文藝風景》創刊號（1934 年 6 月）。

圖澄清，魯迅近年來實被「利用」、「挾持」，而其眞正的思想動源乃是一種「對於中國民族的深刻的觀察」，以及「對於中國民族抱著那樣一片黑暗的悲觀」和深知「世間的恐怖」〔註 28〕，並論斷凡是其「牧歌式的小說」都非佳作，這種說法在當時立即遭來了左翼的抨擊。但這也表明，他本人，以及他對魯迅的理解均保持在「五四」反思人性的層面而不曾棄捨。這也就決定了他之與二三十年代之間那一具有壓倒性勢力的「群眾」、「階級」話語的某種隔閡。但也正是這樣一種在新文化分化後，因來自群眾的某種道德的和歷史的先鋒姿態而造成的啓蒙的受挫，構成了周作人在二三十年代之際對自我表達進行調整的一個契機。正如魯迅之曾被革命文學派斥爲「落伍」一樣，周作人在當時的這一所謂先鋒與落後的歷史瞬間所反而表達出的一種「向後的」姿態中，卻不期然顯示出了另一種借鏡於歷史景觀的「預告」。他反身向歷史處借來了一條有力的邏輯鏈條，即晚明文，在這條鎖鏈上他再次證明了落後之於先鋒的某種辯證。

第二節　從《駱駝草》到《書信》：建立一種文風和形象

在三十年代初周作人所營造的那一「文與人」的系統中，能夠進行的對話是有限的，只包括與他的弟子，與古今中外所揀選的賢者文章，或如他說一些「有緣的」讀者，《周作人書信》在某種程度上就是這一時期的典範。他重新塑造了一個「文」的系統，這個系統有拒斥性，同時也有門檻。正如下一章在談小品文運動時還會說到，在當時的新文壇能與之進行有效對話的可能只有魯迅，但即便是魯迅也曾在與施蟄存關於《顏氏家訓》的論爭中發生錯誤。魯迅在《撲空》一文中引《顏氏家訓》「齊朝有一士大夫」一篇諷刺現下推古文者實在教人些「苟全性命於亂世」的謀身法，後即遭到施蟄存的諷刺：「我明明記得，《顏氏家訓》中的確有一個故事，說教子弟學鮮卑語，學琵琶，但我還記得底下有一句：『亦不願汝曹爲之』，可見顏之推並不勸子弟讀外國書。」〔註 29〕魯迅在此後亦不得不發出「正誤」〔註 30〕，客觀上也是

〔註 28〕周作人：《關於魯迅》，見鍾叔河編：《周作人散文全編》，第 7 卷，第 434 頁。
　　　　原載《宇宙風》，第 29 期（1936 年 11 月 16 日）。
〔註 29〕施蟄存：《突圍》，轉引自魯迅：《準風月談》，見《魯迅全集》，第 5 卷，第 372

承認了自己對這方面資料的不熟悉。

　　事實上，除了這一由《書信》建構起來的在人事、姿態上的自足，這一階段周作人在其文學使用和書寫中亦顯示著一種相對內向的方式。像三十年代《大公報・文藝副刊》時期，這一在北方學界影響頗大的媒介上他所給出的文字，包括「夜讀抄」系列等，就顯示了一種對讀者的疏離和拒絕。1934年的《夜讀抄》後記中他這樣寫道：

　　　　據說，看人最好去看他的書房，而把書房給人看的也就多有被看去真相的危險。亂七八糟的舉出些書籍，這又多是時賢所不看的，豈不是自具了沒落的供狀？不過話說了回來，如我來鼓吹休明，大談其自己所不大了然的聖經賢傳，成績也未必會更好。忠臣面具後邊的小丑臉相，何嘗不在高明鑒查之中，畢竟一樣的暴露出真相，而且似乎更要不好看。孔子有言曰，人焉廋哉，人焉廋哉！我們偶然寫文章，雖然一不載道，二不講統，關於此點卻不能不恐慌，只是讀者和批評家向來似乎未能見及，又真是千萬僥倖也。〔註31〕

子曰：「視其所以，觀其所由，察其所安。人焉廋哉？人焉廋哉？」〔註32〕這裡，周作人顯然在暗示著一種關於自家文章的「秘密」：那怕「被看去真相」的危險和憂心背後，恰恰正是「讀者和批評家向來似乎未能見及」〔註33〕的遺憾。事實上，這一時期在關於文章的表達和傳佈上，周作人是非常矛盾的。以《夜讀抄》為例，他自三十年代初便著意經營的那一文章的「藏」和「隱」中，他那刻意收斂的「說教」仍不能避免地在文章的縫隙裏爬上來，如 1933年 10 月 14 日《大公報・文藝副刊》上載豈明的《〈蠕範〉》，在作為讀書筆記之外要點出的其實就是一句「要做健全的人，須先做健全的動物」，文明人「遏塞本性的發露，卻耽溺於變態的嗜欲」〔註34〕。這幾乎成為他這一時期的特

　　　　頁。原文載《申報・自由談》，1933 年 10 月 31 日，1933 年 11 月 1 日。
〔註30〕參見魯迅：《〈撲空〉正誤》，《準風月談》，見《魯迅全集》，第 5 卷，第 371
　　　　頁。原載《申報・自由談》，1933 年 10 月 24 日。
〔註31〕周作人：《夜讀抄・後記》，見鍾叔河編：《周作人散文全編》，第 6 卷，第 369
　　　　～370 頁。作於 1934 年 9 月 17 日。
〔註32〕《論語・為政第十》，見楊伯峻譯注：《論語譯注》，北京：中華書局，1980，
　　　　第 16 頁。
〔註33〕周作人：《夜讀抄・後記》，前揭，第 369～370 頁。作於 1934 年 9 月 17 日。
〔註34〕周作人：《〈蠕範〉》，見鍾叔河編：《周作人散文全編》，第 6 卷，第 184～185
　　　　頁。原載《大公報・文藝副刊》，1933 年 10 月 14 日。

色，甚至因爲在《大公報・文藝副刊》上的集中發表，對編者沈從文都有所影響，與《〈蠕範〉》同期載有沈從文的《驢子故事》是一篇寓言小品，包括之後同一時期的《文學者的態度》，《知識階級與進步》，《打頭文學》等幾篇重要文評，沈從文都一度放棄了自己在批評上的直接風格，而嘗試了一種可以稱之爲「興」的筆法，即一種對意義的曲折的引渡。不僅如此，就全部《副刊》的印象而言，在這極短期的兩人的遭遇中，的確存在著一種爲文上的交集，沈從文在一開始的確嘗試著向周作人模仿那種文風上的含蓄、曲折。雖然之後因捲入「京海之爭」他其實很快放棄了這種嘗試，但是周作人在《大公報》這一當時北方媒介的重鎮上所顯示的文學表達的方式和態度，爲當時雄心勃勃開始對文壇發言，並意欲塑立一種新的「文學的尊嚴」的沈從文所採納，恰恰也說明了周作人在這裡所提供的其實正是另一種「載道」之法，只不過這種表達方式是消極的。周作人自二十年代末起便開始逐漸淡出先前的事件性與社會話題，而轉入一種他所稱的「文學的心情」，「不汲汲於功利，但也不是對於人事完全冷淡」〔註 35〕；沈從文在三十年代的主要戰場雖然也是針對文學，但是他對文學所寄寓的另一種同樣是「功利主義」的期待卻是與周作人不同的。我們可以看到，沈從文最後仍選以一種掃描的方式對文壇發言，並欣然進入當時的論爭場域，這在當時寧肯以「閉嘴」、「拒絕」來表達抗議的周作人是已不屑爲之的。

談及周作人圈子的形成，《駱駝草》是一個必要提及的載體。但與《書信》不同，《駱駝草》在創辦之初其實是按照早前《語絲》的思路來計劃的。雖然魯迅在當時評價道，「沒有《語絲》開始時候那麼活潑」〔註36〕，但是《駱駝草》的確也不像後來《書信》所表現的那樣聲明一種有意的封閉。我們看當時《駱駝草》的負責人主要是廢名，他不僅負擔了主要的編輯工作，而且三十年代的兩部重要作品《莫須有先生傳》和《橋》也都連載於此，甚至成爲後期《駱駝草》的重要稿源。周作人在二十年代宣佈摘下文學家的招牌後於今再次掛牌開張，在一定程度上也可以說是來自當時廢名、馮至這些文壇後輩的積極推動。1930 年致江紹原的信中，就寫道：「近來有兩個朋友（馮至、

〔註35〕周作人：《〈聊齋鼓詞六種〉序》，見鍾叔河編：《周作人散文全編》，第 5 卷，第 514～515 頁。作於 1928 年 11 月 21 日。
〔註36〕魯迅：《致章廷謙》（1930 年 5 月 24 日），見《魯迅全集》，第 12 卷，第 235 頁。

馮文炳）發起一種小刊物，名為《駱駝草》，創刊號當於十二日出來，我被拉在客作地位，隨時須寫一點，這於我亦有好處，省得再那樣懶下去，不過近日覺得可說的話愈少了，亦是一件難事耳。」〔註37〕查看《駱駝草》週刊，這種說法與後來周作人在全部 26 期刊物中所承擔的分量和角色基本是相符的。

談論《駱駝草》，研究者往往已習慣於將其與之前周作人曾公開提及的「駱駝社」相承接，以表示兩者在人事、概念上的延續性，但這一點其實並不像我們想當然的那樣確鑿。周作人提及的「駱駝社」主要成員非常有限。孫玉蓉曾考證，「駱駝社」在 1924 年便已成立，並籌劃出版《駱駝》雜誌，周作人在 1926 年再次提及此事的《代表「駱駝」》一文則幾乎是一篇標準的發刊詞，據他描述，當時屬於「駱駝」的成員就只他與張鳳舉、徐祖正三人〔註38〕，1926 年《駱駝》由北新書局出版一期即停刊〔註39〕。1930 年《駱駝草》的出版在一定程度上的確可以算作舊事重提，但從最初幾期的規劃來看，廢名等作為主持者在其中透露出的聲音、乃至抱負都與早前的那一「駱駝」之間有著一種微妙的差異。我推測，1924 年駱駝社的成立在其最初的動機上極可能源於周作人與魯迅失和，據魯迅日記，1924 年 6 月 11 日，他返八道灣取書器時與周作人及其妻發生衝突，他這樣寫道：「又以電話招重久及張鳳舉、徐耀辰來，其妻向之述我罪狀，多穢語」〔註40〕。研究者早已猜測，張、徐二人作為當時周氏的密友，幾乎是事件唯一的親歷者，並且從魯迅的記述來看，二人也顯然是站在周作人一邊的。因此，1924 年起就開始醞釀的這一「駝群」在某種程度上其實也只稱得上是一個密友圈。陳子善在《徐祖正與駱駝社》中曾考證，據周作人日記記載，1925 年至 1926 年就曾有五六次關於駝群聚會的記載，其中參與者最多可達十二人，而在最後周氏的正式聲明中所屬原始駝群的卻只三人〔註41〕。陳子善也斷言這可能不是一個嚴

〔註37〕周作人：《與江紹原書三通》，見鍾叔河編：《周作人散文全編》，第 5 卷，第 624 頁。

〔註38〕周作人：《代表〈駱駝〉》，見鍾叔河編：《周作人散文全編》，第 4 卷，第 678 頁。原載《語絲》，第 89 期（1926 年 7 月 26 日）。

〔註39〕參見孫玉蓉：《談駱駝社、〈駱駝〉和〈駱駝草〉》，刊於《魯迅研究月刊》，1997 年第 8 期。

〔註40〕引自魯迅日記（1924 年 6 月 11 日），見《魯迅全集》，第 15 卷，第 516 頁。

〔註41〕參見陳子善：《徐祖正與駱駝社》，刊於《時代週報》第 137 期，2011 年 7 月 7 日。

格意義上的文學群落，而更恰當的只是一個友人圈。不僅如此，周作人對這一駝群成員的專門聲明也是頗值得玩味的，在《代表「駱駝」》中他特別指出：「幫助我們的朋友也有好些，不過那不算是駝員之一，即如江紹原雖然通曉『駱駝文』，卻也不是其中的一隻，如沈君所說，至於江譯文中的某地駱駝自然更無關係了。」〔註42〕周作人與江紹原可謂往來頻繁，江也一向是研究界所公認的苦雨齋四弟子之一，但是周作人的這一段聲明卻有些令人費解，只能說當時他所屬意建立的是一個狹小的圈子，並且在圈子的人選和範圍上也具有相當的封閉性，這種態度與後來以《書信》的形式所有意構築的另一圈子似乎頗有些相似，即一種不約而同的排斥性。

回到《駱駝草》，廢名、馮至、徐玉諾等一批當時的青年文人在北方簇擁著周作人重建這一陣地時，顯然在旨意上已與先前稍異。綜觀《駱駝草》全部 26 期，雖然在發刊詞中聲明「不談國事」，「不為無益之事」，「不惹事」〔註43〕，但是卻在第一期即登出丁武（係廢名）的《〈中國自由運動大同盟宣言〉》一文，文章一開首便不客氣地寫道：「新近得見由郁達夫魯迅領銜的《中國自由運動大同盟宣言》，真是不圖諸位之喪心病狂一至於此。」〔註44〕在文中，廢名非常老辣地諷刺發起這次宣言的魯迅等亦不知是躲在哪個階級下，稱古來秀才鬧事總不是造反，而是圖招安之策。發起挑戰，引起爭論，這幾乎已是五四以來現代期刊用以製造輿論影響的慣用伎倆，更不用說早前《新青年》時代那一「偽造」的爭論事件。可以看出，在《駱駝草》第一期就登出這樣火藥味十足的挑釁文章，也極可能是編者的一番苦心和有意安排。當時在滬上的魯迅顯然也讀到了這篇文章，並在致友人的信中寫道：「《駱駝草》已見過，丁武當係丙文無疑，但那一篇短評，實在晦澀不過。以全體而論，也沒有《語絲》開始時候那麼活潑。」〔註45〕可以看出的是魯迅顯然收到了來自這篇短評的挑釁訊息，但他似乎並未對此在意，而是將之與《語絲》並舉，顯然也是接收到了這本期刊所傳達的另一面訊息，即它並非如其宣稱的那樣標榜一種「無為」，而恰恰是在追隨《語絲》時代的風格和門路，但

〔註42〕周作人：《代表〈駱駝〉》，前揭，第 679 頁。原載《語絲》，第 89 期（1926年 7 月 26 日）。

〔註43〕《〈駱駝草〉發刊詞》，刊於《駱駝草》周刊，第 1 期（1930 年 5 月 12 日），第 1 頁。

〔註44〕丁武：《〈中國自由運動大同盟宣言〉》，刊於《駱駝草》，第 1 期（1930 年 5月 12 日），第 8 頁。

〔註45〕魯迅：《致章廷謙》（1930 年 5 月 24 日），前揭，第 235 頁。

可惜的卻是其「晦澀」和「不夠活潑」。在二三十年代的文壇，魯迅是一個非常特殊的存在，正如他自己說有時候願意犧牲爲一個靶子，受人攻擊，因爲他非常懂得只有引起爭論才能引起關注的道理，因此二十年代末與創造社、太陽社的論爭如此激烈而最終仍可歸於和解即來自他的這種犧牲精神。事實上，不僅是左翼，在當時文壇，說得難聽些，若誰被魯迅攻擊，或對魯迅發起攻擊，便極可能有機會暴得大名，這是文壇登龍術，因而挑戰魯迅的確在當時不失爲一種期刊策略。因此，當廢名的這頭一炮並未獲得魯迅的公開回應後，即在《駱駝草》第三期再次發表《閒話》，不得不重新提醒讀者：「因了郁達夫魯迅的《中國自由運動大同盟宣言》，我刺了魯迅先生一下。」〔註46〕不僅如此，在這篇文章中，廢名拋出了他對於魯迅的一句著名的批評：「『前驅』與『落伍』如果都成了群眾給你的一個『楮冠』，一則要戴，一則不樂意，那你的生命跑到那裡去了？」〔註47〕這幾乎與周作人諷刺魯迅在普羅運動中是被青年抬著跑的傀儡是一樣意思〔註48〕，而廢名的批評更爲直接，甚至它的鋒芒已幾乎不遜於前一時期來自創造社、太陽社的進攻。

　　一個更明顯的例子是，《駱駝草》從第二期起便在首篇顯要位置登載了徐祖正的議論文系列，一連三期。如第二期的《對話與獨語》便以主客對話的方式談論文藝上的個人主義與集團主義之關係，作者一方面強調：「爲要擺脫政治社會的束縛，維護個人主觀的尊嚴，因此才有文藝思想的園地」〔註49〕，同時又對這種個人主義的文藝觀作出界定：「主唱個人的尊嚴這裡面並不包含對於團體國家的無視。團體國家須要建築在有健強的判斷，有明敏的思索，有豐厚的情感的個體上的。」〔註50〕作者否定左翼的集團主義方式，認爲左翼在文藝上的集團作戰實際與合夥打劫無異，並且其中頗多假裝抬轎的盜匪、奸雄之流，而將時代的進步形容爲一種「各個人的登山」：「一個新時代之到來猶之乎跋涉崎嶇的山路最後達到嶺頭駐足觀賞嶺外的廣闊佳好的風景一樣，到那時一同經過了悠長勞苦的跋涉，個個人一頭揮汗捶足一頭欣賞那個風景。」〔註51〕顯然，在這裡，個人主義與集團主義的辯證

〔註46〕丁武：《閒話》，刊於《駱駝草》周刊，第3期（1930年5月26日），第6頁。

〔註47〕同上，第7頁。

〔註48〕周作人：《〈蛙〉的教訓》，前揭。原載《華北日報》，1935年4年24日。

〔註49〕祖正：《對話與獨語》，刊於《駱駝草》周刊，第2期（1930年5月19日），第1頁。

〔註50〕同上。

〔註51〕同上，第2頁。

關係仍未超出周作人在五四時代所設定的個人主義的人間本位主義的主張，即在立人的思路上尋求一種最終的共同的進步。徐祖正通過這樣一些明確的發言，實際上表達了《駱駝草》在文藝、政治上的態度，較之之前的《發刊詞》更爲直接、有效。不僅如此，這也在一定程度上表達了一種與當時左翼文學進行對話的衝動。雖然周作人在《駱駝草》時期表現了一種非常低調的收斂，我們看他當時刊載在上面的小文──《水裏的東西》、《西班牙的古城》、《論八股文》等──幾乎清淡得沒有一點煙火味，但是《駱駝草》這一期刊卻並不因之而同樣清淡，事實上，它所表達的姿態從細節上來看是非常明確而且積極主動的。

除了第三期繼續登載徐祖正同系列的《文學上的主張與理論》，第四期登載《文學運動與政治的相關性》外，我們發現《駱駝草》在第三期出現了「郵筒」一欄。在現代期刊形態上，通訊欄是一個非常重要的版塊，一如之前的《新青年》就是利用通訊欄構築了對話的聲音和言論氛圍，這種通過互動所引起的輿論反響往往較之簡單地呼喊口號、宣傳主張來得更爲有效，這在新文學史上也是被屢次採用的方式了。而此番《駱駝草》亦在本身設置「郵筒」，在一定程度上也顯示了他們在溝通和輿論影響上的某種期待，廢名在一封回信中即表示：「天下人之不棄咱們者，都可以來」〔註52〕。所有通信中最值得注意的是，第五期「郵筒」登載了一封署名廖翰庠的來信，信中指《駱駝草》雖然曾宣言「不談國事」，「立志要當秀才」，但實際表現出來卻是一副「不甘含默」的情形，因此希望《駱駝草》同人既要「談事」，那便不要含糊不清、不痛不癢地談，而應當標舉出一種鮮明的態度，爲期刊扯起一面旗幟，否則便「只給讀者一個莫名的印象罷了。」〔註53〕並在信中特別指出針對周作人：

> 尤其是豈明先生的態度，眞有些好教人悶煞哉，《水裏的東西》，我稍微意識到它是繼續闡明他以前的態度，可是《論八股文》一文，的確有些難以捉摸。他在結束的時候還聲明「我的提議也並不完全是反話或諷刺，」那麼，豈明先生果眞誠心誠意的在提倡八股文了。或者，豈明先生是有另有他意呢？如不然，我願以至誠的

〔註52〕廢名：《致程鶴西》，見《郵筒》，刊於《駱駝草》周刊，第 3 期，第 7 頁。
〔註53〕廖翰庠：《致〈駱駝草〉的編輯先生》，見《郵筒》，刊於《駱駝草》周刊，第 5 期（1930 年 6 月 9 日），第 8 頁。

態度，希望豈明先生能另作些解釋。〔註54〕

這封信在一定程度上非常有效地顯示了我所說的那樣一種周作人本人的爲文與廢名等《駱駝草》的主持者之間所存在的微妙的差異，或者說參差。廖翰庠顯然已注意到，《駱駝草》其實並非像其發刊詞所宣稱的那樣「不談」，而恰恰是有所企圖和抱負的，但是周作人在其中的表現和言辭的遊移卻大大削弱了這一刊物所可能呈現的（如他說）那一「有主張的」聲音。周作人在《駱駝草》時代，乃至到《大公報・文藝副刊》時代都的確保持著一種行文上的內向和對讀者的拒絕。特別是《駱駝草》時期，我們看他登出的幾篇文章，《水裏的東西》、《論八股文》、《西班牙的古城》、《擁護〈達生編〉等》等，尤其是其中《論八股文》一篇幾乎讓當時的讀者摸不著頭腦。他一面在文中大談：「應該大講其八股」，並戲言「在本科二三年應禮聘專家講授八股文，每周至少二小時，定爲必修課，凡此課考試不及格者不得畢業」〔註55〕云云，一會兒正面談八股文之音樂性，一會兒又反面談八股文之奴隸性，總之正話反話間雜難辨；而一面又在文末頗認眞地聲明：「我是想來提倡八股文之研究，綱領只此一句，其餘的說明可以算是多餘的廢話，其次，我的提議也並不完全是反話或諷刺，雖然說得那麼地不規矩相。」〔註56〕這種撲朔的態度在當時引起讀者「莫名」的疑惑是很可以理解的。因此，在給廖翰庠的回信中，周作人即明白表示《駱駝草》上的幾篇文章都是抱著一種老實的研究態度所寫，且其中並沒有什麼外間所謂的隱射之辭：「我如要罵人，也會明白地罵，何必那樣地指桑罵槐，借了什麼金魚啦河水鬼啦來胡說一番」〔註57〕。

而關於這封信，已有研究者發掘〔註58〕，周作人雖然在表面上是回應廖翰庠的，但事實上卻是對當時另一撥人的回應。在1930年北平的《新晨報副刊》上曾發起過一次對周作人的集體圍攻，當時以左翼青年爲主，起因是黎錦明的一篇《致周作人先生函》，以及周作人作爲回應的《半封回信》。黎錦明的信主要在對當時革命文學霸佔文壇，以及像周作人這些前文壇領袖的處

〔註54〕　同上。
〔註55〕　周作人：《論八股文》，見鍾叔河編：《周作人散文全編》，第5卷，第657～658頁。原載《駱駝草》周刊，第2期（1930年5月19日）。
〔註56〕　同上，第661頁。
〔註57〕　周作人：《致廖翰庠》，見《郵筒》，刊於《駱駝草》周刊，第5期，第8頁。
〔註58〕　參見丁文：《周作人與1930年左翼文學批評的對峙與對話》，刊於《中國現代文學研究叢刊》，2009年第5期。

於「沉默」表示不滿，並敦促周作人出山「主持」。對此周作人並未作正面回應，而在回信中間接地將文學區分爲兩種：「知的文學」與「力的文學」，顯然在他看來，自家的文學當然是「知的文學」；而對於革命文學他雖然聲明不談，但是也間接地表示了對載道文學的否定，並斷言「文學沒有什麼煽動的能力」〔註 59〕。而此後引發的來自左翼文壇的批判也幾乎可以想見，無非圍繞文學的功用的辯論以及對周作人姿態的批判等，但是在這場爭論中的一個非常有趣的現象卻是周作人採用的應對技巧或策略。

丁文在《周作人與 1930 年左翼文學批評的對峙與對話》一文中已經追蹤出了當時周作人與左翼之間的如下互動線路：谷萬川《文學果無「煽動能力」耶？》回應周的《半封回信》，而周的《金魚》則又是回應谷文，谷隨後即作《答覆周啓明先生》，而周作人最後卻選擇在《新晨報》登出啓事，聲明《金魚》並非「答覆貴刊批評而作」〔註 60〕。除此外，便是上文所錄來自《駱駝草》「郵筒」上的再次「聲明」。可以發現，在這一條線路中，《金魚》是其中的一個轉折點，由這篇文章開始引發了雙方間對話的錯位。丁文亦指出，周作人雖然在表面上否認《金魚》是對左翼批評的回應，但是在其字裏行間卻透露著一種虛指的諷刺〔註 61〕。重讀《金魚》一文，明眼人的確都可以從中讀出一種對話的語氣，但要從中眞正梳出某種對應的關係或對象卻又不能，事實上，《金魚》或許確實如周作人所說並不是針對某篇具體文章的。在文章開頭他寫道：天下文章分兩種，一種是有題目的，一種是沒有題目的，有題目的即是「賦得的」文學，是「試帖詩」〔註 62〕，而此番他專以《金魚》爲題卻實是一種反諷的做法，即在一個類似「賦得的」題目下發言消解那題目本身的意義，因此他在文中大談金魚與纏足，則幾乎就是「離題」之言，但最後卻又以纏足繞迴文章開頭所言的「爲文的束縛」上。可以說這篇文章到這裡幾乎是沒有直接針對對象的，而只是在寬泛的意義上指向一種他在後來更進一步明確化的載道與言志文學的對立，但是在這篇文章的最末，周作人

〔註 59〕 周作人：《半封回信》，見鍾叔河編：《周作人散文全編》，第 5 卷，第 628 頁。
　　　　原載《新晨報・副刊》，1930 年 4 月 7 日。

〔註 60〕 周作人：《寫〈金魚〉的月日》，見鍾叔河編：《周作人散文全編》，第 5 卷，
　　　　第 632 頁。原載《新晨報》，1930 年 4 月 23 日。

〔註 61〕 參見丁文：《周作人與 1930 年左翼文學批評的對峙與對話》，刊於《中國現代
　　　　文學研究叢刊》，2009 年第 5 期。

〔註 62〕 周作人：《金魚》，見鍾叔河編：《周作人散文全編》，第 5 卷，第 629 頁。原
　　　　載《益世報・副刊》，1930 年 4 月 17 日。

卻非常不協調地加上了這樣一段尾巴：

> 幾個月沒有寫文章，天下的形勢似乎已經大變了，有志要做新
> 文學的人，非多講某一套話不容易出色。我本來不是文人，這些時
> 式的變遷，好歹於我無干，但以旁觀者的地位看去，我倒是覺得可
> 以贊成。爲什麼呢？文學上永久有兩種潮流，言志與載道。二者之
> 中，則載道易而言志難。我寫這篇賦得金魚，原是有題目的文章，
> 與帖括有點相近，蓋已少言志而多載道歟。我雖未敢自附於新文學
> 之末，但自己覺得頗有時新的意味，故附記於此，以誌作風之轉變
> 云耳。〔註63〕

左翼青年在當時所讀出的挑釁意味大概就是從這最末的一段文字來的。周作人在其中反覆強調的所謂「新文學」、「新文人」所指大概正是先前在攻擊他時頻頻使用諸如「必然被新的機構所否定」，「不配作革命潮流中的新文藝中的威權者」〔註64〕等「新」話語的左翼批評家們，因此他半帶自嘲地諷刺道：「未敢自附於新文學之末」。周作人在《駱駝草》時代，乃至《大公報‧文藝副刊》時代採取的正是這樣一種特殊的文章做法。雖然並不能直接證明這次爭論的後果，但他後來在《駱駝草》上所呈現的那種被認爲是「莫名」的寫作方式卻很可能與之相關；並且從這次論爭開始，周作人逐漸有意識地來構築他關於「載道／言志」的理論框架，並在1932年以《中國新文學的源流》的形式向公眾拋出。

事實上，這種所謂「文章的尾巴」在這一時期周作人的寫作中是很常見的，他曾在《水裏的東西》一篇末尾專門附上過這樣一段：「十八世紀的人寫文章，末後常加上一個尾巴，說明寓意，現在覺得也有這個必要，所以添寫在這裡。人家要懷疑，即使如何有閒，何至於談到河水鬼去呢？是的，河水鬼大可不談，但是河水鬼的信仰以及有信仰的人卻是值得注意的。」〔註65〕正如他在致聊翰庠的信中所言：

> 我寫文章雖然有時喜歡說點遊戲的話，總是想把意思說得明明
> 白白的，然而還是不能使人瞭解，這實在是我的表現力不足之過。
> 在近來這兩篇裏我都在末尾附加說明，老友「某君」還批評我低能

〔註63〕同上，第632頁。

〔註64〕非白：《魯迅與周作人》，刊於《新晨報‧副刊》第622號，第623號。

〔註65〕周作人：《水裏的東西》，見鍾叔河編：《周作人散文全編》，第5卷，第649頁。原載《駱駝草》周刊，第1期（1930年5月12日）。

地多添蛇足，在我爲避免誤解計仍然加上，但是還不夠清楚，我的
確沒有別的方法另作解釋了。〔註66〕

顯然，周作人在當時充分預計到了自己的行文轉變所可能引起的誤會，因此
如他說不顧友人的勸誡，破例在文章中點破自己的「秘密」，這在先前是沒有
的。周氏兄弟高超的諷刺術曾使他們在早前一時的論戰中所向披靡，但是也
帶來了某種理解上的困難。早在 1926 年周作人便曾在《語絲》上發表過一篇
題爲《南北》的小文，旨在諷刺當時把軍閥間的地盤之爭說成南北相仇的謬
論，但這篇文章隨即遭到高長虹的誤解進而攻擊，因此周作人不得不於 1927
年初作出回應，表示：自己的脾氣雖不喜歡說直話，但是高長虹之以爲是在
罵他，卻不知道是從哪裏索來的隱，因道：「其實我那篇《南北》文章雖然晦
澀，只要頭腦稍爲清楚的人，從上下文看來，意思萬不會誤解的。然而長虹
先生既看不懂矣，可奈何？」〔註67〕顯然即使是在 1926、1927 年的語境中，
周氏爲文的某種「晦澀」已在當時青年的解讀中開始產生障礙與誤會了，周
作人在後來也承認自己作文總是不說直話，取一種曲折的方式，而這種方式
即便是進入三十年代，他從先前的社會批評領域轉向文學批評後，也依然沒
有從他身上褪去，甚至更甚；但另一方面，他也開始有意識地去處理和平衡
這種理解上的困難。這便是我們偶而會在其文章的縫隙中見到的所謂「文章
的尾巴」。

而對於周作人這一時期的這種「特殊的文章做法」，最熟悉其精義的莫
過於他的弟子廢名。《駱駝草》第三期的「郵筒」曾登出程鶴西與廢名的通
信，兩人此次談話的主要內容是圍繞「做文章」，程鶴西因在信中感慨如何
拿那人生的意義和生活來做頂好的故事和文章，而被廢名「抓住」進一步敷
衍成了一個關於文人之價值的話題，他說中國文人的傳統中便有學而優則仕
的觀念，如果不仕就彷彿失了他作爲「國民一份子」的資格。在這裡廢名推
崇一種陶淵明式的爲文方式與生活作派，這一點在此信中雖語焉不詳，但後
來在爲其師辯護的《關於派別》一文中就有更具體的說明。《關於派別》一
文的確是目前所見對三十年代周氏所爲的一個最貼合的詮釋，但無奈廢名的
言語和思路一向不甚明瞭，行文隨意而至，反覆纏繞，因此正如魯迅所說實
在「晦澀」不過，連當時《人間世》的編輯林語堂在刊發此文時也不得不特

〔註66〕周作人：《致廖翰庠》，見《郵筒》，刊於《駱駝草》周刊，第 5 期，第 8 頁。
〔註67〕周作人：《「南北」釋義》，見鍾叔河編：《周作人散文全編》，第 5 卷，第 19
頁。原載《語絲》，第 114 期（1927 年 1 月 15 日）。

別加上跋語，稱：「吾讀此文甚得談道及聞道之樂，……此文自有一番境界，恐非常人所易明白，且易啓誤會，非常人所易明白而吾仍必發表之，不得已也。」〔註68〕林語堂顯然也意識到了當時來自左翼陣營的對於周氏態度的誤解與批判，甚至他個人，也明白地表示「此公（指周作人──筆者注）不能救國，亦不能領導群眾」，「只是純然取科學態度求知人生之作者」〔註69〕，因此廢名的文章即便晦澀易被誤解，也仍將之發表以爲辯護。事實上，誤解也的確如期而至，《芒種》半月刊隨後發表的姚雪垠的《京派與魔道》一文便寫道：「在《芒種》第三期上我發表了《鳥文人》，把知堂老人及其手下的稗將嚕囉列入『陶淵明派』，後來廢名在《人間世》上發表了一篇《論派別》，就公然把知堂老人比作淵明，可見他們自己也以爲是十分光榮。」〔註70〕事實上，廢名的這篇文章在當時之所以重要，是在於它明確說明了一點，即周作人寫作的秘密。這個秘密正是三十年代初幾年中周作人所有意藏隱的部分，但這裡通過廢名之口表達出來了。的確如姚雪垠所說，他在文中一開始就將周作人與陶淵明相比附，但是針對世人往往將二人視爲隱逸出世，他辯解道：「隱逸應是此人他能做的事情而他不做，如自己會開河，而躲在沙灘上釣魚」，而他認爲陶、周之爲非隱逸派就在於他們「尚在自己家裏負責任」〔註71〕。這個「自己家裏」指的正是周作人風格中所隱含的一種個人對社會的特別的參與法，如廢名說「若在古不談正統，不談治國平天下，在今不談大眾文學，較之你們亂談，其不同正在一個談字上面」〔註72〕。廢名在這裡所要揭示的這個「談」字，以及這種「談」法便是周作人文章的關鍵所在。他認爲陶淵明和周作人的共同點並不在隱逸，而是二人在爲文上都表現了一種「散文」與「唯物」的心態，他寫道：「陶淵明不是禪境，乃是把日常天氣景物處理得好，然此事談何容易，是誠唯物的哲人也。」〔註73〕

　　林語堂在跋文中曾特別提示讀者注意廢名在文中所錄他與周作人間的一段談話，以爲這種語錄式的記載最能表現人物之性情、意見，廢名在文中所錄之對話如下：

〔註68〕林語堂：《〈關於派別〉跋》，刊於《人間世》，第 26 期。
〔註69〕同上。
〔註70〕姚雪垠：《京派與魔道》，刊於《芒種》半月刊，第 1 卷第 8 期（1935 年 7 月 1 日）。
〔註71〕廢名：《關於派別》，刊於《人間世》，第 26 期（1935 年 4 月 20 日）。
〔註72〕同上。
〔註73〕同上。

　　我曾舉了夜讀抄裏《蘭學事始》這篇文章同知堂先生說，「這種文章給中學生很有益處。」知堂先生點首，又躊躇著道，「我們做文章恐怕還應該做明白一點。」有一回我們幾個人計議，想辦一個雜誌給中學生看，知堂先生又提出「嚴正」二字。有一回我舉論語《學而》三章，我說，「這樣的話眞記得好，其實是人人都難做到的事情，卻記得那麼像家常話。」知堂先生也點頭，又接著道，「有許多事大家都承認的，也不必二加二等於四，這些話我們以前都覺得不必說，以後要看怎麼說的好。」〔註74〕

　　這「不必說」的話「要怎麼說的好」，以及文章「還應該做明白一點」，說的卻是三十年代中期以後周作人在表達上發生的某種鬆動和轉變。這裡所提到的一種「刊物」很像後來的《世界日報‧明珠》。季劍青在《周作人的「新的啓蒙運動」》一文中提到周作人1943年在寫作《懷廢名》時曾明確表示《明珠》來自於當時的一種「新的啓蒙運動」的計劃，這一項計劃在根本上即涉及到一種寫作姿態的調整，也就是上面引文中所說的「文章須做得明白一點」，「可以給中學生讀」的意思，這是後話。廢名在文中不斷將周作人與孔子相比附，稱「知堂是儒家」，知堂的表達是如《論語》一樣的散文式的，而散文與詩的區別就在於，「詩是不隔的」，而「散文是隔的」〔註75〕。這裡，廢名無非是想表達一個意思，即周作人的文章表達是曲折的，並不是像詩一樣直抒胸臆和直截明白。他寫道：「具有散文的心情的人，不是表現自己的快樂，他像一個教育家，循循善誘人，他說這句話並非他自己的意思非這句話不可，雖然這句話也就是他的意思。」〔註76〕顯然，到這裡廢名其實已經道出了周作人此一時期文章的秘密，那就是一種特別的說法、談法，而這種說法、談法也絕不像世人誤解的那樣，以爲周就同他所推崇的晚明一派小品文家一樣直抒性靈，酣暢揮灑，徑由口出。而恰恰相反的，周作人自己並不屬於晚明一派文，甚至截然相反，周作人的「說話」充滿了「隔」，也就是某種意義上的含蓄的教諭。這裡，廢名點出了一個非常重要的關節，周作人因親身引介晚明文，往往也被人們誤以爲是一路風格，這一點誤解連當時積極參與小品文運動的林語堂也不例外。廢名的這篇文章其實就是針對之前林語堂

〔註74〕同上。
〔註75〕同上。
〔註76〕同上。

發表在《人間世》上的另一篇《小品文之遺緒》而發，在《小品文之遺緒》一文中，林語堂拉出了一條「小品文筆調」的脈絡，並將周作人作爲「今日之公安派」放置其中。因此，廢名在這篇文章裏要對「派別」辨析也正出於此，在他看來，周作人與陶淵明皆非公安一類的辭章派，以爲周文、陶詩「切於事情，但不文耳」〔註77〕。事實上，針對這點，周作人自己也有過表述，他在《〈桃園〉跋》中即說過類似的話：「廢名君是詩人，雖然是做著小說；我的頭腦是散文的，唯物的。」〔註78〕師徒倆的這樣一種互證是非常有趣的。

因此，總結起來有幾點：一、周作人在《駱駝草》時代所顯示出的文學表達上的隱晦與《駱駝草》的實際主持者廢名、馮至等所持的積極有爲的辦刊意圖之間其實存在著細微分歧，且因爲周作人本人的影響而使得一般讀者對《駱駝草》本身的印象也幾乎限於一種「不鹹不淡」，甚至近於主張「純文學」的刊物，而事實上，廢名等在最初的期刊設計，乃至後期規劃上都充滿著一種介入當時文學、乃至社會討論語境的企圖，這一點是不容忽視的。二、周作人在《駱駝草》時期（乃至延續到 1933、1934 年左右）的文學表達集中呈現爲一種文學批評的方式，這與之前左翼文學、革命文學的擴張是有直接關聯的，甚至可以說，他極可能是爲了避開與左翼之間的「無謂」的爭論而採取了另一種更加隱晦的表達法——表現爲一種對讀者的拒絕和隔斷；而這種表達上的「秘密」是由廢名揭露的，廢名直言當時大眾將周作人與公安派相併提實是一種誤解，周作人文章的「隔」正在於他所採用的一種散文式的循循善誘的教諭和言說方式。三、從《駱駝草》時代一直到《書信》，周作人都在建構著一種傳達上的限制，這種限制就是提高參與討論的門檻，我們發現即使是在之前關於《金魚》的討論中，左翼青年與他的對話也是完全不得要領，只是揪住個別字句橫加批判；三十年代，周作人正是通過援引諸如晚明文這樣一些古典資源無形中提高了他身邊之「文與人」的臺階，這種限制性和相對封閉性不僅使某些對話變得困難，而且也在一定程度上實踐了他早前關於文藝的「貴族性」的評斷。四、這種封閉性和拒斥性在 1935 年前後卻發生了鬆動，隨著日中局勢的嚴峻或者是魯迅的去世，周作人開始在某種程度上放棄了之前那一對大眾、讀者的高蹈姿態，不僅開始對之前通過《書信》

〔註77〕同上。
〔註78〕周作人：《〈桃園〉跋》，見鍾叔河編：《周作人散文全編》，第 5 卷，第 506 頁。
　　　　作於 1928 年 10 月 31 日，收入《永日集》。

－131－

等營造起來的、大眾印象中的名士形象和趣味一一予以辯駁，同時也幾乎以
一種終於說眞話了的態度將自己幾年來的心底話都誠懇地予以告解，而不復
先前那一挑釁、反諷、老辣的姿態，不僅如此，後期他在文體上也表現爲一
種與魯迅雜文的和解。

1937 年，周作人在《賦得貓──貓與巫術》一文中這樣寫道：

> 大約那時的意思是想寫《草木蟲魚》一類的文章，所以還要有
> 點內容，講點形式，卻是不大容易寫，近來覺得這也可以不必如此，
> 隨便說說話就得了，於是又拿起那個舊題目來……〔註79〕

正如周作人說，這篇同樣以賦得的形式寫就的小文早在《金魚》時代就已醞
釀，而當時的計劃就是與「草木蟲魚」一個路線的，但時當 1937 年他再次提
起此意時，卻變了口吻，明言已不對「形式」執著，而求內容的傳達。1936
年他在《世界日報‧明珠》副刊上發表了一組文章，其中《通俗文章》一篇
中即宣佈：「近來我時常努力想寫通俗文章」〔註80〕，而這種通俗文章正是要
放棄之前那種消極的、對大眾讀者的拒絕姿態，而「預備大家來讀」〔註81〕。
自此，周作人自三十年代初起便著力營構的那一封閉的體系開始逐漸敞開，
小品文所曾經寓意的某種與雜文間的對抗也在一定程度上被消解。

第三節　「藥中要存性」：文學之用

1933 年周作人致江紹原的一封信末〔註82〕鈴了一印「煨藥爐」。「煨藥」
是一個典故，1930 年周作人寫給俞平伯的信中就曾引錄了這一段因緣：

> 顧氏《文房小說》中唐庚《文錄》云：「關子東一日寓辟雍，
> 朔風大作，因得句云，夜長何時旦，苦寒不成寐，以問先生云，夜
> 長對苦寒，詩律雖有對對，亦似不穩。先生云，正要如此，一似藥
> 中要存性也。」覺得此語頗佳，今日中秋無事，坐蕭齋南窗下，錄
> 示平伯，不知以爲何如，但至少總可以說明近日新取廬名之意思

〔註79〕 周作人：《賦得貓──貓與巫術》，見鍾叔河編：《周作人散文全編》，第 7 卷，
　　　　第 552 頁。原載《國聞周報》第 14 卷第 8 期（1937 年 3 月 1 日）。
〔註80〕 周作人：《通俗文章》，見鍾叔河編：《周作人散文全編》，第 7 卷，第 367 頁。
　　　　原載《世界日報‧明珠》，1936 年 10 月 1 日。
〔註81〕 同上。
〔註82〕 周作人：《與江紹原書》（1933 年 3 月 7 日），見鍾叔河編：《周作人散文全編》，
　　　　第 6 卷，第 143 頁。

耳。只是怕人家誤作崔氏瓣香廬一流，來買藥劑也。〔註83〕
周作人之激賞「藥中存性」的意思在於，五四以來「藥」已成一種隱喻，知識分子對於社會病症的發言與療治之方已在某種程度上沁入到他們自身對文學的使用方式與姿態中。尤其二十年代中以後，「病與藥」這一關於啟蒙的最大寓言在幾個方向上發生分歧，其中尤為顯著的就是革命文學。不同的方向都嘗試著開出不同的藥方，「藥」也從一種啟蒙話語下的混沌理念轉向各種明確的社會方案與寫作範式。周作人在談「文」時曾將文章之用概括為三種態度：甲啟蒙，乙營業，丙宣傳，並以為自家作文總是「甲加一點乙」〔註84〕，為著自己能「洩氣」，同時也能給讀者一點好處。「使藥材除去不要的分子而仍不失其本性，此手法如學得，真可通用於文章事業矣。」〔註85〕即既要能為啟蒙之事提供一些益處，但也當不失其言說之獨立性與個體性，三十年代前半期，周作人始終致力的正是這樣一種「藥中存性」的啟蒙或言說姿態。

　　周作人在評價晚明史時曾說：「明季士大夫結黨以講道學，結社以作八股，舉世推重，卻不知其於國家有何用處」〔註86〕，在他看來，時當今日種種文字功用，如宣傳、口號、黨爭，也不過是代聖立言、八股命題，和所謂文章報國一路貨色。而欲解決這個問題，從根本上需要的就是一種「疾虛妄」的精神。周作人後來在描述他對近代散文的推崇時曾明確指出，晚明一脈實出自李卓吾的一點「非聖無法」之氣，在思想氣質上兼具了非權威，「疾虛妄」，「重情理」的精神，而這也正是一種「現代精神」〔註87〕。他之將晚明作為一種補助的啟蒙資源注入新文化與新文學中的原因也在於此，「現今則以中國固有的疾虛妄的精神為主，站在儒家的立場來清算一切謬誤，接受科學知識做幫助，這既非教旨，亦無國屬，故能有利無弊。」〔註88〕「疾虛妄」反對的是韓愈以來文人的一種自大空言之態，也即他所說的「唯心」。三十

〔註83〕周作人：《與俞平伯書七通·之三》（1930 年 10 月 6 日），見鍾叔河編：《周作人散文全編》，第 5 卷，第 602 頁。

〔註84〕周作人：《冉談文》，見鍾叔河編：《周作人散文全編》，第 6 卷，第 623 頁。原載《實報》，1935 年 9 月 29 日。

〔註85〕周作人：《本色》，見鍾叔河編：《周作人散文全編》，第 6 卷，第 883 頁。原載《北平晨報》，1935 年 12 月 30 日。

〔註86〕周作人：《關於命運》，見鍾叔河編：《周作人散文全編》，第 6 卷，第 562 頁。原載《大公報》，1935 年 4 月 21 日。

〔註87〕周作人：《關於近代散文》，見鍾叔河編：《周作人散文全編》，第 9 卷，第 589 頁。作於 1945 年 7 月 27 日，收入《知堂乙酉文編》。

〔註88〕同上。

年代周作人以《中國新文學的源流》等文將晚明文這一潛流挖出——包括沈
啓無的選文——所倚重的正是這樣一種文學理論上的參照價值，林語堂在評
點《近代散文鈔》時也寫道，「在這集中，於清新可喜的遊記外，發現了最
豐富、最精彩的文學理論」〔註89〕。

　　三十年代當周作人出手小品文和晚明文派，作一種出世姿態時，曾被諷
爲「亡國之音」，據此周作人曾專門論證了所謂文學與世道的關係。在《重刊
〈袁中郎集〉序》一文中，他對《禮記・樂記》「亡國之音哀以思，其民困」，
「桑間濮上之音，亡國之音也」這兩種並存的矛盾說法進行了解析。前一者
是以哀思之樂悼悵國之將亡，後一者則指靡靡之音不鼓士氣遂至亡國，周作
人分析了這兩種說辭所代表的不同史觀，進而指證：

　　　　《樂記》云，「情動於中故形於聲，聲成文謂之音」，其情之所
　　以動，則或由世亂政乖，或由國亡民困，故其聲亦或怨怒或哀思，
　　並不是無緣無故的會忽發或怨怒或哀思之音，更不是有人忽發怨怒
　　之音而不亂之世就亂，或忽發哀思之音而不亡之國會亡也。中郎的
　　文章如其是怨以怒的，那便是亂世之音，因爲他那時的明朝正是亂
　　世；如其是哀以思的，那就可以算是亡國之音，因爲明末正是亡國
　　之際……正統派多以爲亡國由於亡國之音，一個人之沒飯吃也正因
　　爲他的先面黃肌瘦，或生楊梅瘡乃由於他的先沒有鼻子。〔註90〕

他對「亡國之音」的辯駁再次證明了他對文學的理解，魯迅亦曾說過中國古
來已習慣於將亡國之罪推給文人美女，但事實上就算是魯迅本人也在整個二
十世紀同樣地被塑造和傳說著一個關於棄醫從文的救國「神話」，即周作人所
說文字在中國擁有著一股強大的魔力和虛榮，而他本人之揚言「棄文就武」〔註
91〕也就是在這種語境下。周作人不僅反駁樂音哀思以致亡國這一說法的不
通，強調亡國之音實在是一種對政道不滿的消極的反抗，是一種對國家之行
將瓦解的哀鳴。正如他在解讀中國的「隱逸」時指出，那正是一種以沉默和
退步來表達抗爭的政治的姿態：「中國的隱逸都是社會或政治的，他有一肚子

〔註89〕林語堂：《論文》，見俞元桂編：《中國現代散文理論》，南寧：廣西人民出版
　　　　社，1983，第 52 頁。
〔註90〕周作人：《重刊〈袁中郎集〉序》，見鍾叔河編：《周作人散文全編》，第 6 卷，
　　　　第 405 頁。原載《大公報》，1934 年 11 月 17 日。
〔註91〕參見周作人：《棄文就武》，見鍾叔河編：《周作人散文全編》，第 6 卷，第 511
　　　　頁。原載《獨立評論》，1935 年 1 月 6 日。

理想，卻看得社會渾濁無可實施，便只安分去做個農工，不再來多管」〔註92〕。在這裡，積極與消極並出一源，只是一個知其不可而爲，一個而不爲罷了；甚至對周作人而言，比起用強制的手段去號稱拯救他人的靈魂（或者說「革命」），還實在不如自行「荷蕢植杖」來得無害於人間〔註93〕。

因此，周作人進一步將這一「亡國之音」的寓言改換成了另一種表達方式：「應用《樂記》裏別一句話來包括才對，即是『亂世之音怨以怒，其政乖』。」〔註94〕樂音怨怒正因其世之亂，其政之乖，而從「亡國之音」到「亂世之音」的轉換，實際上表達的是一種關於文學之功能的界定，即如他早在1928年反撥革命文學時所說，文學雖與社會運動同出於某種現世的不滿或苦悶，但文學就其功能上是表現性的，「（文學）單表現一種苦悶，一處理想，表現的手段與方法完成後，就算盡了它本身的能事，並不想到實行，或解決或完成其理想」〔註95〕。這雖是要區別於革命文學以文學爲手段喚起革命的目的性行爲，但「表現說」基本代表了周作人這一時期對文學的理解，並且至三十年代《中國新文學的源流》發表之後更進一步引申向了一種「社會論」：文學與社會的關係。換句話說，文學如果祛除了其自以爲能治國平天下的虛榮魔力，或者不再作爲一種政治宣傳或意識形態的工具，那麼它又將以何種方式參與社會、生活，乃至文化歷史的進程？

在這個問題上，魯迅的反撥是值得思考的。1933年在評價當時的小品文潮及其所帶出的名士趣味時他曾說：

> 感覺的細膩和銳敏，較之麻木，那當然算是進步的，然而以有助於生命的進化爲限。如果不相干，甚至至於有礙，那就是進化中的變態，不久就要收梢。我們試將享清福，抱秋心的雅人，和破衣粗糧的粗人一比較，就明白究竟是誰活得下去。喝過茶，望著秋天，我於是想：不識好茶，沒有秋思，倒也罷了。〔註96〕

〔註92〕周作人：《〈論語〉小記》，見鍾叔河編：《周作人散文全編》，第6卷，第521～522頁。原載《水星》，第1卷第4期（1935年1月10日）。

〔註93〕同上，第522頁。

〔註94〕周作人：《重刊〈袁中郎集〉序》，前揭，第405頁。原載《大公報》，1934年11月17日。

〔註95〕周作人：《文學的貴族性》，見鍾叔河編：《周作人散文全編》，第5卷，第413頁。原載《晨報副刊》，1928年1月5日。

〔註96〕魯迅：《喝茶》，《僞自由書》，見《魯迅全集》，第5卷，第332頁。原載上海《申報·自由談》，1933年10月2日。

魯迅所針對的無疑是當時「老京派」與「小海派」結合後在青年和普通文人中掀起的一股復古時髦，矛頭更直指周作人。可以說，魯迅是真正抓住了周作人在三十年代所行實踐的關鍵：「感覺的細膩和銳敏」。魯迅將之解讀為一種雅人的高級標準，在精神進化的鏈條上這無疑是一種更為先進的存在，但在當時的社會情境下，生存或生命的進化尚受到種種威脅，更無須談及這種更為高級的生活的姿態，因此魯迅稱之「進化的變態」。這樣的說法不無道理，周作人所借鏡的晚明正是一個通過精神世界的無比奢靡來應對其所臨世道的殘破的時代。趙園在描繪明清之際士大夫的境遇時曾花了大筆墨來敘述這一批亡國遺民在崩塌之下仍對精緻生活的某種迷戀，她對他們不遺餘力和近乎癖嗜的「營園」之舉表示不解：「到了大廈將傾的崇禎年間，仍有幾位後來殉明的著名忠臣孜孜於經營自家的園林，由後來的事態看過去不免古怪，至少像是有點不智。」〔註 97〕她同樣疑慮的是這一批遺民在面對時局世道與日常生活時所表現的令人不解的分離，「即如意識到『最後時刻』的可能臨近，與繼續興致勃勃地營造寓山園林之間，有些什麼樣的思緒、念頭被迴避了。」〔註 98〕她所感興趣的是其人在其時，或稱為歷史瞬間的心態與情狀，但令人迷惑的是從大量集部，包括私人日記的閱讀來看，他們對日常生活仍充滿著一種不可思議的沉溺，她這樣描述閱讀祁彪佳日記的經驗：

> 當著與友人、與親人、與親人中尤親的妻子相處，「時局」並不隨時在場。你由文字間感染了祁氏的一份單純的喜悅，面對他園中的花木，面對由他精心設計的亭榭樓閣。而由甲申到乙酉，祁氏的生活狀態差異之大，也有可能據此而得到一點解釋。甲申之變後弘光朝那個精明強幹而又刻苦自勵的官員，也正是乙酉年時沉湎於精緻生活的同一個江南士大夫。〔註 99〕

趙園甚至嘗試將這種「差別」揣度為一種因其刻骨難忘而造成的缺席。士大夫們在亡國之際所孜孜追求的這種幾乎奢靡的精緻與優雅，或稱為審美的生或死，都成為晚明一代的心理表徵，而周作人的援引卻在某種程度上重新激活了這種貴族化的姿態。他曾記述胡澹庵被貶十年，北歸之日飲於湘潭胡氏園，旁有侍妓黎姓女，於是吟詩道：「君恩許歸此一醉，傍有梨頰生微渦。」

〔註 97〕趙園：《想像與敘述》，北京：人民文學出版社，2009，第 56～57 頁。
〔註 98〕同上，第 72 頁。
〔註 99〕同上，第 73 頁。

據說後來朱熹見此頗不以爲然，乃更題句云：「十年浮海一身輕，歸對梨渦卻有情，世上無如人欲陷，幾人到此誤平生。」周作人以爲後者簡直「文情惡劣」，透出本人之狹隘的道學氣和虛僞〔註100〕。從這個例子也就可以看出，三十年代周作人所看重的正是這一種「有情」的人生態度，但他的悲哀在於，他的這種貴族化的情感處理卻在很大程度上被當時的語境所誤解，而幾乎被賦予一種中產階級式的庸俗的趣味主義的解讀，正如他後來在爲所謂「閒適」辯解時說：「熱心社會改革的朋友痛恨閒適，以爲這是布爾喬亞的快樂，差不多就是飽暖懶惰而已。然而不然。閒適是一種很難得的態度，不問苦樂貧富都可以如此，可是又並不是容易學得會的。」〔註101〕顯然也意識到了自家之被誤解的程度。事實上，他與魯迅的一個根本分歧就在於，魯迅所稱的那種最基本的生命的或生存的進化危機在他這裡恰恰構成爲一種鍛鍊其「有情」的生存的總體環境和背景，正如他說閒適無關貧富，無關饑飽，而是一種面對生活的坦然之態。

針對當時明季袁中郎等在小品文語境中被塑造的淡遠之象，魯迅曾不止一次提醒大眾：

> 現在正在盛行提倡的明人小品，有些篇的確是空靈的。枕邊廁上，車裏舟中，這眞是一種極好的消遣品。然而先要讀者的心裏空空洞洞、混混茫茫。假如曾經看過《明季稗史》，《痛史》，或者明末遺民的著作，那結果可就不同了，這兩者一定要打起仗來，非打殺其一不止。〔註102〕

魯迅在這裡所揭示的明朝的暴虐、慘烈，以及袁中郎等在他處所表現的金剛怒目之象都成爲當時周作人所援引的那一晚明姿態的有效補充。魯迅的意見也幾乎成爲當時左翼得以對抗小品潮的一種重要資源，他所牽引出的羅隱、皮陸這一脈憤世之隱也成爲後來散文史中的一個重要部分。事實上，周作人本身並非不曉得明季世道的慘烈，但他有意地規避了那一緊張的歷史語境，轉而強調一種文人在世道傾頹之下的「自靖」。「事功」與「自靖」〔註103〕，

〔註100〕見周作人：《宋人議論》，見鍾叔河編：《周作人散文全編》，第7卷，第372～373頁。原載《世界日報》，1936年10月7日。
〔註101〕周作人：《自己的文章》，見鍾叔河編：《周作人散文全編》，第7卷，第350頁。原載《青年界》，第10卷第3期（1936年10月1日）。
〔註102〕魯迅：《讀書忌》，《花邊文學》，見《魯迅全集》，第5卷，第618頁。原載《中華日報·動向》，1934年11月29日。
〔註103〕趙園：《想像與敘述》，第316頁。

或「爲我」與「兼愛」，這一晚明文人所面對的核心命題在周作人這裡一直是
一個極爲矛盾的表達領域，尤其是三十年代前半期當他仍然沉浸在一種有意
的後退姿態中時，這種矛盾在很大程度上是被藏匿的。他有意地越過了魯迅
所強調的那一憤懣和金剛怒目之象，也同時關閉了社會這一解決途徑，而將
解決之道訴諸一種個人的修煉。魯迅曾說，在當時時局下，只有痛感才能鍛
鍊人心不致麻木，而那雅人的薰陶恰正「靠著低訴或微吟，將粗獷的人心，
磨得漸漸的平滑」〔註104〕；他所批判的這種雅人的「感覺的細膩和銳敏」恰
恰正是三十年代周作人所極力培育的，或者用周氏自己的方式來表達就是重
新激活那一個人對日常生活和社會變遷的感觸的神經。自五四以來一直有一
種大的聲音裏挾著人們的感官思緒，正像朱熹批胡澹庵宦海十年卻對梨渦有
情，正是小節處誤此平生。而周作人卻以爲中國人已經被正經面孔綁架得太
久，早已喪失掉了對生活和社會應有的敏感和情意，也正是在這個意義上，
他對林語堂的「幽默」始終讚助，因爲中國人本就不懂得幽默，這個民族需
要的是一種在感官和情感上的重新刷新。三十年代周作人所親身實踐的就是
這樣一種新的「啓蒙」，他不斷地啓用古今中外講解人情物理和基本常識的資
源，向外傳佈著一種關於人之爲人的最基本的知識、倫理和道理，希望通過
自身微弱的努力和影響，在這個行將崩塌的世道之中用那一本無一用的「文
學」再給予世人一點教益。這一方式區別於五四時代的觀念化的啓蒙，而伸
及到人情物理這樣一些通俗層面，因此在那個仍然是「主義」統治的三十年
代，周作人之被誤解也就無可厚非。加之他的態度消極，在當時造成的印象
的確是「爲我」多於「兼愛」。正如他後來在《結緣豆》中寫道：

> 「文章有爲我兼愛之不同」……我自己寫文章是屬於那一派的
> 呢？說兼愛固然夠不上，爲我也未必然，似乎這裡有點兒纏夾，而
> 結緣的豆乃彷彿似之，豈不奇哉。寫文章本來是爲自己，但他同時
> 要一個看的對手，這就不能完全與人無關係，蓋寫文章即是不甘寂
> 寞，無論怎樣寫得難懂意識裏也總期待有第二人讀，不過對於他沒
> 有過大的要求，即不必要他來做嘍囉而已。煮豆微撒以鹽而給人吃
> 之，豈必要索厚償，來生以白豆報我，但只願有此微末情分，相見
> 時好生看待，不至悵悵來去耳。〔註105〕

〔註104〕魯迅：《小品文的危機》，《南腔北調集》，見《魯迅全集》，第 4 卷，第 591
頁。原載《現代》，第 3 卷第 6 期（1933 年 10 月 1 日）。
〔註105〕周作人：《結緣豆》，見鍾叔河編：《周作人散文全編》，第 7 卷，第 361 頁。

他始終在消極地爲自家文章期待一種「有緣人」，那一發生「影響」、「啓蒙」、
乃至「通俗」的願望最終也如播撒幾粒「結緣豆」一樣，「只願有此微末緣分」
〔註106〕。

　　木山英雄在分析中日戰爭期間周作人所作的掙扎時，曾這樣說：他一方
面講求通過「軍艦和民生的抗日」來取代「語言和文字的抗日」，嚴格區分
了「語言文字和實際效應的不同」，但同時他自身作爲一個文學家卻只能「從
無力的前者出發謀求對立一端之具有現實性的後者」，因此在木山看來，這
一悖論性的形式正說明周作人的意見在很大程度上仍只是一種「表現性的東
西」〔註107〕。這一「表現性」體現在文學觀上就是三十年代初周作人在左
翼的壓倒性勢力下對文學功能的限制。然而周作人的無奈在於：一方面已明
瞭文學之能力的有限，以及歷來無限放大文學之虛榮所造成的虛妄士風；另
一方面卻又始終無法脫出自己文學家的身份以及晚清民族主義薰陶下的那
一政治意識，他不止一次地宣稱收起「文學家」的招牌、「棄文就武」就是
在這個意義上。但是文學又如何只是表現性的，能使之在「革命」、「救世」
之外而仍具有一點益世之處，便是三十年代中後期周作人所面對的一大難
題。

　　原載《談風》，第1期（1936年10月10日）。
〔註106〕同上。
〔註107〕木山英雄：《北京苦住庵記——日中戰爭時代的周作人》，第156頁。

第五章　「由京近海」：林語堂與小品文運動

第一節　從「自壽詩」說起

　　六十年代周作人在撰寫《知堂回想錄》時對於三十年代前半期的記錄寥寥，目前看到的只是書中三章：打油詩、日本管窺和日本管窺續。顯然在這部他自認爲「寫得太長了」〔註1〕的三十萬字記錄中，自國民政府成立至中日戰爭爆發間的這一十年，他所撿取的個人事件僅自壽詩和戰爭前夕的日本研究兩塊，而對這一時期具有代表性的、如今已被我們歸屬在京派這一名目下的文學活動卻沒有過多言及。那麼無疑，要考察三十年代周作人自身對京派形成及實踐的參與，「自壽詩」或許就是一個最顯要的事件了。《知堂回想錄》中比較明顯的是，周作人策略地引用了魯迅當時的評價來爲自己辯護：「周作人自壽詩，誠有諷世之意，然此種微詞，已爲今之青年所不了，群公相和則多近於肉麻，於是火上添油，遂成眾矢之的……」〔註2〕。顯然，魯迅的評價是比較中肯的，在六十年代的語境中對之引用也於周作人頗爲有利。但除了這點證明自己並不完全消極的舉證外，在這段敘述中周作人的另一個重要意圖卻是對三十年代所風流一時（至少是在公眾視野中）的「自壽詩」事件進行還原，起始他就說：

〔註1〕　周作人：《〈知堂回想錄〉後序》，見氏著：《知堂回想錄》，第722頁。
〔註2〕　魯迅：《致曹聚仁》（1934年4月30日），見《魯迅全集》，第13卷，第87頁。

　　「二十三年一月十三日偶作牛山體」，這是我那時所做的打油
詩的題目；我說牛山體乃是指志明和尚的「牛山四十屁」，因爲他做
的是七言絕句，與寒山的五古不同，所以這樣說了。這是七言律詩，
實在又與牛山原作不一樣，姑且當作打油詩的別名。過了兩天，又
用原韻做了一首，那時林語堂正在上海編刊「人間世」半月刊，我
便抄了寄給他看，他給我加了一個「知堂五十自壽詩」的題目，在
報上登了出來，其實本來不是什麼自壽，也並沒有自壽的意思的。

〔註3〕

周作人對自壽詩的辯解主要是針對林語堂的轉發而發，暗示冠以「自壽詩」
之名加以傳佈實係林語堂的自作主張。但事實上，在林語堂發表之前，「自
壽詩」早已在公開刊物上亮相，而命名者正是周作人本人。1934 年 2 月《現
代》4 卷 4 期影印刊出了知堂寄趙巨淵的信稿手跡，「二十三年一月十三日偶
做五十自壽詩，仿牛山志明和尙體，錄呈巨淵兄一笑」〔註4〕，這是當時周
作人的原話。稍後《人間世》創刊號才以「京兆布衣知堂先生近影」，搭配
「苦茶庵偶作打油詩二首」，及沈尹默、劉半農、林語堂的和詩手跡隆重推
出，並陸續在 2 期登載蔡元培、沈兼士和詩，3 期再載蔡元培《新年用知堂
老人自壽韻》、疑古玄同和詩等；除此，胡適在其 1 月 17 日的日記中也載錄
了周氏來信，並自和詩兩首。據劉半農 1934 年 3 月登於《論語》的小文所
記，當時和詩的總計有胡適二首，沈尹默四首，沈兼士、俞平伯、徐祖正各
一二首，錢玄同一首，馬幼漁一首，劉自和四首，因此謂之「破天荒之盛事」
〔註5〕。而且據劉半農及錢玄同等的記載，周作人在當時幾乎是逢人即獻出
自家的生日詩，並邀爲和詩，劉半農就寫道：宴集間「知堂老人於腰間摸索
許久，出一紙相示，讀之乃其五十自壽詩也」，並囑「能步原韻見和一首，
則聽君便。」〔註6〕因此有研究者即指出，周作人本人在這次「自壽詩」事
件的傳播和造勢過程中實承擔著不可推卸的責任，甚至是某種程度上的「主
動」〔註7〕，認爲《回想錄》的說法無疑是其自我辯解。

〔註3〕　周作人：《打油詩》，見《知堂回想錄》，第 553～554 頁。
〔註4〕　《周作人五十誕辰之祝賀》，刊於《現代》月刊，第 4 卷第 4 期（1934 年 2
　　　　月 1 日）。
〔註5〕　劉半農：《自批自注桐花芝豆堂詩集》，刊於《論語》半月刊，1934 年第 37
　　　　期。
〔註6〕　同上。
〔註7〕　林分份：《周作人「五十自壽詩」事件重探》，刊於《魯迅研究月刊》，2010

　　但是不可否認，自壽詩在當時圈中的傳佈，乃至周本人的積極推廣與後來林語堂通過媒體渠道所作的推廣二者是根本在兩個層面上的。不管是錢玄同、還是劉半農、乃至當時沒有參加生日宴的胡適都紛紛收到來自知堂老人關於自壽詩的展示，這種展示本身就是一種告訴，即向圈中友人宣佈一種轉變。自壽詩所寓意的轉型信息是相當明確的，即宣佈：自己對二十年代那一淩厲浮躁風格的拋棄。這一點其實並不新奇，自二十年代末以來周作人就已對此反覆提及並付諸實踐，但此時通過自壽詩的展示，實際上構成為一個儀式——這個儀式可以說是他自三十年代初以來所著意經營的那一姿態的一次集中體現和表白，同時也在客觀上促成了那個與滬上文壇相對峙的「北平圈」的一次集體亮相和共同發聲。錢玄同在其和詩之後曾附有這樣的補白：「也是自嘲，也用苦茶原韻，西望牛山，距離尚遠。」並在附信中寫道：「我也謅了五十六個字的自嘲，火氣太大，不像詩而像標語，真要叫人齒冷。」〔註8〕不僅是錢玄同，從當時胡適、劉半農等的和詩來看，周作人詩中的微諷、自苦之意，乃至轉變姿態的訊息都是很容易被接收到的。但問題是，在後續發展中他的態度、主張卻在那一作為事件的「自壽詩」中被放大，對他觀念的傳遞也顯然超出了他先前所組織的那一狹小的文人圈和相對封閉的談話系統。因此在這個意義上，自壽詩不僅成為一個他自身積極參與的文人事件或私人事件，而更因為嫁接於當時滬上的傳媒勢力而成為一個媒體事件。輿論的二度複製、詮釋和宣傳，使自壽詩成為一個引爆當時各種話語角力的媒介，以致超出了周作人本身所提供的訊息和傳播路徑。所以晚年他將此作為一個辯解的重點，著意將自壽詩從一個三十年代的公共事件，重新轉化為他私人的一項文學實踐，正如他在回想錄中說：「那打油詩裏雖然略有諷世之意，其實是不很多的，因為那時對於打油詩使用還不很純熟，不知道寒山體的五言之更能表達，到得十二三年之後這才摸到了一點門路。」〔註9〕

　　這裏所指的「門路」即他作於1947年的五言雜詩《修禊》，諷述「人臘」之典，即「南宋山東義民食人臘往臨安事」，其中就有「猶幸製薰臘，咀嚼化正氣」一句，周自認為乃其「打油詩中之最高境界」，且以為「如用別的韻語形式去寫，便決不能有此力量」〔註10〕。這裏通過《修禊》詩的展示，

<hr>

　　　　年第11期。
〔註8〕 轉引自周作人：《打油詩》，見《知堂回想錄》，第555頁。
〔註9〕 周作人：《打油詩》，前揭，第557頁。
〔註10〕 同上，第557～558頁。

周作人不僅將三十年代自壽詩所造成的那一消極姿態轉述成了一種關於文學實踐的不成熟和文體問題，同時也將二三十年代之際在其書寫中所著意經營的那種藏和隱，以一種文學的進化論的方式轉述成了一個個人的文學階段。這裡，包含在文體這一表象下的其實是一個更為根本的問題，即對周作人而言，牛山體與寒山五古之間最本質的區別不是體裁上的，而是恰恰關乎一種姿態和寫作心理。牛山詩多戲謔口吻，因此它真正要表達的嚴肅命意卻總被遮蔽、消解；而寒山五古在表達上典正、乾脆，如被周氏引為典範的《修禊》一首，便寫道：「……沿途吃人臘，南渡作忠義。待得到臨安，餘肉存幾塊。哀哉兩腳羊，束身就鼎鼐。猶幸製薰臘，咀嚼化正氣。食人大有福，終究成大器。……」〔註 11〕五言詩，凡十六韻，相較七言詩或散文的纏繞曲折、隱晦不明則更直接有力。周作人晚年對自壽詩的這一重述，除了有自我辯解的成分外，其實更多是一種反思。我在談「京海之爭」時便已提及，當時沈從文對周氏兄弟所代表的戲謔文風便不滿，認為這種不夠嚴正的態度實際妨礙了文學之效能。周作人以自壽詩為扭結對個人創作歷程的這一反思無疑也可作一旁證。

但另一個問題是，自壽詩是否就是牛山詩？1927 年，周作人初讀「牛山詩」時曾記道：「我細看這一卷詩，也並不怎麼古怪，只是所謂寒山詩之流，說些樂天的話罷了。」〔註 12〕並錄下當時以為其中最好的一首：「春叫貓兒貓叫春，聽他越叫越精神，老僧亦有貓兒意，不敢人前叫一聲。」〔註 13〕顯然，彼時牛山詩在周作人的閱讀譜系中指向的正是那種他一貫感興趣的「猥褻」風格，在後來《我的雜學》中他例舉了自己幾方面的涉獵，相關的就有文化人類學意義上的民俗、民藝，性心理學，日本浮世繪、川柳落語、滑稽本，俗曲等。這些興趣一方面是出於五四時的民粹主義信仰，另一方面則如他評述拉伯雷時所說「披著猥褻的衣，出入禮法之陣」〔註 14〕，是一種反道學的資源。從 1923 年起，他便陸續寫作了《猥褻論》、《日本的諷刺詩》、《猥褻的歌謠》、《談目連戲》、《淨觀》、《關於「市本」》等文，前期主要涉及民間文學

〔註 11〕同上，第 558 頁。
〔註 12〕周作人：《牛山詩》，見鍾叔河編：《周作人散文全編》，第 5 卷，第 95 頁。作於 1927 年 3 月，收入《談虎集》。
〔註 13〕同上。
〔註 14〕周作人：《淨觀》，見鍾叔河編：《周作人散文全編》，第 4 卷，第 79 頁。原載《語絲》，第 15 期（1925 年 2 月 23 日）。

在性言語上保留的猥褻部分併爲之作辯護，他在談及猥褻的歌謠時就將之與「香草美人」詩並舉，以爲那同是一種「感情的體操」〔註 15〕，猥褻辭反而有一種不同於士流之扭捏、道學家之虛僞的壯健之氣〔註 16〕；另一方面則是由性觀念進一步引申向一種「猥褻氣」的文風和姿態，這一姿態最淋漓的表現就是二十年代與魯迅同出的一系列罵文。但事實上，我們看這兩首自壽詩本身，其實在很大程度上早已脫盡二十年代周氏兄弟痛打落水狗時的潑辣風格，不僅如此，也與周本人所預設的那一牛山詩的「遊戲」口吻大相徑庭。前文曾提到胡適有兩首和詩，其中就有著名的「老夫不出家，也不著袈裟。人間專打鬼，臂上愛蟠蛇。不敢充油默，都緣怕肉麻。能於大碗茶，不品小鍾茶。」〔註 17〕一首。這裡一個有趣的事實是，二十年代時當周作人與「正人君子們」論戰，不惜露出「破腳骨」，後更有其著名的「兩個鬼」論：「（流氓鬼——筆者注）一聽到紳士的吆喝，不知怎的立刻一溜煙地走了。可是他並不走遠，只在街頭衖頭衖尾探望，他看紳士領了我走，學習對淑女們的談吐與儀容，漸漸地由說漂亮話進而擺臭架子，於是他又趕出來大罵道，『……你這混帳東西，不要臭美，肉麻當作有趣。』」〔註 18〕在這場稍前一時的論爭中，周氏兄弟正是以「語絲」的潑辣風格與所謂紳士、正人君子和「文學家」對陣，筆鋒所到幾乎橫掃輿論，但此時，流氓鬼所罵「肉麻當做有趣」的調子，竟轉而出現在胡適筆下。上文所錄和知堂詩中所言「不敢充油默，都緣怕肉麻」，「能於大碗茶，不品小鍾茶」所故意顯出的粗鄙氣正與時下周作人以「知堂老人」的身份所公然傳達出的精緻的「文人氣」形成對比，因此胡適的回應也從側面印證了周作人姿態的轉變。

牛山體連接的是周氏兄弟在二十年代所展示的戲謔風格，但「自壽詩」的出爐卻無疑是那個「紳士鬼」佔了上風。自壽詩在當時之被誤解即在於，它雖然標明是仿牛山打油詩而作，但其實在口吻上已去先前的「戲謔」，乃至「猥褻」、「流氓」風甚遠，而使一般讀者無法捕捉到其中真正的冷嘲之意，

〔註 15〕周作人：《猥褻的歌謠》，見鍾叔河編：《周作人散文全編》，第 3 卷，第 264 頁。原載北京大學《歌謠周刊》紀念增刊（1923 年 12 月 17 日）。

〔註 16〕事實上，三十年代沈從文在這方面的許多發揮也可能來自這種影響。

〔註 17〕引自胡適日記（1934 年 1 月 17 日），見曹伯言編：《胡適日記全編》，第 6 卷，第 295 頁。

〔註 18〕周作人：《兩個鬼》，見鍾叔河編：《周作人散文全編》，第 4 卷，第 709 頁。原載《語絲》，第 91 期（1926 年 8 月 9 日）。

反被理解爲一種文人雅趣。聯繫前一章所談周作人在三十年代初採取的「文章做法」，「自壽詩」的確在很大程度上可以視爲是這一風格的一次集中體現──收斂了前一時期的大膽潑辣，而終不甘於「閉戶讀書」，於是用一種曲折微妙的方式將自己的「主義」加密，傳達給那些引爲同道的圈中人士。但是，「自壽詩」的特殊卻在於林語堂的介入使之在傳播方向上發生了重大偏移，周作人隱微的言說隨即遭到大眾的誤解，並構成爲三十年代他之整體形象的一個注腳。

第二節　一場失敗的通俗化運動：以林語堂主編　《人間世》爲例

一、自壽詩與小品潮

「自壽詩」並不是一個獨立事件，與當時的小品文潮、國學復古、「京海之爭」等事件相裹挾而成爲三十年代言論分化的一個主陣地。同時，三十年代以自壽詩爲代表的周作人的文學姿態雖然在初衷是出於與激進主義對抗，但在另一方面卻也激活了一種中國傳統的士大夫情趣，這一股情趣通過《現代》、《人間世》這樣一些媒介的反覆渲染而最終成爲對周氏自身之文學理念的最大消解。以《人間世》半月刊爲例，雖自第一期便宣稱「接收外稿。不拘文言白話，以合小品文格調爲準」〔註19〕，但事實上縱觀 42 期，除了第 13 期因積壓大量外稿而專門發行「創刊半週年紀念特大號」外，整體而言外稿的數量並不占多。除了像周作人、俞平伯、廢名這樣的約稿外，《人間世》其實擁有一個相對穩定和高質量的作者群，包括編者林語堂、徐訏，有專欄連載的簡又文，以小品文研究見長的陳子展、阿英、劉大杰，前期曾參與其中的曹聚仁、徐懋庸，被作爲散文（遊記、自傳）創作典範的郁達夫，隨筆作者老向、風子，及主要從事翻譯的林疑今、黃嘉德、黃嘉音、梁宗岱等。不僅如此，《人間世》對選稿也非常嚴格，即使是 13 期專門消耗外稿的「特大號」也體現了相當的質量，甚至可以說高於同時期在北京的《大公報·文藝副刊》，但即使是這種嚴格把關也並沒有真正遏止住由它所激活的那一股大眾

〔註19〕　《人間世》編輯部：《人間世投稿規約》，刊於《人間世》第 1 期（1934 年 4 月 5 日）。

化的庸俗文學熱，我指的是那些才子文學傳統，吟詠風月之作。

事實上，《人間世》自第 1 期推出「自壽詩」與小品文，便遭受到了各方攻擊，《申報·自由談》即作爲陣地展開了第一時間的論爭，刊載有：埜容（廖沫沙）《人間何世？》（1934 年 4 月 14 日），胡風「過去的幽靈」（1934 年 4 月 16 日～17 日），曹聚仁《周作人先生的自壽詩——孔融到陶淵明的路》（1934 年 4 月 24 日），《人言》編輯郭明、謝雲逸《致編輯先生函》、《致林語堂書》（1934 年 4 月 28 日），章克標的《致烈文兄函》（1934 年 5 月 3 日）等；林語堂則連續在《自由談》發表《論以白眼看蒼蠅之輩》（1934 年 4 月 16 日），《周作人詩讀法》（1934 年 4 月 26 日），《方巾氣研究》（1934 年 4 月 28 日，4 月 30 日，5 月 3 日），《致烈文兄函》、《致郭明、謝雲逸先生函》（1934 年 4 月 30 日）等文予以答辯；並同時引出魯迅繼 1933 年《小品文的危機》後再次表達意見的《小品文的生機》（1934 年 4 月 30 日）一文。（1938 年，唐弢在「老僧」的詩緣》一文中便詳細追述了這一次論爭的的始末〔註20〕。）從客觀上講，左翼對於林氏及其刊物的意見並不過分偏激，廖沫沙就一針見血地指出：「西方文學有閒的自由的個人主義；和東方文學筋疲骨軟，毫無氣力的騷人名士主義，合而爲小品文，合而爲語堂先生提倡的小品文，所主編的《人間世》。」〔註21〕他非常敏銳地抓住了當時林語堂所使用的兩種資源或姿態：有閒、名士。基於這種情勢，《人間世》第 2 期即登出《編輯室語》予以解釋：「小品文意雖閒適，卻時時含有對時代與人生的批評」，「以文化社會及人生批評爲範圍，不願涉及要人之所謂政治」〔註22〕而從第 2 期起更添加「隨感錄」一欄，徐懋庸便是前期隨感錄的重要作者。從這個角度看，《人間世》似乎有意在調整方向與早期的《新青年》、《語絲》接軌，以獲得某種體統上的正當性。這一調整在當時可以說是比較及時，態度也是相對誠懇的，因此魯迅當時對所謂小品文潮也尚不以爲大礙，在致楊霽雲的信中便說：「有一部分青年是要受點害的，但也原是脾氣相近之故，於大局卻無大關係，例如《人間世》出版後，究竟不滿者居多；而第三期已有隨感錄，雖多溫暾話，然已與編輯者所主張的『閒適』相矛盾。」〔註23〕但正如我上面所說，《人間世》

〔註20〕參見唐弢：《短長書》，上海：建文書店，1948 年。

〔註21〕埜容：《人間何世？》，刊於《申報·自由談》，1934 年 4 月 17 日。

〔註22〕《人間世》編輯部：《編輯室語》，刊於《人間世》第 2 期（1934 年 4 月 20 日）。

〔註23〕魯迅：《致楊霽雲》（1934 年 5 月 6 日），見《魯迅全集》，第 13 卷，第 92 頁。

的調整並沒有能夠遏止它所激活的那一股文學潮，從幾次「編輯室語」來看，《人間世》所收到的外稿量其實很大，但錄用率並不高，甚至不得不於第 5 期刊出這樣的《投稿注意》：

> 本刊向以議論文和紀述文並重，乃因初創期間，來稿未能悉依原意調劑分配，外間略有誤會，投來稿件，悉多吟弄花草之文，以致外稿可用者極少，有乖本刊原旨。望此後投稿諸君，注意此點，多賜發揮己見之文，只須合於談話式筆調，無論小題大做，大題小做，皆所歡迎。〔註24〕

顯然，《人間世》造成的所謂「外間的誤會」，已在不知覺中促成了一次大眾化的小品文潮，這一次「小品文潮」並不僅是我們今天於文學史所看到的以林語堂、周作人、俞平伯等作家為主的一次文學運動，而事實上更加龐大和活躍的力量是另一股「狹義小品」氣的復蘇。林語堂在《我們的希望》中即說：

> 題目可大可小。大者須出以閒談筆調，變板重為輕巧，使人讀得下去。中國教育若要普及，雜誌文必須取此閒談體裁，若白頭宮女說玄宗樣式，勿帶玳瑁服鏡拒人以千里之外。做人須近情，做文亦須近情。小者須含有意思，合乎「深入淺出」「由邇及遠」之義。由小小題目，談入人生精義，或寫出靈魂深處。近間市上所謂流行小品，談花弄草，品茶敘酒，是狹義的小品，使讀者毫無所得，不取。〔註25〕

這裡，林語堂基本申明了《人間世》在小品文運動中的立場，即他所說的「小品文筆調」，這一點將在下文談及，這裡先要關注的是《人間世》編者反覆提醒的這一所謂「流行小品」的樣式。1934 年，《論語》就刊載了一篇名為《論語何不停刊》的編者文章，稱：「我國文壇，自林公創刊論語之後，一紙（其實每期都夠二十多頁）風行，四方響應，凡有屁股（報屁股），莫不效顰。幽默二字，從老教授都聽不慣的地位，一躍而成為小學生耳熟能詳的嶄新名詞，尤為投稿家晨昏顛倒，寤寐思求的對象。於是笑林廣記一見哈哈笑之類的書籍，被人捧為高頭講章，竹枝詞，打油詩，風頭尤其十足。而刊物的命名法，也起了『奧伏赫變』，倣古贗本，是為摩登，什麼『中庸』，『孟

子』,『聊齋』,『天下篇』等半月刊,書攤上觸目皆是」〔註26〕。由此可見,林語堂在主持兩刊之際對於選稿及幽默、閒適等尺度拿捏得格外謹慎並不是沒有來由的。《論語》對幽默、諷世至淪於講開心話之間所始終保持的警惕,《人間世》自第 2 期起著力對「閒適」筆調所作的界定、對社會話題上的介入等都顯示了他們與當時這股通俗文學熱之間刻意保持距離的意圖,同時也從側面反映出這一股所謂「倣古贋本」潮在當時滬上勢力之洶湧。1936 年,由上海通社編撰的《上海研究資料》在描述 1933 年的滬上雜誌界時也曾這樣形容:「先看名目,現在有一種借舊書名來做名字的風氣。自從去年九月出了《論語》,後來接著有《中庸》,最近又出了《大學》,一部四書只三缺一了。(最好有什麼姓孟的人來湊局)此外,還有《春秋》《聊齋》。中外新聞第二號說起羅隆基還預備出《戰國策》。」〔註27〕

　　不可否認,林氏刊物的導師周作人與這一次大規模文學潮之間的關係是無法撇清的,雖然晚年周作人曾試圖將自身從這次事件中淡化。二十年代中期以後,他試圖借助古典資源來對新文學加以調整,以一種精英姿態對抗左翼激進主義所倚仗的群眾話語,但卻不料跌入了另一種更為腐朽的精英文化中,或稱為中產階級化的趣味中,從而使得那一具有對抗性的姿態不僅在這一事件的擴散中被削弱了對抗的意義和力量,同時也成為之後落水等一系列罪證的最佳注腳。另一方面,回到魯迅所說「老京派」與「小海派」的聯姻上,周作人在三十年代前半期所秉持的那種相對拒絕大眾的貴族姿態,與林語堂攜知堂先生、北平諸先生的筆墨文章、照相近影所隆重推出的這一對大眾趣味的塑造之間也顯然存在不小的偏差。而「自壽詩」作為這一結合的一個突出事件,在當時所造成的輿論印象、大眾趣味及包括周作人晚年的辯解撇清,都可以藉此引出關於三十年代文壇的種種面相;尤其是周林二人,在這次看似合力促成的小品文潮和晚明熱中,他們事實上存在著怎樣的分野,又或者,他們彼此間有著何種理解與誤解?

二、林語堂與「小品文筆調」

　　前面已談到《人間世》在遭受攻擊後即作出了部分調整,尤其是林語堂,

〔註26〕陶亢德:《論語何不停刊》,刊於《論語》,第 49 期(1934 年 9 月 16 日)。
〔註27〕胡道靜:《一九三三年的上海雜誌界》,見上海通社編:《上海研究資料》,上海:上海書店,1984,影印版,第 400 頁。

他一方面吸收了周作人以尺牘語、晚明小品文的「任性而發」來對抗內容空疏、一唱三歎的唐宋古文以至八股文文統的觀念，另一方面，則對周氏的小品文觀進行了提煉和延伸。林語堂最為人所熟知無疑是他將晚明小品文的理論核心概述為「性靈」二字，已經有研究者指出，林語堂概述「性靈說」的同時佐以自身所受之表現主義美學的訓練，將小品文比附西方近代文學，對文學的個人性、抒情性等作了進一步點化。但另一方面，在「語絲」分化之後，他的介入實際上也將二十年代以來關於散文的各種界定推向了一次總結性的討論。周作人雖然是「美文」概念的最初提出者，但是事實上也並沒有對這一文類本身作出嚴格的界定，在提供英國所謂 Essay 的譜系的同時，也將中國古典的序、記、說等納入其中。可以說，直到三十年代以前，散文、雜感、隨筆、小品文等等不同名稱間的指涉仍是相對混亂和隨意的。在最初關於散文的討論中，基本都是借助西方近代散文的分類、傳統以及典範，將散文定義在 Essay 或 Familiar Essay 這一狹義散文的框架內，從而將其形態也進一步規定在閒談、家常、個人、詼諧等標準下。這一時期，除了周作人的《美文》，西方從蒙田、培根以降，至 Addison、Steele、Goldsmith、Lamb、Chesterton 的散文譜系，魯迅所譯《出了象牙之塔》中廚川氏關於 Essay 的描述等，都是建成「散文」之內涵的重要文獻。在通常的研究中，散文、小品文等不同名稱往往只是被視作初期在使用上的不嚴格區分，但事實上，三十年代小品文以壓倒性的態勢登場，成為散文的主要指向時，散文的內涵其實在某種程度上已發生了細微的位移。在其中，周作人、郁達夫、林語堂都是重要的角色。

郁達夫在《中國新文學大系散文二集》導言中曾表示，反對將現代散文的傳統與西方的 Essay 體相對接：「近來有許多人說，中國現代的散文，就是指法國蒙太紐 Montaigne 的 Essais，英國培根 Bacon 的 Essays 之類的文體在說，是新文學發達之後才興起來的一種文體，於是乎一譯再譯，反轉來又把象英國 Essays 之類的文字，稱作了小品。」〔註28〕通常這一 Essay 的譜系追述自十六、十七世紀的蒙田、培根，下接十八世紀因報業期刊繁榮而興起的「雜誌文」（Periodical Essay），在早期翻譯介紹中經常被提到的 Addison 和 Steele，及其合編的兩份刊物 Spectator 和 Talker 是這一時期的代表，及至十九世紀的 Lamb 和 Hazlitt。誠如郁達夫所說，這一條在二十年代就已被清理

〔註28〕郁達夫：《中國新文學大系散文二集導言》，見趙家璧主編：《中國新文學大系》，第 7 集，上海：良友圖書印刷公司，1935，第 3 頁。

引入的西方散文脈絡的確在一定程度上保留著一種他所說的「講理的 Philosophizing 的傾向」，早期蒙田、培根的道德論文自不待言，十八世紀以後的雜誌文更在某種程度上隱含著一種中產階級的「勸善說」。劉易斯・科塞（Lewis Coser）在分析十八世紀的歐洲知識界時就曾指出，十八世紀隨著中產階級家庭生活水平的提高，出現了更多的閒暇以及私人空間，從而使得閱讀成為一項新的生活內容與消費，不僅如此，與之相關的知識群體也同時獲得了一種新的大眾權威：

> 婦女閱讀理查森（Richardson）、菲爾丁（Fielding）、斯莫利特（Smollett）和戈德史密斯的作品，不僅是為了消遣，而且為了尋求道德指南。正像中產階級期刊，如《閒聊者》、《旁觀者》以及後來它們的數百個倣仿者一樣，這些小說對中產階級起到了道德教化的作用。它們有助於提供舉止規範和行為指導；它們既供人娛樂，也給人教誨；在一個日益個人主義化的時代，早期虔誠的清教標準似乎已不合時宜，而嚴格的道德行為仍受人尊重，在這樣一時代，它們為專心致力於提高經濟地位的中產階級樹立風氣，提供道德氣氛。愛狄生和斯蒂爾以後，文人不僅被視為獻藝者，而是被視為風尚的帶頭者和道德向導。〔註29〕

可以說，這一文類正是為西方近代興起的中產階級提供了行為指南、道德規範，甚至在針對公共事件的觀點和歷史意識方面也承擔著導向作用；同時，它與讀者間的關係也不再是教諭式的，正如 Addison 所說：「我要用詼諧來調和道德，用道德來匡正詼諧；如此讀者在兩方面都可以得著實惠。我的目的是不要他們的德行和聰慧成為短暫而間歇的思想，我決定要提醒他們的記憶，一直等到我把他們從愚惡的環境挽回過來。我冒昧地說一句，我曾經把哲學從書館和學校搬到俱樂部和咖啡館。」〔註30〕所表達的正是一種相對低姿態的，充滿了親切感、便於接收的表達方式。

在早期關於散文的討論中，對西方的這一散文譜系基本只停留在翻譯紹介，梁遇春的《小品文選》就是其中代表，而真正將這一散文寫作的方法、精神和客觀效能推向實踐的卻是三十年代林語堂及其刊物。《人間世》第二期

〔註29〕劉易斯・科塞著：《理念人——一項社會學的考察》，郭芳等譯，北京：中央編譯出版社，2001，第 43～44 頁。
〔註30〕轉引自胡夢華：《絮語散文》，見俞元桂編：《中國現代散文理論》，第 21 頁。

起便陸續刊出林疑今翻譯的《小品文做法論》〔註 31〕。該文以蒙田爲典範，系統而切實地指導讀者如何寫作小品文，從他所介紹的觀念來看，例如：「欲開始寫小品文者，只須有一伶俐的耳目，有一沉著的心思，而能自平凡事物中找出無數的暗示」，「避免觸目的大題。也得揀選那種最瑣屑的題目，從小處著眼，而漸漸涉及他們的想像最歡喜想的題目」，「不能避免以自我爲中心；但其自我卻不是討人厭的」，「小品文作家慣於，不但時於讀者述其衷情，同時也告訴讀者，他怎樣會有這種感情」〔註 32〕；「最深刻的話都是用玩笑的態度說出」，「傾其思想於閒話的水中……減輕其苦味」，「其哲學的精髓是在乎一種憤世嫉俗的常識」〔註 33〕……可以看出，除了引介一種如前所述的在表達上的親切姿態和通俗化意圖外，林語堂等在小品文運動中所偏向的其實仍是在技術化層面，即一種向大眾傳達觀念的較輕便的方式。林語堂後來始終將三十年代的小品文潮視作一次「運動」就在於，他強調《人間世》所推崇的小品文並不再是前人所謂狹隘的「小品」，而是一種現代散文技巧，重點在以個人化的語調而可進行公私評論：「餘意此地所謂小品，僅係一種筆調而已。理想中之《人間世》，似乎是一種刊物，專提倡此種娓語筆調，聽人使用此種筆調，去論人世間之一切，或抒發見解，切磋學問，或記述思感，描繪人情，無所不可，且必能解放小品筆調之範圍」〔註 34〕。正是通過將小品文這一通常以內容來定義的傳統文類轉化爲一種外在的筆調形式，使得《人間世》所指代的「小品」與當時周作人或更廣泛意義上的通俗小品潮相區別，也正是從這個角度林語堂有力地回應了左翼關於「蒼蠅」之說的質疑。爲了進一步彰顯自己的主張，《人間世》更從 15 期起添設翻譯專欄「西洋雜誌文」，在 14 期的預告中這樣說：

> 本刊宗旨在提倡小品文筆調，即娓語式筆調，亦曰個人筆調，閒適筆調，即西洋之 Familiar Style，而範圍卻非如古人之所謂小品。要點在擴充此娓語筆調之用途，使談情說理敘事紀實皆足以當之。其目標仍是使人「開卷有益，掩卷有味」八個大字。
>
> 要達到這八個大字的目標，非走上西洋雜誌文之路不可。西洋

〔註 31〕 據譯者前言，本文原作者係 Alexander Smith，原文名 On the Writing of Essays，摘自 *Dreamthorp* 一書。

〔註 32〕 林疑今譯：《小品文做法論》（上），刊於《人間世》，第 2 期（1934 年 4 月 20 日）。

〔註 33〕 林疑今譯：《小品文做法論》（下），刊於《人間世》，第 4 期（1934 年 5 月 20 日）。

〔註 34〕 林語堂：《論小品文筆調》，刊於《人間世》，第 6 期（1934 年 6 月 20 日）。

雜誌好的就是叫人開卷有益掩卷有味。中國的雜誌文字輕則過輕，
重者過重，內容有益便無味，有味便無益。如某雜誌一翻開目錄就
是 XX 之鳥瞰，XX 之展望，XX 之檢討，XX 之動向，老實說誰曾
去讀這些文章，故曰有益而無味。如小品之風也月也雲也金魚也，
味倒有矣，而益則無，雖可讀，卻非不可不讀，讀了也毫無所得，
故曰有味而無益。〔註35〕

　　用「個人筆調」來修正此前的「性靈說」無疑是在面對左翼批評下的一
種策略調整。如前文所說，將周作人的小品文理念概述爲「性靈」並予以推
廣是林語堂的一大功勞，但是「性靈」這一說法也極易被誤解，周作人後來
說：「性靈被罵於今已是三次」〔註36〕。事實上從晚明文論中得來的「性靈」
一詞也不可避免地攜帶了當時名士的標榜孤高與恃才之氣，即所謂「眞有性
靈之言，常浮出紙上，決不與衆言伍」〔註37〕。茅盾 1935 年在批評小品文
時曾說：「我也曾嘗試找找『性靈』這微妙的東西，不幸『性靈』始終不肯
和我打交道；但我也以爲『個人筆調』是有的，而且大概不能不有的，只是
此所謂『個人筆調』倒和『性靈』無關，而爲個人的環境教養所養成，所產
生」〔註38〕。語氣中雖帶揶揄，但也透露出茅盾本人對於「個人筆調」和「性
靈」這兩個說法的不同觀感。三十年代小品文運動的一大弊病的確就如魯迅
所說「裝腔作勢，是這回的大病根」〔註39〕，因此借助「個人筆調（小品文
筆調）」一說林語堂成功將小品文這一精英文類轉化爲一種中性的、外在的
寫作技術，並擬與群眾、社會、時代等建立一種較之左翼更爲「有益」且「有
味」的關聯。他曾將「西洋雜誌文」的特徵概述爲三點：「意見比中國自由」，
「文字比中國通俗」，「作者比中國普遍」〔註40〕。尤其是針對第三點，他指
出西洋雜誌文的作者遍佈各階層各行業（雖然這說法並不可靠），不像中國
文字已成爲一種文人專利，「西洋雜誌是反映社會，批評社會，推進人生，

〔註35〕林語堂：《關於本刊》，刊於《人間世》，第 14 期（1934 年 10 月 20 日）。

〔註36〕周作人：《鬱岡齋〈筆麈〉》，見鍾叔河編：《周作人散文全編》，第 7 卷，第 76
　　　頁。原載《宇宙風》，第 12 期（1936 年 3 月 1 日）。

〔註37〕譚友夏：《詩歸序》，見沈啓無編：《近代散文鈔》，北京：東方出版社，2005，
　　　第 51 頁。

〔註38〕茅盾：《〈速寫與隨筆〉前記》，見氏著：《速寫與隨筆》，上海：開明書店，1935，
　　　第 4 頁。

〔註39〕魯迅：《致鄭振鐸》（1934 年 6 月 2 日），見《魯迅全集》，第 13 卷，第 134
　　　頁。

〔註40〕林語堂：《關於本刊》，刊於《人間世》，第 14 期（1934 年 10 月 20 日）。

改良人生的，讀了必然增加智識，增加生趣。中國雜誌是文人在亭子間製造出來的玩意，是讀書人互相慰藉無聊的消遣品而已。」〔註41〕用文人階級共有的脫離社會的先天缺陷來取消左翼文學的階級優勢，是之前周作人、魯迅在革命文學等論爭中所取的一貫策略，而這裡林語堂則通過「遍佈各階層的記者、作者都來寫作雜誌文」這一具體方案的勾畫，在三十年代左翼所確定的文學與社會的關係之外又提供了一種嘗試的路徑。不僅如此，《人間世》初期所設置以對接《語絲》等譜系的「隨感錄」一欄也逐漸為「西洋雜誌文」和「特寫」等欄目所取代，自此，《人世間》便開始與《語絲》以社會批評為主的雜感文系統，以及二三十年代周作人對文學功能實行調整後的散文寫作兩者均發生了分野，試圖提供一種全新的啟蒙市民的方式。但問題是，西洋自十八世紀後的雜誌文在事實上是一種面對中產階級的文化供給，相伴隨的中產階級趣味也因之成為其中的一大限制，林氏及其刊物對社會參與的方式也終歸沒有超出當時如見聞錄、揭秘、見解談等的樣式。

從實績來看，林語堂倡導的這一洋方法在雜誌的具體實踐中並不十分成功。他原本的打算是首先通過翻譯介紹西洋雜誌文為國內讀者樹立一種寫作的榜樣和模仿的典範〔註42〕，從而能進一步使「特寫」這一兼具時效性和趣味性的文體成為一種理想的現代散文樣式。但是翻閱《人間世》就可以清楚地看到，從小品文到特寫文的轉化過程中出現了一系列問題。在最初一段時間內，「特寫」欄所登載的文章都基本沒有脫出原先小品文的模樣，像 16 期的《芙蓉城》、《說揚州》，17 期的《牛津憶錄》，23 期的《在日本過年》、《金山客的自述》、《南國風味》等，幾乎仍停留在小品式的遊記、聞見錄一類，只是將對象從古典的山水田園等擴展到現代的或洋派的物事。編者對這種情況似乎也並不滿意，因此至 619 期出現《書店》一篇時，即特別加按語提示：「本刊自徵求特寫文章以來，理想的文章至本期才獲得，《書店》就是最理想的一篇」〔註43〕。那麼這篇被大力推薦的《書店》究竟寫了什麼內容？概述起來大致有幾點：追述書業史，書業內部之盈利消息，營銷模式，新書業發展的困境等──在內容上的確符合「特寫」有趣有味且有社會價值的要求。正是這篇被作為典範的中文特寫發表後，《人間世》開始陸續出現了一些類似

〔註41〕 同上。

〔註42〕 《人間世》所翻譯介紹的雜誌文大都摘選自 *Harper's Magazine, Forum, North American Review, Reader's Digest, Living Age, China Critic, The New Yorker, The New York Times* 等。

〔註43〕 參見《人間世》第 19 期「特寫」專欄。

文章，如第 24 期的《監獄是這樣的》、《南京的黑市》，27 期《定縣的平民教育》，28 期《垂亡待斃中的邵陽人民》，29 期《有些醫生不行醫》等，可以看出，雜誌中的特寫的確表現出了越來越成熟的趨勢。但另一方面，這種在榜樣和編者引導下亦步亦趨的寫作方式也不無問題，首先就是題材的選擇。可以發現自《書店》一文被公然讚譽，便出現了大量所謂揭秘式的文章，其中最顯著的便有對監獄、獄中生活的描述，揭秘軍火內幕，及行業內幕等。這一方面與西洋雜誌文提供的示範有關，《人間世》便曾刊載《日本的私刑》（17期），《德國拘留所的苛遇》（19 期），《監獄之夜》（21 期），《軍火機關的內幕》、《國際軍火機關》（22 期），《軍火商的秘密》（23 期）等翻譯文；另一方面，由於雜誌對趣味性的注重也使得特寫在社會題材的選擇上限於偏狹，29 期登載的《娓語體小品文釋例》在闡述「特寫文」時就這樣說：

> 赫茨里特（Hazylitt）論小品文，無形中畫兩大壁壘。一派以孟泰尼（Montaigne）爲代表，他專寫自己人格與靈魂的特徵。一派以斯蒂爾（steele）爲代表，他較爲客觀公平，不但要寫自己的事情，還要寫鄰居的秘密。這派再演進就成風俗習慣的特寫。所謂「特寫」也是從這宗繁衍下來的。
>
> 特寫是混合了兩種成分：科學的眞與詩的美麗。此外還需要一種雅俗共賞的文字。如果以公式來表示，則：
>
> 特寫＝2/5 科學的精密＋2/5 小品文趣味與寫法＋1/5 文字美
>
> 換言之——
>
> 特寫＝（精密＋趣味）＝（增加人生經驗＋給予快感）
>
> 特寫而不能使人增加「見所未見，聞所未聞」的經驗，就不成
>
> 爲特寫了。〔註44〕

這種理解雖基本沒有出脫林語堂「有益兼有味」的說法，但其實在傾向上已經發生了偏斜。將特寫定位在所謂「增加人生經驗」和「給予快感」，而將其題材定位在「見所未見，聞所未聞」，林語堂最初所希望建立的較之左翼更具有感染力和表現力的與社會、時代間的關聯方式，實際上在此時已幾乎被轉化爲一種中產階級式的獵奇趣味，以及消遣產品。林語堂在其撰於 1936 年的英文著作《中國新聞輿論史》中總結「特寫」失敗的原因時說：

〔註44〕陳叔華：《娓語體小品文釋例》（下），刊於《人間世》，第 29 期（1935 年 6 月 5 日）。

　　　　我主辦的雜誌不斷公開徵求這類特寫文章，但總是得不到。除
了錢的因素外，另一個簡單的原因就是，中國的作者都是學者，而
中國的學者不願意邁開雙腳到活生生的社會裏去搜集鮮活的素材。
政府部分的官員或官員的秘書寫不出公眾感興趣的文章，而高收入
者根本就不想寫。結果，為雜誌提供稿件的一般是窮作者，他們住
在上海里弄中狀況非常糟糕的被稱為「聯排屋」的閣樓裏，長篇大
論地論述抽象的理論，或者從古今書籍中摘錄再摘錄。這是一種將
雜誌文章與正在變革的社會的真實生活隔離開來的危險趨勢。我認
為，雜誌文章只要不能反映社會的進步和周圍的生活就失去了它的
功能。〔註 45〕

在當時的中國期待一個普遍受過教育，並能夠在正職之外業餘從事雜誌文寫
作，不賴此生活，以趣味化的筆調供給公眾以鮮活的生活面貌和社會動態的
作者群，抑或退一步講需要一個成熟的記者階層來使文字與社會間的關聯切
實地達成，這在某種程度上確實只稱得上是一種理想。當然，林語堂從西洋
引入的這一媒體觀念對於五四以來文學的不斷「專業化」傾向的確具有革命
意義，無怪乎他曾不無得意地將之與胡適的白話文運動相提並論：「余意在現
代散文中發揚此種文體，使其侵入通常議論文及報端社論之類，乃筆調上之
一種解放，與白話文言之爭為文字上一種解放，同有意義也。」〔註 46〕但正
如上文所說，西洋十八世紀雜誌文的發展與其中產階級的成熟是同步的，而
在當時的中國可能作為他所期待的「有閒階級」的恰恰同是《禮拜六》、電影
畫報等的受眾群體。正如我在第一部分所說，進入第二個十年後以周作人為
代表的一批知識分子開始嘗試對中國古典資源進行重新揀選、處理，以期達
成中國文化本身之自新的目標，但在這個過程中卻不期然遭遇了另一部分與
古典內容相捆綁的才子、風月、騷客之氣──這種風氣沈從文曾籠統地稱之
為「新海派」或是「趣味主義」，從而在客觀上催生了像通俗小品潮這樣一些
消解力量。因此可以說，在當時來自各個方面的關於文學與社會之關係的規
劃中，林語堂所提供的這一「有益且有味」的中間路線最終只歸於失敗，而
失敗的原因不僅在於當時中國缺乏一個成熟的中產階層，而更重要的是，林

〔註 45〕　林語堂：《中國新聞輿論史》，王海、何洪亮譯，北京：中國人民大學出版社，
　　　　　2008，第 161 頁。據 1936 年版本譯出。
〔註 46〕　林語堂：《論小品文筆調》，刊於《人間世》，第 6 期（1934 年 6 月 20 日）。

語堂的「小品文」在事實上也無法彌合那一周作人自二十年代中以後拋棄了
五四時代的「民粹主義」而轉向的的精英姿態與同樣是二十年代中所興起的
群眾路線、大眾話語之間的深刻分歧。

第六章 「由京近左」：阿英與小品文運動

第一節 小品文的兩種譜系

首先是關於小品文的譜系。三十年代周作人推出「晚明小品」一脈，以及隨之而起的一股潮流趨勢都無疑使「小品文」在某種程度上成爲散文的主要內涵，並且連接著前一個十年周作人所率先提出的「美文」觀，小品文所表徵的散文形態一時間成爲了一種正統的散文樣式，而這也正是魯迅從三十年代起開始頻繁強調和表述「雜文」作爲一種文體（包括風格、題材等）的一種現實壓力。在《且介亭雜文》的序言中他即說，「其實『雜文』也不是現有的新貨色，是『古已有之』的，凡是文章，倘若分類，都有類可歸，如果編年，那就只按作成的年月，不管文體，各種都夾在一處，於是成了『雜』」，並指出「鴻篇巨製」是爲未來設計的，而雜文則是現在的〔註1〕。魯迅的雜文風自《新青年》「隨感錄」和《語絲》時代就已成型，且周作人在轉變風格之前所採用的也幾乎是這一形式。但三十年代新興的小品文卻因之所攜帶的一條明確的歷史脈絡而在輿論上獲得了一種合法性，被視作散文的正宗，不僅如此，它所獲得的這種承認也在事實上使雜文處在了一個相對尷尬的位置上，自五四以來的那一條由隨感、雜感連接的寫作脈路反而在某種程度上被忽視和淹沒了。

〔註1〕 魯迅：《〈且介亭雜文〉序言》，《且介亭雜文》，見《魯迅全集》，第 6 卷，第 3 頁。

　　魯迅曾多次表達，「雜文」這一稱謂在當時的語境中常來自一種貶義。的確，雜文在當時所受到的最大指責就是被認為有悖於創作這個時代之「偉大作品」的文學理想。1934 年《現代》雜誌 5 卷 5 期就曾刊登了林希雋的一篇批評文章，題為《雜文和雜文家》，文中寫道：

> 　　最近以來，有些雜誌報章副刊上很時行的爭相刊載著一種散文非散文，小品非小品的隨感式的短文，形式既絕對無定型，不受任何文學製作之體裁的束縛，內容則無所不談，範圍更少有限制。為其如此，故很難加以某種文學作品的稱呼；在這裡就暫且名之為雜文吧。〔註2〕

作者正是通過將《戰爭與和平》、巴爾扎克等公認的大作家、大作品提上來對比，認為雜文輕便，材料易取，是以投機取巧獲得文名，而取消了文藝工作的嚴肅性，因此雜文的類型是較之小說、詩歌更為低級的一種門類，是一種文藝的墮落。林希雋是《現代》雜誌參與「京海之爭」的重要成員，他與杜衡在當時所發表的文學立場幾乎是一致的，即表明一種在沈從文所批判的那一類海派文人之外的嚴肅的文學態度，這種嚴肅的態度不僅是要區別於所謂「白相」的文學，同時也要與左翼的「政治－文學觀」相區分。這其實與他們早一時在關於「第三種人」或文藝自由問題論爭中表達的立場一致：在抗議來自左翼的主義專制之外，更標榜一種作家的創作自由和文學的藝術價值論，尤其是以蘇汶、韓侍桁等為代表。蘇汶在當時介入論爭所直接提出的辯論觀點就是所謂「作者之群」，他在《關於〈文新〉與胡秋原的文藝論辯》一文中針對左翼在三十年代極力踐行的文藝大眾化問題曾說：

> 　　他們鑒於現在勞動者沒有東西看，在那裡看陳舊的充滿了封建氣味的（這就是說，有害的）連環圖畫和唱本。於是他們便要作者們去寫一些有利的連環畫和唱本來給勞動者們看。這個，象胡先生之類的批評家當然是要反對了；不但胡先生，恐怕每一個死抱住文學不肯放手的人都要反對。這樣低級的形式還生產得出好的作品嗎？確實，連環圖畫裏是產生不出托爾斯泰，產生不出弗羅培爾的。這一點難道左翼理論家們會不知道？要托爾斯泰什麼用呢？他們不但根本不會叫作家們去做成弗羅培爾或托爾斯泰，就是有了，他們也是不要，至少他們「目前」是不要。而且這不要是對的，辯證的。

〔註2〕 林希雋：《雜文和雜文家》，刊於《現代》，第 5 卷第 5 期（1934 年 9 月）。

也許將來，也許將來他們會原諒……〔註3〕

這種態度在當時的一批所謂「嚴肅作家」中其實很普遍，三十年代左翼大眾化實踐的一個重要項目就是對民間形式和傳統樣式的更新使用，針對這一點，沈從文就曾直接批評：三十年代隨著左傾文學由早一時期的時髦而淪為一種「冷門」和禁忌時，「南方的商人視線卻已注意到『小學兒童故事』、『呆女婿』、『三國演義連環畫』等等書籍編撰上」〔註4〕，他在這裡批判的雖仍是一種滬上的商業氛圍，但對於當時左翼所啓用的這一新的文學樣式顯然也存在誤解。為此，魯迅曾專門作《論「舊形式的採用」》以爲辯護，指出現今市面所流行的連環圖畫等「舊形式」雖然止如其被指責的一樣，部分的是一種消費主義產物，但是與之相對的所謂高雅藝術中又何嘗沒有像唐寅的細腰美人一類的賞玩之物，因此取寬容的態度，對舊形式有所刪改、變革，爲大眾力求其易懂、傳佈，正是前進的藝術家所需努力的方向〔註5〕。魯迅的這種態度與他晚年極力倡導木刻藝術是一致的，即尋求一種藝術與大眾化（或啓蒙），形式與內容之間能夠很好的融合，且具有相當表現力的藝術形式本身。這其實也就是三十年代的另一個「普及與提高」的命題。但在沈從文等這一批所謂的「嚴肅的作者」那裡，對於文學始終存在著一種比附於十九世紀西方文學意義上的「偉大作品」的理念，即魯迅所說的「鴻篇巨製」，在這樣一種文學標準下，連環畫、唱本，乃至雜文本身無疑都將被視作「不嚴肅的」種類。沈從文就曾多次責備文壇間基於私怨抑或主義的各種罵戰，以爲妨礙了那「中國的紀念碑似的作品」的產生，更直接將矛頭指向「成名的老作家們」，指他們既「不能寫點自以爲合乎理想的理想作品」，也「不能用什麼有秩序的理論，說明所謂中國的紀念碑似的作品，是什麼形式，須什麼內容，在某種方法上某種希望裏可以產生」〔註6〕。

在這一點上，沈從文自身對《長河》的創作就是一個例子：《長河》之與《邊城》的根本區別在於：《邊城》仍是散文詩的內涵，所使用的體格、特徵仍是五四主流的那種偏散文的抒情方式，即「用故事抒情作詩罷了」〔註7〕；

〔註3〕 蘇汶：《關於〈文新〉與胡秋原的文藝論辯》，刊於《現代》，第1卷第3期（1932年7月）。

〔註4〕 沈從文：《記丁玲》，前揭，第125頁。

〔註5〕 魯迅：《論「舊形式的採用」》，《且介亭雜文》，見《魯迅全集》，第6卷，第25頁。原載上海《中華日報·動向》，1934年5月4日。

〔註6〕 沈從文：《記丁玲》，前揭，第118頁。

〔註7〕 沈從文：《水雲》，見《沈從文全集》，第12卷，第111頁。《水雲》全文曾發

但《長河》卻具有一種類似於茅盾《子夜》的對現實進行結構化再現的衝動。《長河》雖沒有完成，但從沈從文當時的規劃中其實已可以見出。不僅如此，《邊城》雖是三十年代京派小說創作的主要代表，但事實上並不真正代表當時京派的創作目標，同時期作為京派主要陣地的《大公報‧文藝副刊》在作為其發刊辭的《惟其是脆嫩》和《乞雨》兩文中便有林徽因、楊振聲同樣地對所謂大時代的作品的呼籲〔註8〕。1934 年《春光》雜誌第一期，鄭伯奇便以《偉大的作品底要求》為題正式提出了這一問題，他在文中寫道：

> 中國近數十年發生過很多的偉大事變為什麼還沒有產生出來一部偉大的作品？像《怒吼罷中國！》像《鴉片戰爭》，這樣的作品，為什麼中國作家還寫不出來？
>
> 　　對於這問題，我們可得到以下的答案：
> 　　──中國的環境不許容。
> 　　──作家的能力不夠。
> 　　──一般文化的水準太低。
> 　　──文化遺產太薄弱。
> 　　──作家的生活經驗和觀察都太狹小。
> 　　──時代前進，作家落後。
>
> 等等。〔註9〕

鄭伯奇最後提出，中國新文學以來一直沒有出現偉大作品，除了環境等客觀原因，很大部分還在於主觀，認為作家缺乏勇氣也是其中的一大障礙。而《春光》在這一期卷末的《編輯後記》中更發出「書啓」向廣大讀者群眾征集意見，在當時引起的反應可以說是比較大的，除第二期再登出鄭伯奇作為補充的《作家的勇氣及其他》外，第三期便刊出了郁達夫、秀俠、徵農、杜衡、王獨清、徐懋庸、艾思奇等十五篇徵文，不僅如此，這番討論也延伸到了《大晚報》等其他一些輿論陣地。主要聲音不外乎兩種，即延續了之前在文藝自由論爭中的兩種態度：左翼指原因在來自政治、經濟上的雙重壓迫，而杜衡等則將矛頭指向左翼自身的話語霸權。這裡一個非常諷刺的問題是，三十年

表於《文學創作》第 1 卷第 4、5 期（1943 年 1 月、2 月），收入全集的版本為 1947 年作者校訂稿。
〔註8〕 參見林徽因：《惟其是脆嫩》，楊振聲：《乞雨》，刊於《大公報‧文藝副刊》，1933 年 9 月 23 日。
〔註9〕 鄭伯奇：《偉大的作品底要求》，刊於《春光》，第 1 卷第 1 期（1934 年）。

代的這一對偉大作品的強烈要求卻仍是通過雜感文這一形式來展開的，而當時對大作品的呼喚本來就是來自於對文壇之充斥雜感文的不滿。

但即使在這樣一種局面下，小品文也似乎比同時期的雜文來得更爲合法，事實上，在三十年代這一場大規模的關於「偉大作品」的討論中，矛頭所向一直是雜文，而小品文卻出奇地被規避在了討論之外。這一方面是由於周作人非常策略性地爲小品文建立起了一個由晚明到五四文學革命的整體性譜系，小品文這古已有之的名號不僅具有一種天然的合法性，而且正如周作人所佈置的，晚明小品與白話文運動由於同被置於一種「革命性的」的文學話語中，而使兩者間順理達成了一種內在關聯（當然這種關聯忽略了其形式因素，這一點在當時即召來錢鍾書的反駁）；另一方面則如上文林希雋等嚴肅作家所批駁的，認爲雜文不配具有一種獨立的文體地位，即所謂「散文非散文，小品非小品」〔註10〕。正是基於當時的這樣一種語境，雜文被視爲一種不止統的，或沒有體統的文類。因此，魯迅爲雜文正名首先就是從「譜系」入手的。他在《小品文的危機》一文中梳理了小品文的另一條脈絡，即他所說，「小品文的生存，也只仗著掙扎和戰鬥」〔註11〕，從唐末羅隱的《讒書》，到皮日休《皮子文藪》、陸龜蒙《笠澤叢書》，再到明末的所謂「並非全是吟風弄月，其中有不平，有諷刺，有攻擊，有破壞」〔註12〕的一路文風，指出這才是歷史上所謂「小品」的正宗，而那些「小擺設」的小品恰是後來才有的變樣。同周作人一樣，魯迅也將小品文的脈絡向前梳理，將其前身的抗爭性，及與環境之間的互動關係揭示出來，不僅指證出小品文本身所具有的一種社會性面向，同時也昭顯出他的這一脈小品文與五四散文之間的淵源關係。他繼續寫道：

> 「小擺設」當然不會有大發展，到五四運動的時候，才又來了一個展開，散文小品的成功，幾乎在小說戲劇和詩歌之上。這之中，自然含著掙扎和戰鬥，但因爲常常取法於英國的隨筆，所以也帶一點幽默和雍容；……以後的路本來明明是更分明的掙扎和戰鬥，因爲這原是萌芽於「文學革命」以致「思想革命」的。但現在的趨勢，卻在特別提倡那和舊文章相合之點，雍容，漂亮，縝密，就是要它

〔註10〕林希雋：《雜文和雜文家》，刊於《現代》，第5卷第5期（1934年9月）。
〔註11〕魯迅：《小品文的危機》，《南腔北調集》，見《魯迅全集》，第4卷，第591頁。原載《現代》，第3卷第6期（1933年10月1日）。
〔註12〕同上，第592頁。

成為「小擺設」供雅人的摩挲，並且想青年摩挲了這「小擺設」，由
粗暴而變為風雅了。〔註13〕

這裡，魯迅一針見血地指出，時下流行的小品文已不再是文學革命和思
想革命的延續，它們與舊文章相合，從屬於一套與新文學相悖的文學譜系，
因此勢必被排除出五四以後由雜感文和隨筆所形成的散文傳統。魯迅事實上
否定了周作人所言稱的小品文與五四文學革命間的承繼關係，而相反地重新
聲明了雜文所具有的某種正統性。這裡產生分歧的一個核心問題就在於，如
何處理早一時期「語絲」等所代表的散文樣式。在周作人「小品文」的名目
下，「語絲」其實是一個幾乎被規避的對象，如他在談論晚明小品與新文化運
動之間的承接時便策略性地將「白話文運動」作為主要話題，而沒有真正談
及新文學之「散文」實踐這一片段，僅僅通過將「白話文運動」在當時所具
有的一種「革命性」與他所謂晚明文的叛逆精神之間作一個簡單的類比，而
順利建立起了小品文的一個完整脈路。當時周氏《中國新文學的源流》一出，
錢鍾書在第一時間提出的質疑就包括，認為周作人將明末文學與新文學相對
接的基本前提是周認定明末公安竟陵派與新文學運動同具革命屬性，但錢鍾
書同時也指出，革命性事實上是古今很多文學潮流的通性，即如後來被周作
人大加撻伐的韓愈，也曾在某種程度上構成為一種對唐初文的反動，因此錢
稱，這種「無意中的巧合」成立並不精確。〔註14〕以往對錢鍾書的這篇評論，
所關注的往往在於他對周作人「載道／言志」分法的質疑，指出詩言志、文
載道本身就是兩個不相干的譜系，但無論從哪個角度，錢鍾書其實都非常敏
銳地注意到了周作人在進行歷史敘述時所作的一種結構處理。

1935 年當周作人在《新文學大系散文一集》為第一個十年的散文實踐作
總結時，對小品文與五四散文這一歷史聯繫仍語焉不詳。在這篇幾乎籠括了
他二十年代中至《源流》間闡述「小品文」觀的諸種引文的長篇導言中，只
是附帶地作為反例提及了「隨感錄」、「雜感」這一形式。周作人引述了一段
自己早年發表在《每周評論》上的小文《祖先崇拜》，是五四時代「時評文」
的典型樣式，他隨之寫道：「無論一個人怎樣愛惜他自己所做的文章，我總不
能說上邊的這兩節寫得好，它只是頑強地主張自己的意見，至多能說得理圓，
卻沒有什麼餘情」〔註15〕。這基本就是站在一種否定和揚棄的立場上。當然

〔註13〕同上。
〔註14〕中書君：《〈中國新文學的源流〉》，刊於《新月》月刊，第 4 卷第 4 期。
〔註15〕周作人：《〈新文學大系散文一集〉導言》，見鍾叔河編：《周作人散文全編》，

這裡面還有一個切實的問題，即當初在編選《大系》時，周作人與郁達夫爲避嫌起見曾商定魯迅及他本人的作品歸郁選定，因此針對他避談「語絲」和「雜感文」這一問題其實也無法苛責。從郁達夫、周作人在 1935 年所確立的散文的譜系或目錄上來看，對現代散文的理解基本仍處在「美文」，或 Essay 的層面上，但是魯迅的存在卻是一個無法忽視的溢出。郁達夫在選編《二集》時便收錄了魯迅大量「雜文」，而非限於《藤野先生》等篇，不僅如此，在其《導言》中也著意在散文的「人性」、「自然」二者外強調提出散文的「社會性」一點，寫道：「人與社會，原有連帶的關係，……將這社會的責任明白剴切地指示給中國人看的，卻是五卅的當時流在帝國主義槍炮下的幾位上海志士的鮮血」〔註16〕，這裡郁達夫的傾向性是比較明顯的。但在 1935 年的語境中，散文所被呈現的內涵顯然已經受到了前一時期甚囂塵上的小品文運動及論爭的影響，對散文的總結也基本沒有出脫當時的結論。

1928 年當周作人宣佈「閉戶讀書」之後，便曾引《聊齋》中句：「姑妄言之姑聽之，豆棚瓜架雨如絲」，以爲「這是一種文學的心情，不汲汲於功利，但也不是對於人事完全冷淡，只是適中地冷靜處之罷了。」〔註17〕二十年代中之後周作人正是由早前的那一「社會的」姿態轉向了這樣一種「文學的」姿態（不是純文學意義上的），不再積極地以文學爲某種事實性的手段，而將其作爲一種表現性的形式，他對雜文的規避、對晚明小品的援引正是旨在重建一種新的散文的譜系，乃至一種文學使用的範式。因此，小品文在三十年代的那一完整的譜系無疑是被建構出來的，這種建構性雖然遭到了錢鍾書的揭發，但無奈錢的書生氣太重，表達偏於學究，而最終沒有對周作人的整體理論構成根本性的衝擊，而只是促使周作人在後期對自身的說法作了進一步調整：

> 不侫從前談文章謂有言志載道兩派，而以言志爲是。或疑詩言志，文以載道，二者本以詩文分，我所說有點纏夾，又或疑志與道並無若何殊異，今我又屢言文之有益於世道人心，似乎這裡的糾紛更是明白了。……我當時用這兩個名稱的時候的確有一種主觀，不曾說得明瞭，我的意思以爲言志是代表《詩經》的，這

第 6 卷，第 721 頁。

〔註16〕郁達夫：《〈中國新文學大系散文二集〉導言》，前揭，第 10 頁。

〔註17〕周作人：《〈聊齋鼓詞六種〉序》，前揭，作於 1928 年 11 月 21 日，收入《永日集》。

所謂志即是詩人各自的情感，而載道是代表唐宋文的，這所謂道
乃是八大家共通的教義，所以二者是絕不相同的。現在如覺得有
點纏夾，不妨加以說明云：凡載自己之道即是言志，言他人之志
者亦是載道。〔註18〕

說這話時的周作人已經如他自己說，開始講求「文之有益於世道人心」了，
不僅如此，周作人其時也已在一定程度上默認了自己早前的「文學史」規劃
實來自一種「主觀」，或者明白地講就是一種同樣的「載道」，因此，在 1937
年的語境下，他不無誠懇地向讀者表白：「我寫文章無論外行人看去如何幽默
不正經，都自有我的道在裏邊」，而只不過自家講道不定於一尊，沒有正統之
說而已〔註19〕。因此，這便如我在前一章所述，周作人在三十年代初對小品
文的規劃無疑來自一種「有意」，他與魯迅雜文之間的對抗其實從這種意義上
來看，也並不是如其所述的絕對。甚至在後期更表現出了一種與魯迅雜文的
「和解」，1945 年在《雜文的路》一文中，他這樣寫道：審查自家的文章唯覺
其難以歸類，「性質夾雜得很，所以姑且稱之曰雜文」〔註20〕。顯然，此時將
自己的文章重新命名以雜文，而非小品文，顯示了四十年代周作人在姿態上
的某種變遷。雖然我們看到，他對雜文的描述與早前給出的小品文主旨殊無
二致，「雜文者非正式之古文，其特色在於文章不必正宗，意思不必正統，總
以合於情理為準」〔註21〕，他也沒有直接對三十年代以魯迅為代表的那一脈
雜文形態作出評價，但是在經歷了早一時期關於小品文和雜文的某種微妙對
抗後，周作人重新啟用「雜文」的稱名以取代那一標榜一時的小品文概念，
更重提文章之於世道人心，顯然在延續之前對思想統制的反對外，在對「文」
本身之功用的表達上亦有所放鬆。

　　事實上，三十年代依託晚明文譜系所建立起來的散文形態正因之強烈的
對抗性，也使自身受到某種來自體裁的限制，即小品文本身所攜帶的舊有元
素和形態，這在上一章關於通俗小品潮一節已經有所述及。而三十年代中以
後，尤其是魯迅去世之後，周作人在散文形態和表述上的這樣一種鬆動無疑
也表明他對早前所借用的那一小品文範疇的局限性已有所認識，不僅如此，

〔註18〕　周作人：《自己所能做的》，見鍾叔河編：《周作人散文全編》，第 7 卷，第 699
　　　　頁。原載《宇宙風》第 42 期（1937 年 6 月 1 日）。
〔註19〕　同上，第 700 頁。
〔註20〕　周作人：《雜文的路》，見鍾叔河編：《周作人散文全編》，第 9 卷，第 422 頁。
　　　　原載《讀書》1 卷 1 期（1945 年 1 月 10 日）。
〔註21〕　同上，第 423 頁。

也欲重新在散文、雜文這樣一些不具特殊性的框架下來重述他關於文章的主張。這一時期，相關的幾篇文章，如《文學史的教訓》（1945 年），《關於近代散文》（1945 年）等幾乎已不再提及「小品文」這一名稱，凡論及自己關於近代散文，尤其晚明文譜系的勾勒時，便多傾向於將之歸於一種思想資源，而非形式因素或體裁因素，正如他說，「民初的新文學運動……與禮教問題是密切有關的，形式上是文字文體的改革，但假如將其中的思想部分擱下不提，那麼這運動便成了出了氣的燒酒，只剩下新文藝腔，以供各派新八股之採用而已」〔註 22〕。雖然周作人在之前的小品文運動中始終沒有對「小品文」這一稱名施予直接的讚助，但是對其「形式」的讚助卻不可謂沒有，即如《周作人書信》在當時所有意編織的那一名士氣氛，乃至對沈啓無編選《近代散文鈔》和林語堂發起的小品文運動的支持，都在客觀上構成爲對「小品文」體裁的形式性因素的讚助。也就是說，周氏在三十年代初對小品文的揀選雖然在初衷無疑是出於一種在思想資源上的援引，即那一晚明文派「非聖無法」的精神，但在事實的援引過程中，那種小品文本身所攜帶的體裁性和形式性因素卻同樣是一個被標舉的對象，不僅如此，經過滬上「小品文運動」的進一步渲染，小品文在三十年代的散文格局中事實上也更加呈現爲一種形式、體裁，乃至姿態。因此，進入四十年代，周作人日漸放棄了這一具有較高規定性和限制性的名稱本身，而重新啓用了像散文、雜文這樣一些不具有明確指向性的範疇，得以在一個更加寬泛的意義上談論這一門類。

第二節 阿英對小品文譜系的整合

在小品文運動中，值得注意的還有阿英，阿英的聲音無疑代表著左翼的批判立場，但也不得不承認他是魯迅之外比較早的對小品文進行了深入研究的左翼批評家。他一方面毋庸置疑地延續了魯迅在《小品文的危機》中所作的小品文與雜文的區分，擁護雜文作爲散文之正統的地位，正如研究者指出的，作爲左翼批評家的阿英將魯迅對晚明小品之「憤世」一面的發掘自動地嫁接到了關於文藝階級論的框架中，「充分肯定晚明小品『叛逆』與『關心世道』的一面，實際上是對林語堂等人將晚明小品藝術定位於『閒適』、『幽默』

〔註 22〕周作人：《關於近代散文》，見鍾叔河編：《周作人散文全編》，第 9 卷，第 589 頁。作於 1945 年 7 月 27 日，收入《知堂乙酉文編》。

的一種反撥」〔註 23〕，從而爲三十年代的小品文提供了一種「社會性」的屬
性；但另一方面，我們卻又可以從阿英的研究或敘述中捕捉到一種對於小品
文本身所無法掩飾的沉溺，這種沉溺似乎令讀者們都頗爲困惑，他後期的讀
書札記、小品試筆、雜感點評等所透出的令人無法忽視的「小品化」都在很
大程度上溢出了他本人對散文所作的界定。研究者往往不得不對此冠以一種
文學／政治的二元立場予以解釋，不僅如此，人們也早已注意到阿英在其文
學實踐中所表達的一種「令人寬慰」的對文學之思想、立場及形式、藝術雙
方面的兼顧，包括他早期對蔣光慈等的革命文學，以及蘇聯文學作品的批評
都在某種程度上被視爲左翼文壇之相對具有文學性的成果。研究者們往往將
這一現象簡單地表述爲一種「文學－政治」平衡論〔註 24〕，甚或更簡潔地稱
之爲左翼文學家的審美自覺：「阿英在某些時候也還沒有忘記自己是在談文
學，特別是退出主流批評之後，他的考察古今文學現象，也開始重視文學作
品的藝術價值。」〔註 25〕阿英的矛盾的確在於他的這種政治立場與其文學研
究、審美姿態之間無法完全整合的微妙的縫隙：他爲雜文，尤其是在小品文
包圍下的魯迅雜文進行了堅定而反覆的辯護，但又在辯護中無意地成爲一名
事實上的「小品文」論者，或作者，不僅如此，他此後向史料學的轉向也幾
乎肇始於此。在這裡，我所感興趣的正是他在三十年代這場小品文運動中所
處的這樣一種特殊位置。

在這場小品文論爭中，魯迅正是對小品文正統發出了扭轉性評述，而欲
重新樹立起雜文文體的合法性，但這種意見在當時獲得的聲援並不多。即使
是像阿英這樣的左翼批評家在爲雜文文體辯護時，也只是將雜文作爲小品文
的一個種屬來談，這也足可見三十年代小品文的席卷之勢。在《小品文談》
中，阿英將小品文的發展梳理爲三個階段：第一期是以五四「隨感錄」和魯
迅的《熱風》爲代表，認爲「小品文」的最初出現並非求其漂亮、精緻，而
是在短小精悍、便於作戰，但阿英也指出，在第一期的後一階段即出現了那
種「美文」意義上的創作，代表就是冰心的《笑》（《小說月報》1921 年 1 月
10 日）和周作人的《蒼蠅》（《晨報副刊》1921 年 6 月 24 日〔註 26〕），並指《蒼

〔註 23〕周荷初：《阿英與晚明小品》，刊於《理論與創作》，2004 年第 3 期。
〔註 24〕該觀點見許徐：《「審美──實踐」文學：阿英「文學──政治」批評模式的
　　　　考察（二）》，刊於《溫州大學學報（社會科學版）》，2009 年第 3 期。
〔註 25〕周荷初：《阿英與晚明小品》，刊於《理論與創作》，2004 年第 3 期。
〔註 26〕該文應係《山中雜信二》，收入鍾叔河編：《周作人散文全編》，第 2 卷，第 341

蠅》是後來談風月、草木蟲魚、瑣事這一類小品的最初代表；第二期則出現
了小品文的分化，一方面是以鄭振鐸、葉紹鈞等的「五卅」詩文爲代表，體
現了一種「從個人主義的觀點到反個人主義的立場」〔註 27〕的轉型，另一方
面則是以胡適的停滯，及周作人在題材上的某種開掘——指其創作的「茶食、
鳥聲、野菜……」等——爲主要傾向，這基本是站在三十年代小品文潮的後
果上向前反觀的結論；第三期則是被阿英稱爲「發展驚人」的階段，所指正
是那一短小精悍的散文體制的進一步成熟，但他也不得不承認，這一類文章
「是沒有以前的坦白」了，在文字上也「越弄越晦澀」〔註 28〕，而同時期那
「稿紙上的散步」的一類文仍持續存在，（用阿英的話講）也持續停滯。可以
看出，阿英基本上是依照魯迅所補充的譜系將散文的兩種筆法整合在一條脈
路中，但是他也面對著一個矛盾，在《魯迅小品序》中他這樣說：

> 在他所寫的小品文之中，最爲讀者所注意，而代表著他的，是
> 所謂「雜感文」。「雜感文」，在小品文的歷史觀念下，是非正宗的，
> 甚至可以說在這領域之外的。然而我，不作如此想。我覺得「雜感
> 文」應該是小品文的主體之一，特殊的富於戰鬥的意義。〔註 29〕

在這篇被禁的《序言》〔註 30〕中，阿英坦率地承認，魯迅風的雜感文在現下
小品文的觀念中的確是非正宗的，而他站在左翼立場上面對當時具有強烈排
他性的小品文運動所做的，就是將現代雜文的體系硬塞進了小品文的範圍，
而直接擊中了周作人在爲小品文勾勒脈絡時所有意避開的五四散文這一板
塊。基於這一點，阿英的編織從某種程度上看也確實是比較生硬的。譬如，
爲了使他所規劃的小品的「第二期」中比較明顯地呈現出一種雜文的傾向，

〜343 頁。原載《晨報副刊》，1921 年 6 月 24 日。
〔註 27〕阿英：《小品文談》，見氏著：《夜航集》，前揭，第 8 頁。
〔註 28〕同上，第 10 頁。
〔註 29〕阿英：《魯迅小品序》，見氏著：《無花的薔薇——現代十六家小品》，石家莊：
河北人民出版社，1991，第 309 頁。本書依照上海光明書局 1935 年 3 月版《現
代十六家小品》重訂出版。
〔註 30〕在阿英編輯的幾個小品集中，《夜航集》共收錄現代小品作家十三家，分別爲：
周作人、俞平伯、朱自清、鍾敬文、謝冰心、蘇綠漪、葉紹鈞、茅盾、落華
生、王統照、郭沫若、郁達夫、徐志摩，而幾乎是同時間編輯的《現代十六
家小品》則另收錄了魯迅、林語堂、陳西瀅三家，後者 1935 年出版即被查禁，
而前者則順利通過了審查。《現代十六家小品》後經編者刪至 10 家，易名《現
代小品文抄》出版，刪除的就是茅盾、郭沫若、郁達夫、魯迅、林語堂、陳
西瀅六家。

以及散文基於社會理想的分化而發生的分道，他在實績並不充分的情況下只得將葉紹鈞、鄭振鐸的「五卅」詩文等列為證據之一。

　　另一種編織的方式就是為左翼方面的代表作家無論如何選取出一卷小品文代表作，像郭沫若。郭沫若在第一個十年的散文創作顯然並不突出，如果一定要論其散文當以二三十年代開始連續出產的自傳、回憶錄等為代表，但是在「小品文」的體式內，郭沫若三十年代所大量出產的長篇回憶顯然又並不合適，因此阿英選擇了他早期在《晨報副刊》上發表的零星幾篇散文，以及並不重要的《橄欖》集。由於《橄欖》集係郭沫若早期「牧歌」時代的產物，也無法體現出小品文的社會性，因此阿英不得不為之辯護：「這位詩人，小品文作家的郭沫若，不能不刻苦的探索其間的道理。這探索的結果，就產生了他的後期的思想的根底。這是郭沫若所以然有一個牧歌的小品文時代的道理。」〔註31〕同樣的還有茅盾，茅盾在 1927 年前後所表現的那種「苦悶憂鬱」，以及以一個舊詩人的姿態發出的對世界的「模糊的印象」可以說是他文學生涯的一大污點；但阿英隨即指出茅盾三十年代的小品文寫作已明顯不同於前期，而體現出了一種新的分析的立場和「社會生活的歷史畫」，並且認為這種轉變不僅是個人的，同時也表現了小品文是「如何的因著社會的變革，在不斷的發展」〔註32〕。這裡，阿英顯然將茅盾在三十年代初以《子夜》所達成的在敘事模式上的轉型引向了其整體的寫作狀態。與郭沫若的情況相反，茅盾這一時期的小品文產量其實是比較充沛的，1933 年集有《茅盾散文集》，1934 年集有《話匣子》，1935 年集有《速寫與隨筆》。正如茅盾在《〈速寫與隨筆〉前記》中調侃，自己實在是沾了 1933 年滬上之「小品年」的福利，順勢便有書店邀約出版散文集，但他始終未將自家的散文創作歸於小品，他在清理自己的作品來源時劃分了幾個時段：一個是《申報·自由談》及復刊後的《東方雜誌》「文藝欄」，一個就是後來創刊的《太白》及《申報月刊》，並且在使用中比較有意識地規避「小品文」這一稱名。三十年代隨著周作人等對散文的命名，在關於散文的各種指稱上一度出現尷尬，茅盾就曾寫道：「……大部分的東西，雖然我稱之為隨筆，實非通常所謂隨筆，而

〔註31〕阿英：《郭沫若小品序》，見氏著：《無花的薔薇──現代十六家小品》，第 232 頁。

〔註32〕阿英：《茅盾小品序》，見氏著：《無花的薔薇──現代十六家小品》，第 180 頁。

是評論體的雜感。」〔註 33〕茅盾的這樣一種特別聲明體現了當時左翼的態度，他也曾提到 1934 年下半年至 1935 年上半年間文壇上發生的所謂「雜文問題」〔註 34〕，他非常注意語詞使用上的區分，在幾篇文章中都謹慎地使用了「雜感」、「隨筆」、「短評」這樣一些直接接引《新青年》傳統的散文稱名。而針對小品文，他也明確表示：「我們應該把五四時代開始的『隨感錄』、『雜感』一類的文章作為小品文的基礎，繼續發展下去」〔註 35〕，同時更加直接地呼籲一種在內容題材上的根本替換，「我們要用滿洲遊記、長城遊記、閘北戰壘遊記等等來振發讀者的精神。我們要寫鐵工場、碼頭礦穴等等的小品……」〔註 36〕。顯然，在三十年代的語境中，茅盾對小品文的理解就明顯不同於周作人、林語堂等，他甚至鼓勵、號召著一種左翼對小品陣地的佔領。這一思想雖然與阿英將雜文譜系融於小品文譜系的舉措有共通之處，都體現了左翼對當時那一具有轟動效應的「小品文」的利用和改造動機，但顯然，茅盾的立場和思想更為徹底，我們看他所提示的所謂小品題材，事實上已與周作人意義上的文人之文、明人之文相去甚遠。

第三節　三十年代「散文」概念的調整

　　1929 年阿英化名出版的《語體應用文做法》中，曾述及日記、小品文等門類。根據現行的《阿英全集·附卷》中收錄的軼文，發現 1929～1935 年間，阿英曾化名出版了大量關於語體文寫作示範和指導的叢書，除了《語體應用文做法》，還有 1930 年光明書局出版的《現代文學讀本》，1931 年《青年文學自修讀本》，1931～1932 年的《青年作家 ABC 叢書》（共十冊，署名戴叔清，包括《寫給青年創作家》、《文學原理簡論》、《文學方法總論》上下、《語體文學讀本》一二、《文學描寫手冊》上下、《文學術語辭典》、《文學家人名辭典》等十種），1931 年南強書店出版的《語體日記文做法》、《語體書信文做法》，1932 年的《語體小品文做法》、《模範書信文選》、《模範日記文選》，1933 年

〔註 33〕茅盾：《〈速寫與隨筆〉前記》，見氏著：《速寫與隨筆》，上海：開明書店，1935，
　　　　第 4 頁。
〔註 34〕同上。
〔註 35〕茅盾：《關於小品文》，見氏著：《話匣子》，上海：良友圖書印刷公司，1934，
　　　　第 221 頁。
〔註 36〕同上，第 222 頁。

的《現代十六家小品》，1934 年的《模範遊記文選》，1935 年的《名人日記隨筆選》〔註 37〕等。顯然，這其中不乏阿英所謂「爲稻粱謀」的營生，並非正經事業。但即便如此，我們還是可以從中發現一個微妙的問題，即大致在 1932、1933 年之前，他對日記、書信、小品文的理解基本都是在郁達夫所提供的方向和層次上，而在 1932 年之後，則幾乎轉向了明文、尺牘這樣一些周作人意義上的更爲明確的小品文譜系。

正如我前面所說，對三十年代小品文的研究，有幾個人是不容忽視的，即周作人、林語堂和郁達夫。周、林二人在發源及傳佈上的作用在前一章已述及，但是郁達夫在小品文運動中的位置在現有研究中仍是不充分的。事實上，除了後來的《中國新文學大系散文二集導言》和一篇《清新的小品文字》，及《重刊〈袁中郎全集〉序》外，郁達夫本人對小品文的直接發言是很少的，他對於散文理論的貢獻比較多的是來自其早期對日記、書信文體等的提倡。當三十年代周作人、林語堂卷起小品文運動，使小品文在現代散文中成爲一個具有獨立意義的文類時，郁達夫事實上並沒有直接地參與這一構造活動，他的所謂「參與」在某種程度上也是被像阿英這樣的左翼批評家建構起來的。前面已經談到，阿英在爲小品文梳理脈絡時爲了昭顯那一左翼文學的傳統而有意將雜文、乃至左翼作家的其它散文作品都塞入了周作人建構的那一晚明文系統中，他爲郭沫若、茅盾等都剪裁了一個小品系列，郁達夫也不例外。在《現代十六家小品》中，他這樣寫道：

> 郁達夫創作的歷史雖已是這麼久，但把他作爲小品文作家而存在，卻是近頃的事。他是一個創作家，也是一個優美的散文家，讀者在過去對他的認識一貫是如此。雖然在《奇零集》裏，他寫過《小品五題》，《立秋之夜》，《藝術家的午睡》，《牢騷四種》，《骸骨迷戀者的獨語》，《送仿吾的行》，究不能像他的創作一樣，能以引起廣大的注意。直到近頃，他才大量的寫作小品隨筆一類的文字……〔註 38〕

顯然，阿英也意識到了，作爲散文家的郁達夫與作爲小品文家的郁達夫之間是有細微差異的，小品文這一範疇，乃至創作的模式在當時都來自一個特定

〔註37〕 參見錢厚祥：《阿英散篇文章目錄》，見《阿英全集·附卷》，合肥：安徽教育出版社，2003，第 296～391 頁。

〔註38〕 阿英：《郁達夫小品論》，見氏著：《無花的薔薇——現代十六家小品》，第 257 頁。

的源頭和規範，那就是以周作人的《中國新文學的源流》作爲理論指導，搭配沈啓無的選本作爲典範，兩者的合成幾乎就爲小品文確定了一個相當完整和穩固的闡釋體系。因此在這個意義上，阿英非常清楚在當時的語境中，作爲散文創作老手的郁達夫也只能算是小品文系統中的新人，眞正稱得上是「小品文」創作的也是「近頃」的事。但不得不承認，後來在小品文中被作爲重要範疇的日記、書信（尺牘）、記遊等文類，郁達夫早在二十年代就已提起並倡導，正如我所例舉的阿英在 1932 年之前編輯的幾部文學工具書所顯示，他本人在早一時期所使用的也幾乎就是郁達夫所提示的那幾個範疇。

在 1929 年出版的《語體應用文做法》中，列入附錄作爲重要理論來源的是幾篇文章：周作人的《日記與尺牘》，郁達夫的《日記文學》，夏丏尊、劉熏宇的《小品文》，馮三昧的《小品文與現代生活》。顯然，這些關於小品文的理論文獻在當時是尚不成系統的，只是作者的拼湊結集。不僅如此，小品文在當時的範疇和界定也並不像三十年代那樣明確，三十年代經過周作人的揀選，事實上尺牘（書信）、雜記、隨筆、遊記等各種形式都幾乎被整編入內——當然周氏對小品文的定義主要還不是體裁、形式上的，而是在一種內在精神，即他推崇的明文的抒性靈與對載道文學的反撥。我們看阿英在《語體應用文做法》中提到的幾種文體，他將之分爲日記、小品文、書信三類，但事實上我們發現他在具體的介紹過程中，三者間的界限是相當模糊的。郁達夫的《日記文學》更是他在談及每一部分時必引之文獻，郁達夫在文中所言：「散文作品裏頭，最便當的一種體裁是日記體，其次是書簡體」，「以日記體寫下來的文章，除有始有終的記事文之外，更可以作小品文，感想文，批評文之類，它的範圍很廣很自由」〔註 39〕，這幾乎成爲阿英敘述中的一個綱領文獻。日記、書信、小品文三者在他的具體論述中其實不存在根本區別，每一種文體都幾乎被概括爲兩點：對個體感情的寫眞、賦予情趣，以及無所不可入其中的雜糅性，這正是郁達夫對日記文學的點評。事實上，當郁達夫在二十年代談論日記文學時，他所著重的仍是他對私文學這一範疇的偏好；不僅如此，在另一篇被阿英同樣引爲參照理論的周作人的《日記與尺牘》（1925年）中，周氏所敘述也同樣是一種在情趣和趣味上的偏好，與郁達夫所說「由我個人的嗜好來講，我在暇時翻閱旁人的著作的時候，最喜歡讀的，是他的

〔註39〕郁達夫：《日記文學》，見《郁達夫全集》，第 10 卷，杭州：浙江大學出版社，2007，第 287 頁，第 293 頁。

日記，其次是他的書簡，最後才讀他的散文或韻文的作品」〔註40〕是一個意思。也就是說，當二十年代末小品文尚未被周作人整合為一種獨立的門類，以及作為一種對抗性的資源公然推出之前，阿英對小品文的理解基本就是在郁達夫關於私文學的定義上的。

不僅是阿英，包括後來的很多研究者都將郁達夫作於 1933 年的《清新的小品文字》一篇作為其在小品文運動中的重要發言，並將之視為郁達夫對周作人之小品文理念的重要支持。文中有一段話，通常不易引起注意，因為表述實在普通得很，他寫道：

> 細密的描寫，若不慎加選擇，鉅細兼收，則清字就談不上了。
> 修辭學上所說的 Trivialism 的缺點，就係指此。既細且清，則又須看這描寫的真切不真切了。中國舊詩詞裏所說的以景述情，緣情敘景等訣竅，也就在這些地方。譬如「楊柳岸，曉風殘月」，完全是敘景，但是景中卻富有著不斷之情；「萬里悲秋常作客，百年多病獨登臺」，主意在抒情，而情中之景也蕭條得可想。情景兼到，既細且清，而又真切靈活的小品文字……〔註41〕

郁達夫對小品文的敘述基本仍是延續了此前他對日記文學的觀點，即基本是在一種作為創作方法談的層面上進行討論。這裡，郁達夫所反覆述及的所謂「細、清、真」，正是從創作方法的角度將小品文所隱含的一種特有的抒情方式提示出來了。而周作人則不同，事實上周作人從來不曾關注或強調過小品文本身的創作實踐，小品文在他那裡更多的是作為一種觀念資源和理論資源，正如廢名所說，如果具體到文風和書寫本身，周作人與公安派根本是兩路。而相反，郁達夫恰恰是從其作為散文創作家的經驗出發，在一種實踐層面上表達了他的「小品文」觀。他所談論的那一「情景兼到」，抑或是談日記文學時所說「可以使真實性確立，使讀者於不知不覺的中間受催眠暗示」〔註42〕等，指向的正是一種在他看來極為有效的文學手段和寫作經驗。

阿英在評述郁達夫三十年代的所謂「小品文」寫作時曾將之劃為幾類：紀遊一類，以《釣臺的春晝》為例，勝在「清新」，重在「抒情」；紀敘的一類，以《移家瑣記》為例，以老練簡明見長；另一類是諷刺、憤激的社會雜

〔註40〕同上，第 288 頁。
〔註41〕同上，第 100～101 頁。
〔註42〕同上，第 287 頁。

感，以《猥言瑣記》爲例；還有就是日記，也較之早期的《日記九種》更顯老練，不復有青年憂鬱症的情緒〔註 43〕。郁達夫在三十年代小品潮中的位置主要是由他的一系列紀遊文奠定的，而這一門類正是當時沈啓無所編《近代散文鈔》中引爲小品文典範的一個重要部分。我們看當時《散文鈔》所收篇目，主要以各家的序跋、文抄、題詞爲主，之外就幾乎全部爲紀遊文——序跋是其中作爲理論綱領示人的，而紀遊文則自然成爲小品文寫作的典範。當時的讀者大眾無疑也注意到了作爲倡導者的周作人及其推薦的俞平伯、廢名等創作的散文其實與他們所給出的歷史典範之間存在著不小的差異，而恰恰是郁達夫最恰如其分地作出了一種示範。

三十年代對散文形態進行最終整合的是林語堂及其刊物，正如我在前一章所述，經過《論語》、《人間世》等雜誌的反覆渲染，小品文才得以呈現爲一種具體可觀的形態。以當時《人間世》的創刊號爲例，它在首期文章的安置上便是頗有考量的：周作人的《廠甸》、劉半農的《雙鳳凰磚齋小品文》、劉大杰《春波樓隨筆》是文人雅趣的一類，徐懋庸《金聖歎的極微論》、阿英的《嘿與謙》是專論文的一類，黃廬隱《窗外的春光》是延續抒情散文的一類，郁達夫《臨平登山記》是紀遊文，鶴西《落葉樹》及廢名的《跋〈落葉樹〉》則是代表了廢名風的古典澀味的抒情文一類，徐訏的《論煙》是西洋小品文的樣式，另有徐志摩的《日記》。事實上，細看這一些篇目就可以發現，在這本以推行小品文創作爲旨意的刊物中，對小品文的門類、樣式究竟可含哪些這一問題其實是有比較清晰的規劃的。林語堂在小品文運動中的貢獻便在於，他在周作人給出的理念指導外將「小品文」這一形態落實，並在其名目下重新整理規劃了前一時期以來的所有散文創作的樣式。而正是經過他的這樣一種整合，包括郁達夫在內的以往的各位散文作家均在小品文序列中被安置了適當的位置。

〔註 43〕 阿英：《郁達夫小品論》，見氏著：《無花的薔薇——現代十六家小品》，前揭，第 259 頁。

第七章　「專家」作爲一種方案：
　　　　沈從文與胡適

第一節　從滬上歸來：《記丁玲女士》與「文學者」的
　　　　態度

　　討論沈從文三十年代初的文學創作，《邊城》、《湘行散記》無疑被作爲典範，但是避開這兩部打磨光圓的作品，我所感興趣的卻是同時期的傳記小說《記丁玲》〔註1〕。1933年7月20日至12月18日分二十一期在《國聞周報》連載的《記丁玲女士》是沈從文回到北京後出產的第一部具有轟動效應的作品，之後便隨即有《邊城》於1934年1月1日連載至4月23日，同時伴隨著他當時主編《大公報・文藝副刊》，回京後的沈從文迅速在文壇，乃至市場雙方都站住了腳跟。而與《邊城》不同的是，《記丁玲女士》在當時引起的關注很大一部分是來自事件性的，一位左翼女作家失蹤，並可能已被害，無疑成爲當時滬上、北京各大報紙爭相報導的熱點。一時介紹丁玲生平、創作，乃至來自各方面的評論都紛紛出場，圍繞丁玲的被捕或「遇害」，當時不僅有來自文藝圈的聲音，同時也構成爲一個廣泛的媒體事件。沈從文最初作《丁玲女士被捕》，目的就在於尋求一種來自公眾輿論的「讚助」，對政府虐殺知識分子、控制文藝的愚蠢策略發出抗議。當時發表這篇文章的是胡適回平後主編的《獨立評論》，在卷末的「編者附記」中，胡適這樣寫道：

〔註1〕連載初期使用的題目爲《記丁玲女士》，出版時則改爲《記丁玲》。

　　　　　此文排成後，已校對上版了，今日我得著上海市長吳鐵城先生
　　　來電，說：「報載丁玲女士被捕，並無其事。此間凡關於一切反動案
　　　件，不解中央，即送地方法院。萬目睽睽，絕不敢使人權受非法摧
　　　殘。」此電使我們很放心。因版已排成，無法抽出此文，故附記此
　　　最近消息於此，以代更正。〔註2〕

顯然，胡適此時在議政辦刊上已吸取了之前「新月」時期被冠以「反革命」
罪，而致與國民黨幾乎決裂的教訓，他一方面非常策略性地以已排定版面，
不易更換爲藉口發表了沈從文的這篇文章，另一方面卻又非常恭順地說明「更
正」，表示相信政府所言屬實以安撫當時這位上海市長的抗議。在這次事件
中，沈從文以丁玲舊友的身份四處奔忙，而所求助者無非是南京政府中的友
人以及北京學界像胡適、蔡元培等素與政府有些交道的學者。早在 1931 年胡
也頻被捕後，沈從文就曾動用他與胡適、徐志摩等的關係聯絡到吳經熊、蔡
元培、楊杏佛等人轉託關係，在《記丁玲女士》中他甚至公然抱怨：胡也頻
因左傾事被捕，而「所謂同志們，除袖手旁觀外不聞作任何營救。爲海軍學
生各處去電設法營救的，便也正是成爲所謂『前進思想作家謠言與輕視之準』
的兩人」〔註3〕，所指就是胡、徐二人。（當然這種說法後來遭到丁玲的駁斥，
趙家璧曾回憶，據樓適夷的說法，營救丁玲主要是黨主持的，而由民盟出面，
包括魯迅、楊杏佛等，其中楊杏佛出力最大，而楊的隨後遇刺也可能與此有
關。丁玲更直接說：「過去有些書上的說法，似乎左聯沒有管我，而是另外的
什麼人在營救我，這不合乎事實。」〔註4〕）

　　基於沈從文在這次左翼事件中的特殊位置，他無疑成爲這一事件最可靠
的敘述人。1933 年 7 月 22 日立達書局出版了由張惟夫編輯的《關於丁玲女
士》，其中所收文章主要在三方面：丁玲的生平、前後期創作的評價、被難前
後各方的營救等。這一次敘述是以左翼的聲音爲主，主要表現的是丁玲如何
從《在黑暗中》時代的小資產階級女作家而成長爲一名左翼作家的轉變過程，
其中小說集《夜會》，丁玲失蹤前正在創作的長篇小說《母親》，以及曾受到

─────────────────

〔註2〕　胡適：《〈丁玲女士被捕〉編者附記》，刊於《獨立評論》，第 52、53 號合冊（1933
　　　　年 6 月 4 日）。

〔註3〕　沈從文：《記丁玲女士》，刊於《國聞周報》，第 10 卷第 39 期（1933 年 10 月
　　　　2 日）。

〔註4〕　趙家璧：《重見丁玲話當年──〈母親〉出版的前前後後》，見氏著：《編輯憶
　　　　舊》，北京：生活・讀書・新知三聯書店，1984，第 81 頁。

茅盾欽點的《水》，都被作爲其文學創作的重要時刻。但正如前一時期的左聯五烈士事件一樣，這種來自左翼的闡釋是相對薄弱的。1931 年胡也頻被害，沈從文也深度參與了整個事件，並在事後以一個知情者、密友和非左翼人士的身份追述了胡也頻的生平、戀愛、創作及所謂革命事業。三十年代，《記胡也頻》（包括後來的《記丁玲》）與左翼試圖建構鮮明的「革命文學家」形象的進程是同步的，但與沈從文大量的私密訊息和描寫性內容相比，左翼對闡釋權的把握就顯得相對乏力了。張惟夫在輯入沈從文的幾篇文章時曾這樣說：「沈的不平鳴，並非具有正確的社會的意義，只偏於個人的私意，但是對丁玲這樣一位重要的人的文字，又是很公開的發表過的，在編書的人，不是很有利益的材料嗎？」〔註5〕顯然，編者雖然對沈從文在這一事件上的絕對發言權不滿，但是也不得不承認，他所提供的資料和訊息在當時是頗有價值的。

據《丁玲失蹤考》，當時的案件頗爲撲朔，丁玲失蹤的消息最早是由上海《大美晚報》（英文）於 1933 年 5 月 17 日披露的，其後《中國論壇報》等相續報導，至 5 月 27 日上海《晶報》則更詳細載錄了被捕時的情形，幾家報紙於是連番轉載，矛頭指向上海公安局，但公安局只承認逮捕過潘梓年，因潘係中共江蘇省委員，而否認對丁玲的逮捕。於是便有了上文所載上海市長吳鐵城致胡適的聲明信。期間《大公報》曾一度登出丁玲已被害的消息，但隨即遭到《庸報》的澄清。而截止這篇《丁玲失蹤考》，最近的消息是出自蔣夢麟之口，1933 年 7 月 12 日《華北晚報》載，蔣夢麟稱：「左翼女作家丁玲未死，現已表示悔悟，生活尚優待……」〔註6〕。國民黨採取這一策略，一方面無疑是因遭到學界和社會對其秘密手段的牴觸，另一方面放出這樣的「失節」的消息，本身也是對左翼的一大打擊。從上述的媒體信息來看，丁玲事件在當時確實情況複雜，而一些大眾媒體中也不乏八卦造謠，以所謂秘聞嘩眾取眾，《大公報》6 月 25 日「上海消息」就曾公然聲稱，丁玲已被誘降，並已同逮捕她的上海公安局督察，實係中統特務的馬紹武同居，並致馬於 6 月 14 日被中共狙殺云云，這些傳言就曾被魯迅斥爲無恥。因此，沈從文於 1933 年 7 月即開始連載《記丁玲女士》，在當時看來，不僅及時，而且頗爲應時。及時是在於他以一個親歷者的身份塑造了一個更有說服力的女作家的形象，對當

〔註5〕 張惟夫：《沈從文對丁玲被捕的前後二個不平之鳴》，見氏編：《關於丁玲女士》，北平：立達書局，1933，第 77～78 頁。

〔註6〕 《丁玲失蹤考》，見張惟夫編：《關於丁玲女士》，第 75～76 頁。

時滬上報媒之間的捕風捉影給予了一記有力回擊，但另一方面，在沈從文而言，《記丁玲女士》也是他離開上海後而仍保持著一種滬上作風的最後一部作品了。據聞丁玲在八十年代讀到此書時憤怒異常，並親自撰文批駁〔註7〕，原因就在於沈從文在故事中摻入了那些令她不齒的風月和「趣味」。而這些風月和「趣味」何嘗不正是沈從文從那個滬上賣文時代所保留下來的習氣呢？

沈從文是中國作家中比較早地意識到出版市場的重要及職業作家謀生之法門的人，他在滬上期間連續出產的《第一次做男人的那個人》和《雨後》等文，他自己後來也明白地承認是對當時滬上風氣的模仿。在他自存的《雨後及其他》中，在《雨後》一篇文末記有這樣的題識：

> 這文章好像是在一種時行風氣下寫成的。寫成後很不高興，因為本來並不想如此寫。但直到後來（一年半以後）寫成了《夫婦》（在《小說月報》發表），我自己才明白為了某一種病的情感，寫這類故事，在我手下較順，但同時我一切文章，就毀到這個方向上了。
> 〔註8〕

可以發現，1933 年沈從文向海派發起的批評與《記丁玲女士》的書寫活動基本是重合的，後來在其論文中以概括的方式點到的各種文壇現象也幾乎都在《記丁玲女士》中以夾敘夾議的方式論及。一直以來我們都將沈從文的《文學者的態度》及《論「海派」》諸篇作為他在「京海之爭」中發言的主要參照，但事實上，那幾篇論文恰恰是對《記丁玲女士》，包括先前的《記胡也頻》中一些具體敘述的概括。但有趣的是，正是在沈從文向滬上惡劣的商業氣發起批判的同時，《記丁玲女士》也在事實上成為當時一種暢銷讀物。《國聞周報》在刊載小說數期後曾登出編者附記：

> 《記丁玲女士》一文，已博得讀者的歡迎，當無疑問。近得作者沈從文先生來函，謂「拙作續寫下去，便為胡也頻死後種種，惟涉及此類事時，照所經過記下，字數或較之預期者為多。因之對於貴刊久載此文，是否能引起讀者興味，思之頗為疑惑。」這我可以告訴沈先生，是無須疑惑的。〔註9〕

〔註7〕 參見丁玲：《也頻與革命》，刊於《詩刊》，1980 年第 3 期。

〔註8〕 沈從文：《題〈雨後及其他〉》，收《藝文題識錄》，見《沈從文全集》，第 435 頁。

〔註9〕 《關於〈記丁玲女士〉》，刊於《國聞周報》，第 10 卷第 32 期（1933 年 8 月 14 日）。

在這篇《附記》中，編者不僅表明了這一部傳記在當時的受歡迎程度，而且也進一步將沈從文所提供的閱讀提示或指導傳達給讀者，編者轉錄了沈從文對這部作品體裁的一段解釋，「間於敘述中復作推斷與批評。在方法上有時既像小說，又像傳記，且像論文……」〔註10〕當時這部作品的成功也就在於其基於傳記和小說邊界的模糊形態，依託於左翼女作家失蹤這一新聞事件，而進一步敷衍成了另一個關於「莎菲女士」的故事，不僅如此，在沈從文筆下更不缺乏當時讀者所期待的「私密」。在他自己的聲明中亦給出過這樣的提示：「私意此文以作傳讀，或可幫助多數讀者瞭解此女作家作品與革命種種姻緣」〔註11〕，但事實上，《國聞周報》在一開始就將之列入「小說」一欄，這種有意無意的模糊和引導在當時的出版方一面也未必不見得是一種營銷策略。劉禾在談及激進文學與三十年代的出版業時，曾以巴金《家》的暢銷來反駁趙家璧、劉半農等在當時所描述的關於新文學的蕭條之象，指出趙作爲一名精明的編輯，正是通過製造一種五四文學進入第二個十年後面臨壓抑和消亡的語境，來爲其編輯《中國新文學大系》謀求一種號召力。劉禾指出當時新文學在商業上並非如趙、劉等敘述得那樣慘淡，巴金的《家》就是典型的「商業化的進步作品」〔註12〕，甚至從舊有的鴛蝴派那裡爭奪了一大批讀者。另一個例子就是 1933 年 6 月，趙家璧出版丁玲未完稿的自傳體小說《母親》，此書是在丁玲失蹤後趕在半月內印成出版的，據趙回憶這部小說在當時銷量極佳，「第一版印四千冊，一個月銷光，十月和十二月各再版兩千冊」〔註13〕，當時在出版界已頗有成果的趙家璧也不得不驚歎這簡直是書業界的一個奇跡。並且良友爲了擴大影響，或有今天說的炒作嫌疑，同步發售了一百冊帶編號的作者簽名本，發行首日即被搶購一空。不僅如此，沈從文連載於《國聞周報》的《記丁玲女士》也一併被趙家璧看中，1934 年 9 月經過國民黨圖書審查制度的刪改終以《記丁玲》名出版，並在當時的《良友》圖畫雜誌上登載了如下廣告：「丁玲女士的一生，可以說只有作者沈從文先生知道得最清楚。本書從丁玲的故鄉和她的父母寫起，作者特有的那支生花妙筆把一個衝破了舊家庭束縛到大都市裏來追求光明的新女性，活現在

〔註10〕 同上。

〔註11〕 同上。

〔註12〕 劉禾：《〈新文學大系〉的製作》，見氏著：《跨語際實踐——文學，民族文化與被譯介的現代性（中國，1900～1937）》，宋偉傑等譯，北京：生活·讀書·新知三聯書店，2008，第 306 頁。

〔註13〕 趙家璧：《重見丁玲話當年——〈母親〉出版的前前後後》，前揭，第 87 頁。

讀者的眼前，是中國新文學運動以來第一部最完美的傳記文學。」〔註14〕這一部書早在《國聞周報》連載時，涉及胡也頻被捕前後以及夫婦在滬上時的活動內容就已遭多番刪改，而當趙家璧欲將其出版成書時，更受到嚴厲排查，刪去三萬餘字，幾乎支離破碎，但即便如此趙家璧還是謀盡辦法，甚至以賄賂的方式令之出版〔註15〕。這裡面除了出於一種社會責任，和對政府行為的抗議外，來自商業上的考量也是一個重要因素。因此，無論是出於當時期刊、出版策略，還是沈從文的寫作策略，《記丁玲女士》（或《記丁玲》）都構成為一部特殊作品，這部書非常奇特地將暢銷、趣味，革命，文學批評，政治批判等多個層面涵括一齊，沈從文回到北平後某種程度上正是依靠這部作品不僅建立起了他在文學上的發言資格，同時也形成了他在政治上明確的批評立場：同情於進步文學，批判政府的恐怖壓迫，而同時與左翼劃清界限。當三十年代他坐鎮北方，並開始對新文學以及文壇現狀輸出意見時，我們都幾乎忘記了他在最初是以這樣一種暢銷書作家的身份，參與當時文壇事件的製造與衍生的。

　　1934 年，在《記丁玲女士》和《邊城》均獲得良好的反響後，沈從文即開始擬編個人的選集，雖然這種選集在滬上期間已有幾種，如 1930 年由上海神州國光社出版的《沈從文甲集》，1931 年新月書店出版的《沈從文子集》等，但他個人第一次提及選集事是在 1934 年 1 月湘行途中，在給張兆和的信中他這樣寫道：「我想印個選集了，因為我看了一下自己的文章，說句公平話，我實在是比某些時下所謂作家高一籌的。我的工作將超越一切而上。我的作品會比這些人的作品更傳得久，播得遠。我沒有辦法拒絕。我不驕傲，可是我的選集的印行，卻可以使些讀者對於我作品取精摘尤得到一個印象。」〔註16〕顯然，此時的沈從文正對自己的文學創作充滿自信，提出這一編輯選集的計劃也不同於滬上賣文時期的行為，從他對張兆和粗略描述的篇目──《柏子》、《丈夫》、《會明》、《龍朱》、《月下小景》、《都市一婦人》、《虎雛》、《黑夜》、《愛欲》〔註17〕──不僅可以看出他當時對自家創作成果

〔註14〕轉引自范用編：《愛看書的廣告》，北京：生活・讀書・新知三聯書店，2004，第 100 頁。

〔註15〕趙家璧當時不得不購買了其中一名圖書審查委員的書稿作為交易。

〔註16〕沈從文：《橫石和九溪》，《湘行書簡》，見《沈從文全集》，第 11 卷，第 181～182 頁。

〔註17〕雖然這部集子在當時並沒有立即付印，而是直到兩年後，1936 年才由良友圖書印刷公司出版了與上述目錄較為相近的《從文小說習作選》。篇目包括：《三

的掃描，同時也顯示了他之準備輸出文學觀念的企圖。除了編輯這個選集外，沈從文當時還打算作一篇《我為何寫作》，「寫我如何看別人生活以及自己如何生活，如何看別人作品及自己又如何寫作品的經過」〔註18〕。選集搭配創作經驗談，顯示了沈從文當時在文學規劃上的有意識的組織，他所打算選入集中的篇目幾乎涵括了自二十年代末以來創作趨於成熟後的代表作。尤其是 1927 年創作的《柏子》，標誌著他由前一時期書寫郁達夫式的青年的苦悶，及對湘西奇聞異事的搬運而真正進入到了一個觸動「人性」，不僅僅停留在故事層面的寫作階段。可以說，如果二十年代末的出版業沒有發生歷史上的那一次重大遷徙，那麼無疑沈從文將繼續沿著《柏子》所顯示的**趨勢**寫作。但是 1927 年底、1928 年初沈從文隨著新文學主力的南遷而來到上海後卻很快又陷入了先前初到北京時所遇到的窘境。

　　從 1924 年初到北京，經過幾年的苦住，沈從文不僅結識了徐志摩、林宰平等文壇人物，而且更為關鍵的是，當時他在《現代評論》、《晨報副刊》等刊物上已有比較穩定的發稿量，生活基本得到保證，這也是促使他從早前的青年憂鬱症書寫中跳脫出來的一個主要原因。但是到達上海後，儘管沈從文依然有《新月》和《小說月報》作為主要陣地，但是滬上生活的出息也較北京大得多，這在紀錄了他當時心境的《不死日記》中可以窺見，1928 年 8 月 26 日他這樣寫道：「翻出了三年前的日記來，才明白我還是三年前的我」〔註19〕。在滬上的一年多時間裏，沈從文備受生活的折磨，他不斷地詛咒上海書商的盤剝，稱那些讚頌他為「天才」的人實為吸血鬼，那種在北京蝸居「窄而黴齋」時的躁動情緒再一次回到他筆下，重又開始不斷囈語著那來自「金錢，名譽，女人」的苦悶。從某種程度上講，沈從文後來對滬上的商業市儈氣橫發指責不是沒有理由的，正如他說，「青年作家中，已就有少數被這壓迫死去了，不死者亦忙於二塊五或一塊五角一千字的工作，日夜孳孳的努力，卑辭和色周旋於市儈間，唯恐居於半施主性質的市儈生氣不要。」〔註20〕滬上期間的大批小說，尤其是《雨後及其他》等集就正是在這種情

三》，《柏子》，《丈夫》，《夫婦》，《阿金》，《會明》，《黑夜》，《泥塗》，《燈》，《若墨醫生》，《春》，《龍朱》，《八駿圖》，《爛》；《月下小景》；《神巫之愛》；《從文自傳》。

〔註18〕沈從文：《橫石和九溪》，前揭，第 182 頁。
〔註19〕沈從文：《中年》，《不死日記》，見《沈從文全集》，第 3 卷，第 438 頁。
〔註20〕同上，第 430 頁。

境下出產的,即沈從文說的「某一種時行風氣」,但這些無疑是要被排斥在 1934 年規劃的個人選集之外的,因為彼時的選集將是建構性的,一種行將被宣言和輸出的文學理念正在其中。

「文學」之於沈從文具有一種本體意義,在《記丁玲》中,他就非常有意地提到了二十年代末中途流產的「中國著作者協會」以及 1931 年胡也頻被捕前曾與他商議籌備的另一個「作家協會」。按照沈從文的敘述時間,胡也頻是在被捕當天向他提及這一事的,而且從他給出的組織名單:葉聖陶、陳望道、章錫琛等,皆為當時出版界代表,那麼這一組織應該不是指當時已成立的左聯,並且據沈從文描述,他當時亦被勸服加入該協會。關於這個組織,沈從文寫道:

> 海軍學生就告給我有人正在舊事重提,商量「作家協會」進行組織的事情。發起那個組織的動機,既由於《創造社》,內部一切也有被《創造社》控制的情形,到後這會便無結果而散。這一次,卻似乎因商務編輯部與資方發生了齟齬,那方面有幾個人在本身痛苦上,感到這協會組織有存在的必要,同時又有些人以作家地位,也認為這會應當努力弄成,作家中之純左翼,則尤其需要這個會來幫助他們在出版上取得最大的自由,在商人間辦交易方能得心應手,故海軍學生及其他諸人,如葉聖陶、陳望道、章錫琛……莫不認為這個協會有產生的必要。〔註21〕

顯然,在沈從文的描述中這個正在籌備中的「作家協會」的主要目的在於借助當時滬上有影響力的出版人與編輯者之力來保護著作者的權益,而位列於名單的正是當時一批游離於左聯之外的進步人士,葉聖陶、陳望道等。據沈從文的轉述,胡也頻對這一組織所能發揮的作用充滿樂觀,認為這一機關只要能夠公平地產生出來,先建成一個「同商人對抗的團體」,進一步則可以不合作的原則「從政府方面爭取出版的自由」〔註22〕。沈從文無疑質疑這種樂觀,他寫道,這個組織預期的主幹是各大書店的「有力編輯」及期刊的「責任編輯」,但是這些人莫不是受雇於商人,而要他們替作家說話似乎並不全然可靠,並且這一批人若不是作為書業股東、編輯,幾乎不能被列為作家資格,因此,雖然「從表面上而言,彷彿他們一來就可以控制出版業者的惡習」

〔註21〕沈從文:《記丁玲・續集》,前揭,第 147 頁。
〔註22〕同上,第 148 頁。

〔註 23〕，但事實上，他們是否眞正對於中國的文學事業有益尚不可斷言。沈從文並不否認成立作家聯盟的必要，但是他所質疑的是當時胡也頻等籌謀的人選，這一批人並不可能眞正地帶動中國創作文學本身的質量。

事實上，1934 年至 1936 年，沈從文自己就曾數次致信胡適，向當時已就任中華教育文化基金會董事的胡適提出一項請求，「我很盼望先生特爲提出，看看是不是可以提出那麼一筆錢，來作文學獎金或關於這方面地事業的使用。」〔註 24〕希望通過胡適爲當時的青年作家及新文學的發展謀求一些來自基金的讚助。沈從文對新文學（嚴格來講是新文學「創作」）始終具有一種功能上的強烈認可，正如他在信中說：

> 使中國產生一個新的文化，或再造一個新的國家，單是十個大
> 學院的科學研究生與廿個中國上古史的研究者，以及幾十本翻譯名
> 著還不夠用。在造就科學家以前，還必須如何讓先一點造就國民對
> 於科學尊重的觀念，以及國民堅忍結實的性格。且必需瞭解目前中
> 國新文學的發展，在一個民族趨向健康的努力上，它負了多少責任，
> 且能夠盡多少責任。〔註 25〕

顯然，沈從文此時仍秉持著一種新文化運動時代的「文學家」的使命意識。三十年代初，他用以挑戰魯迅、周作人等所謂「新文學之舊作家」的恰恰就是早一時期他們所提出的「人生文學」的理念，1921 年，《文學研究會宣言》中便有：「建立著作公會的基礎」，「以這事爲他終身的事業，正同勞工一樣」〔註 26〕等語。五十年代，沈從文在接受思想改造時亦曾檢討自己：「死抱住五四文學工作者原則，少變通性，在工作方式上還充分保留小手工業生產情緒」〔註 27〕。而有趣的是，三十年代初，當年的發起者們已彼此分道，各自以獨立的形態散落於文壇諸角，而恰恰是沈從文這個對第一個十年的文學進程參與程度不高的新晉作者重新提起了這一文學的嚴肅態度。姜濤在《五四新文化運動「修正」中的「志業」態度——對文學研究會前史的再考察》〔註 28〕

〔註 23〕同上，第 149 頁。
〔註 24〕沈從文：《致胡適》（1934 年 6 月 25 日），見《沈從文全集》，第 18 卷，第 207頁。
〔註 25〕同上，第 208 頁。
〔註 26〕《文學研究會宣言》，刊於《小說月報》第 12 卷第 1 期。
〔註 27〕沈從文：《我的分析兼檢討》，見《沈從文全集》，第 27 卷，第 74 頁。
〔註 28〕姜濤：《五四新文化運動「修正」中的「志業」態度——對文學研究會前史的

一文中，就曾通過對文研會的前身鄭振鐸、耿濟之、瞿秋白組織的「社會實進會」及其刊物進行考察，指出隨著新文化運動的展開，內部出現了一股修正思潮，即要求由先前單薄的群眾運動轉向一種「固本培元」的專業化的知識運動，將最初設定的「自下而上」的社會改良目標轉向一種對運動者自身的「修正」。文研會在後來所提出的「以文學為業」的口號正是當時這一思潮的產物。因此，新文化運動之「為人生」的主張並不是單向度的，而是處在社會運動和文學運動相纏繞的總體語境中。三十年代，周作人、胡適等「老作家」紛紛對那些黨派性的文化政治勢力及其在文字使用上的功利主義予以否定，甚而為了表達一種反撥意見而開始對五四時期的主張進行自我反省；但也正如姜濤的論述中所說，二十年代中以後來自左翼的某種在文學使用上的社會目的，或者用周作人的說法是「載道」，事實上仍是胎生於五四時代所集體表達的那一文學態度，是在社會學與文學之間很難分割的一種整體實踐。因此，從這個角度上來看沈從文在三十年代發表的這一「返回」的文學觀，恰恰不是那一後來在文學史中被反覆提及的「純文學觀」，而是另一種關於文學的功利主義。

這一點在談論「京海之爭」時我已提到。1946 年，沈從文在總結自己的文學觀，並著手將其輸入於戰後的文藝復興時曾表達過這樣一個理想：「守住新文學運動所提出的莊嚴原則，從『工具重造』觀念上有所試驗，鍥而不捨的要人，從『工具重用』觀點上，把文學用到比宣傳品作用更深遠一些」〔註 29〕。事實上，這一「比宣傳品更有作用」的要求與周作人等在三十年代所操持的那一新的文學啟蒙在根本上是一致的，即強調一種文學所可能發揮作用的領域、方式和限度。但不同的是，沈從文對文學這一功用的表達不是通過周作人式的否定的路向，而更是在一個積極的層面上，他對文學於世道人心之功用充滿了自信。

1933 年華北事變後，沈從文曾這樣寫道：

> 有心人必承認，到中央勢力完全退出時，文字在華北將成為唯一抵抗強鄰堅強自己的武器。三十歲以上一代，人格性情已成定型，或者無可奈何了，還有個在成長中的兒童與少壯，待注入一點民族

再考察》，刊於《文學評論》，2010 年第 5 期。

〔註 29〕沈從文：《從現實學習》，見《沈從文全集》，第 13 卷，第 380 頁。原載天津《大公報·星期文藝》，第 4～5 期（1946 年 11 月 3 日、10 日）。

　　情感和做人勇氣。〔註30〕

正是出於這一目的，他與楊振聲等接受了當時一個國防機構的委託爲華北學生編輯教科書和讀物，這項工作一直持續到抗戰。顯然，他非常清楚文學所可能達到的作用，而且也明白在當時的環境中，文學和文學家已不可能再純然以一種「自由主義」的姿態立足於社會，正如他說，「文運既由個人自由競爭轉而成爲黨團或書商勢力和錢財的堆積比賽」，那種以「老京派」的派頭埋頭寫作，然後用自由投稿的方式發言的人，早已是沒有出路了〔註31〕。八十年代丁玲在斥責沈從文時稱他有「市儈氣」，如果不是在一個貶義的層面上，沈從文的確對當時這種文學與市場、權力之間的關係認識得極爲透徹。

　　在一個更大的層面上，沈從文相信文字能重造民族。他說：「中國民族既然是個受文字拘束住了的民族，眞正進步的希望就依然還建設在文字上」〔註32〕。在沈從文看來，中國近代以來的各種革命改良運動無不借助文字以達成其效果，文字在中國所擁有的煽動力是頗可觀的，對於文字的這種「力」所需警惕的只是對它的濫用和缺乏限制，只要有效地使用文字，就可以使之成爲一種歷史進步的動力：

　　　　中國需要進步，倘若進步的理想是：一切腐敗不長進觀念與行
　　動的掃除刷清，以及求進步時所需的秩序、組織、技術的重視，……
　　　　想做到這一點，可運用的工具，看來也就只有文字。〔註33〕

胡適曾批判「名教」，認爲「名教便是崇拜寫的文字的宗教；便是信仰寫的字有神力，有魔力的宗教。」〔註34〕早一代文人，像周氏兄弟、胡適等其實都分享了這樣一種對「事功」的信仰，認爲「言」在某種意義上正代表著一種虛妄的歷史動力。但顯然，沈從文在這裡反其道行之，他明確表示：文字在中國的確極易形成爲一種「符咒」或「經典」，並由此而生一種足以傾倒世人的魔力，但是必須有信心的是：「一個玩弄符咒的術士，本人決不會爲符咒所迷惑」，而同樣的，「一個作家必需把文字發生符咒魔力，同樣不應當畏懼文字」，而如果作家間依然流行著一種庸俗的調笑或八股風氣，那麼只能證明是

〔註30〕同上，第 384 頁。
〔註31〕同上，第 381 頁。
〔註32〕沈從文：《談進步》，見《沈從文全集》，第 16 卷，第 485 頁。原載 1938 年 9
　　　　月《文藝季刊》，第 1 卷第 3 期。
〔註33〕同上。
〔註34〕胡適：《名教》，前揭，第 52 頁。

作家本身的無膽無識和迷信，眞正偉大的作家必是一個新的經典的創造者，以及信仰的散播者〔註35〕。

到這裡，沈從文對於「文學」之能的理解已經非常清楚了：「文學者的態度」所表達的正是一種同樣的對文學的工具主義的信仰。

第二節　「專家」的由來：胡適與黨派政治

沈從文在三十年代所發出的正是一種基於其職業作家身份而對文學寄寓的期待，在這種期待中，作家對自我身份的認定是一個最基本的標準，即如他說，那是一種「分位」意識。在著名的《文學者的態度》中他寫道：「現在可希望的，卻是那些或爲自己，或爲社會，預備終身從事於文學，在文學方面有所憧憬與信仰，想從這份工作上結實硬朗弄出點成績的人，能把廚子老景的生活態度作爲一種參照。他想在自己的工作上顯出紀念碑似的驚人成績，那成績的基礎，得建築在這種厚重、誠實、帶點頑固而且也帶點兒呆氣的性格上」〔註36〕。由這一「文學者」的職業意識推而廣之，就是一種全社會的「專家秩序」。四十年代沈從文在談及戰後重建時曾多次強調所謂「專門家」治國的理想，他這樣說：「彼時社會對於『人』的知識，或較豐富，政府大半事務，均已有各種科學家參加，凡有措施，必用理性制裁感情，引導國家民族漸漸走上軌道。」〔註37〕沈從文在當時頻頻呼籲社會、政府對那些戰後復員歸來的科學家、專家們施予關注，強調他們在未來國家生活中將扮演的重要角色。不僅如此，他也號召全社會各個人都在自己的分位上發揮一種「分工合作」的精神：「此時誠需要一種嶄新人生哲學，來好好使此多數得重新分工合作，各就地位，各持樂器，合按曲譜，合奏一新中國進行曲。」〔註38〕顯然，經由前一階段的文學思考和文學實踐，此時的沈從文已順理將其在文學上的姿態和觀念嫁接向一種政治或社會的方案。

但這種「專家」意識並不是沈從文的發明，胡適早在 1931 年就提出了一

〔註35〕 沈從文：《談進步》，前揭，第 487 頁。原載 1938 年 9 月《文藝季刊》，第 1 卷第 3 期。

〔註36〕 沈從文：《文學者的態度》，刊於天津《大公報‧文藝副刊》，1933 年 10 月 18 日。

〔註37〕 沈從文：《迎接秋天——北平通信》，見《沈從文全集》，第 14 卷，第 394 頁。原載《論語》第 163 期（1948 年 10 月 16 日）。

〔註38〕 同上，第 397 頁。

種所謂「無黨政治」：

今日蘇俄與意大利的一黨專政是一種代替方法。但也許可用「無黨政治」來代替。無黨政治並非絕不可能。試用孫中山的五權來做討論的底子。

（1）考試制度應該絕對無黨：考試內容可以無黨，試後有保障，陞遷有常格，皆可無黨。

（2）監察制度也應該無黨。

（3）司法制度也應該無黨。

（4）立法機關也可以做到無黨。選舉可用職業團體推選候選人，以人才為本位，任人自由選舉。選出之後，任人依問題上主張不同而自由組合，不許作永久的政黨結合。

（5）如此則行政部也可以無黨了。用人已有考試，首領人才也不妨出於考試正途。況且行政諸項，向來早已有不黨的部分。如外交，如軍事，本皆超於黨派之上。〔註39〕

胡適此時理想中的「無黨政治」的基礎就是一種建立在「考試」制度上的「知識化」管理和專家體制，甚至最終達到取消政黨的目標。這一方案與他早午所實踐的「好政府主義」是相通的，但從二十年代末的「新月」議政時期開始，胡適將這種知識分子對政治的參與權更提升到了一個本質要求的層面，直指國民黨統治的合法性。1929 年 5 月至 6 月間他在《新月》連續發表了三篇文章《人權與約法》、《我們什麼時候才可有憲法？》、《知難，行亦不易》，直斥國民黨的獨裁統治，要求實行憲政和民主法治，後即遭到「政府派」文人的群起攻擊和國民黨黨部的警告。胡適在當時之所以引起南方黨部的如此反應，是在於他對當時國民黨賴於統治的理論基礎——孫中山的建國思想——提出了質疑。

在 1906 年制定的《革命方略》中，孫中山曾將建國步驟分為軍法之治、約法之治及憲法之治三個階段，在談及《約法》時則規定「凡軍政府對於人民之權利義務，及人民對於軍政府之權利義務，悉規定於約法。軍政府與地方議會及人民各循守之。」〔註40〕至 1923 年發表《中國革命史》時，他也再

〔註39〕引自胡適日記（1931 年 7 月 31 日），見曹伯言編：《胡適日記全編》，第 6 卷，第 140 頁。

〔註40〕轉引自胡適：《人權與約法》，見梁實秋、胡適、羅隆基著：《人權論集》，上海：新月書店，1930，第 9 頁。

次強調，在過渡階段「實行約法（非現行者），建設地方自治，促進民權發達」
〔註41〕。但到了 1924 年正式起草《建國大綱》時，卻沒有再規定「訓政時期」
要有「約法」這一條，也沒有進一步明確「法」在建國諸步驟中的位置，而
只強調訓政時期黨的絕對領導權和對國民進行專制訓練的任務，這成為後來
國民黨遲遲不推行「法治」的一個藉口。胡適在最初的《人權與約法》一文
中態度尚溫和，指出中山只是疏漏，並非反對，但稍後在《我們什麼時候才
可有憲法？》中則直接指責「民國十三年的孫中山已不是十三年之前的中山
了」〔註42〕。事實上，民十三後的孫中山對於約法、立憲確實存在著某種不
信任，他在公佈《建國大綱》的宣言中即說：

> 辛亥之役，汲汲於制定臨時約法，以為可以奠民國之基礎，而
> 不知乃適得其反。論者見臨時約法施行之後，不能有益於民國，甚
> 至並臨時約法之本身效力亦已消失無餘，則紛紛然議臨時約法之未
> 善，且斤斤然從事於憲法之制定，以為藉此可以救臨時約法之窮。
> 曾不知癥結所在，非由於臨時約法之未善，乃由於未經軍政，訓政
> 兩時期，而即入於憲政。〔註43〕

孫中山對法的理解顯然不同於胡適，約法、憲政的實施賴於某種國家建設和
民權訓練的完備，因此他在界定何為憲政時期時說：「全國有過半數省份達至
憲政時期，──即全國之地方自治完全成立時期，──則開國民大會決定憲
法而頒佈之。」〔註44〕在經歷了《臨時約法》之失敗的孫中山看來，立憲、
法治乃是在全國基本達到憲政的標準之後才可實行的一種維護性措施，即憲
法、法在某種程度上是消極的。但對胡適而言，「法」卻是一種積極的、具有
建設性的立國工具，這從上述他描繪「無黨政治」的藍圖時就可以見出，一
切政治事務只要有法可依，依法而行，便自然井然有序，可不假政黨之手。

〔註41〕 孫中山：《中國革命史》，見《孫中山全集》，第 7 卷，廣東省社會科學院歷史
　　　　研究所、中國社會科學院近代史研究所中華民國史研究室、中山大學歷史系
　　　　孫中山研究室合編，北京：中華書局，1985～1986，第 62 頁。原載《申報五
　　　　十週年紀念專刊》，1923 年 1 月 29 日。

〔註42〕 胡適：《我們什麼時候才可有憲法？──對於建國大綱的疑問》，見梁實秋、
　　　　胡適、羅隆基著：《人權論集》，第 21 頁。

〔註43〕 孫中山：《制定〈建國大綱〉宣言》，見《孫中山全集》，第 11 卷，第 102～103
　　　　頁。原載廣州《中國國民黨周刊》，第 40 期（1924 年 9 月 28 日）。

〔註44〕 孫中山：《國民政府建國大綱》第二十三條，見《孫中山全集》，第 9 卷，第
　　　　129 頁。原載《民國日報》，1924 年 4 月 12 日。

孫中山曾表示，憲政之前專制政府扮演的是教師角色，「入塾必要有良師益友以教之，而中國人民今日初進共和之治，亦當有先知先覺之革命政府以教之。此訓政之時期所以為專制入共和之過渡所必要也，非此則必流於亂也。」〔註45〕為此他特別發明了「行易知難」的說法來作為這一專制政治的理論依據，他論道：推翻滿清，破壞之革命已成，然建設之革命卻屢不見功效，皆因「知之非艱，行之惟艱」這一數千年根植民心的觀念所致，畏難而止。「行易知難」在本質上是一種革命邏輯，是與孫中山為中國革命所設定的階段相適用的一種基於行動力的心理建設〔註46〕，在革命時代的確是具有鼓動性和積極作用的。但是，當這一理念被投入到所謂「建設之革命」時，問題就出現了：「行易知難」的一個基本前提是對人的分化：「而以人言之，則有三系焉，其一先知先覺者，為創造發明；其二後知後覺者，為仿傚推行；其三不知不覺者，為竭力樂成。」〔註47〕這樣一種「知行分任」的觀念結合「行易知難」，實際上構成了一種統治邏輯，即後來胡適在《知難，行亦不易》中批評的：領袖「知難」，而服從者「行易」。胡適說：中山的目的是「要使我們明白知識是很難能的事，是少數天才人的事。少數有高深知識的人積多年的研究，定下計劃，打下圖樣，便可以交給多數工匠去實行。……一面教人知道『行易』，一面更要人知道『知難』。」〔註48〕認為中山所標榜的其實是一種服從政治和愚民策略。不僅如此，引起胡適抗議的一個更直接的動因是，國民黨通過這樣一種對「知」的劃分和壟斷實際上使那一批包括胡適自己在內的非黨派知識分子處在了一種尷尬位置上，胡適就曾指出「分別知行」造成了兩大後果：一是導致青年輕視學問的風氣，甚至以為可以打倒知識階級，其二就是執政者對於專家和批評的禁止，以為一切治國精義皆在三民主義、建國方略中。

因此，當胡適宣稱「一班沒有現代學術訓練的人，統治著一個沒有現代物質基礎的國家」〔註49〕時，所表達的已不僅是與國民黨爭奪知識領導權的問題，而是另一種完全相異的現代政治和國家意識。這一點羅隆基在《專家

〔註45〕孫中山：《建國方略》第六章，見《孫中山全集》，第6卷，第210頁。
〔註46〕在《建國方略》中孫中山將之作為心理建設，置於物質建設、社會建設兩項之前。
〔註47〕孫中山：《建國方略》第五章，前揭，第201頁。
〔註48〕胡適：《知難行亦不易——孫中山先生的「知難行易說」述評》，見梁實秋、胡適、羅隆基著：《人權論集》，第154～155頁。
〔註49〕同上，第168頁。

政治》一文中表達得更為明確，他將政治中的「主義」與「行政」相區分，稱「二十世紀的政治，更要注重行政，二十世紀政治上的行政，已成了專門的科學，二十世紀的政治行政人員，要有專門知識，換言之，二十世紀的政治，是專家政治」〔註50〕。他強調行政高於主義，提倡政治上的科學化管理和崇尚效率的組織性，取消黨治和武人主政，依賴公開選舉和考試制度而成立專家治國的體制。這裡，一種現代國家機器運作的基本元素已經被提示出來，二三十年代，以胡適為代表的自由派知識分子在為國家尋求秩序的道路上正是企圖用這種以行政吸納政治的方式，即通過一種政治的形式主義來懸置二十年代中以後所日益激化的政治的價值觀問題。在這裡，共產黨所代表的來自階級的矛盾，以及國民黨所代表的黨國政體，都被以一種中立化的方式轉化成一個管理問題或行政問題，相關的知識分子也曾被稱為「技術型官僚」。正是在這個意義上，必須樹立起專家所代表的正確性、客觀性原則和權威性，並通過考試制度重新建立起政府吸納體制外精英的流通模式──自晚清科舉制取消後，實際上伴隨著精英集團的崩潰和流散，從中央輻射到地方的統治體系也同時瓦解──從而達成那一區別於黨治的，以知識分子、專家為主的官僚體系對國家秩序的重建。

1927 年國民黨自名義上統一全國後，蔣介石依賴軍事勢力建立的權力統攝，可以說從根本上扭轉了民國以來一貫的「文治」體系，孫中山領導下的民國政府無論在何種意義上都是一個「文人」政府，因此他晚年汲汲於模仿俄共建立一支真正意義上的黨軍以擺脫長久以來政府對軍事勢力的妥協依賴。但是正如研究者指出，隨著蔣介石在國民黨政權中的崛起──特別是 1930年中原大戰以蔣的勝利告終──使 1924 年孫中山改組國民黨時所企望達到的黨及文人政府對軍隊的控制最終歸於失效，此後的南京政府從中央到地方無不呈現為一種回復到軍閥時代的武人統治的局面〔註51〕。而正是這一局面使

〔註50〕 羅隆基：《專家政治》，見梁實秋、胡適、羅隆基著：《人權論集》，第 170～171頁。

〔註51〕 這一點王奇生在《革命與反革命：社會文化視野下的民國政治》中有詳細論述，據他統計，不僅是在南京中央政局，甚至各省主席中十之八九都是武人。「1927～1949 年間全國各省主席的出身背景，文人占 12.5%，武人占 87.5%；各省主席主政年數，文人僅占 9.6%，武人占 90.4%。」當時的南京政府實際上是一個「以軍權裏挾黨權」，「以黨治為表、軍治為裏」的政權形式。（王奇生：《革命與反革命：社會文化視野下的民國政治》，前揭，第 271 頁。）

二十年代末三十年代初的中國政治呈現為一種矛盾態勢，一方面是建國後理所當然將展開的建設計劃，另一方面則是由於國民黨內部混戰造成的統治秩序的破壞和軍事格局的重現，因此 1927 年的建國其實處在一個極不穩固的基礎上，即常言所說的「形式上的建國」。但從另一個角度看，1927 年至 1933 年華北事變之間的這一短暫時期仍可以說是民國以來唯一一個似乎可以真正將建設問題提上日程的階段——國家體制初步建立，國民黨統治核心奠定，因此正是在這一階段，立憲、教育、財政等一系列問題被提上議程。在這一次短暫的喘息機遇中，一批知識分子開始規劃一個現代國家的建設藍圖，以為民國歷史將真正走出革命，走上一條建國後的程序化道路。但事實並非像構想的那樣美好，正如沈從文四十年代在談教育時說：「北伐成功，中國統一後，政府對於高等教育雖定下了一些新章則，並學校，劃學區，注意點似乎只重在分配地盤，調整人事，依然不曾注意到一個根本問題，即大學教育有個什麼目的。」〔註52〕這其實是 1927 年建國建制的一個普遍現象，政府並沒有從根本上投入到建設國家的進程中。因此，基於國民黨在統治上的這樣一種「不專業」行為，當時胡適等一批黨外知識分子開始積極介入對「治國」問題的討論，1932 年《獨立評論》創刊就是一個典型的例子，以胡適、丁文江、翁文灝、傅斯年、蔣廷黻、任鴻雋等組成的專家陣容輻射人口、地理資源、交通、政體、財政、教育等諸領域，成為黨外議政派的大本營，並著手借助輿論力量來彌補和修正蔣介石政府依賴武人統治的某種不專業性。

第三節　沈從文的「鄉土」與「專家」：從道德系統到政治方案

五十年代沈從文在作自我總結時曾表示，新文化運動提供給他的僅僅是一種被稱為「工具重造，工具重用」〔註53〕的語文訓練。但事實上，很多在當時帶給他思想能量的資源在這一次言說中是被省略的，金介甫在勾勒沈從文早期「學問的來源」時曾給出了一個長單：周作人的性心理學（也即靄里斯），張東蓀的《精神分析學 ABC》，燕大心理學系主任陸志韋的學說，施蟄存和廢名的西文小說，顧頡剛所介紹的 J.H.魯賓遜的學說（心理學、原始人類

〔註52〕沈從文：《燭虛》，見《沈從文全集》，第 12 卷，第 8 頁。
〔註53〕沈從文：《總結·傳記部分》，前揭，第 80 頁。

學），劉半農的民間歌謠研究……〔註54〕揭示出沈從文在他的那些教授朋友們
中間獲得（主要是人類學、神話學、心理學等知識）以幫助他處理其鄉土資
源的工具。金介甫的《沈從文傳》的一個重要方面就是將沈從文研究與湘西
的民族、地域誌耦合，在其大量關於湘西的歷史社會學考察下不難得出一個
結論，即沈從文或許正是一名地域主義者或種族主義者。他的湘西世界和苗
民的血統之能與當時歐美派所期待的古老而優美的中國相契合的一個重要因
素，在金介甫看來正是一次來自認識上的「刷新」：北京學院派的現代視野為
沈從文提供了一種文化上的自信，「五四一代轉過來信仰現代派的人都會發
現，他們在科學上很落後，因而為一個民族焦慮所苦惱。」但沈從文則不同，
他相信「只要擴大文化範疇，包括民間文學的智慧，中國新文化運動就會賦
予中國部族以智慧和創造力。」「雖然蒙昧粗陋，然而他們的文化活力遠遠比
儒家的頹廢文化要強大得多。」「『新文化運動』使得他向前躍進，從地區的
蒙昧無知變成先驅者。」〔註55〕金介甫指出沈從文正是通過援引西方現代派
發現「原始活力」的路徑，而重新挑戰了所謂「文明與野蠻」的界限。因此
在這個意義上，重新發掘一套來自鄉土世界的倫理價值和審美體系，正是沈
從文的湘西敘事所著意施展的，而那供奉在希臘小廟中的「人性」也早已超
出了地域的界限，成為一種普遍的倫理。而正是基於此，可以說新文化運動
在一個更長的延長線上，不僅為沈從文提供了所謂「語言革命」的工具，同
時也意味著一次真正的文化革命。

　　我在上文已述及，沈從文的文學觀念，包括後來的社會發言中都透露出
一種強烈的「專家」意識，這種專家意識除了在根本上來自他職業作家的身
份外，我們還發現，他的關於「專家」的敘述不是通過別的，而恰恰是以他
「鄉下人」的經驗和倫常系統為基礎展來的。廚子老景所昭示的那種對於自
己工作的本分、認真、不驕不矜，以及那個他所勾勒的牧歌般的鄉土世界：
船總順順對下體恤的管理方式，老船工的執守懇摯，兵匪、妓女間的情誼……
他關於現代社會「分工合作」的觀念，恰恰與他所描繪的那個人人安分守己，
生活、倫常皆自然有序的鄉土社會之間形成映照，彼此溝通。

　　吉登斯曾在《現代性的後果》中，對現代制度中的專家信任給出專門解

〔註54〕參見金介甫：《鳳凰之子──沈從文傳》，符家欽譯，北京：光明日報出版社，
　　　　2004，第 188 頁。
〔註55〕同上，第 190 頁。

釋，在他看來，現代社會對專家的信任在某種程度上來自現代性的一種抽象法則。在前現代的共同體中，人與人之間的關係建立在一種熟悉機制上，即一種熟人關係，如盧曼所說「這種熟悉只有一部分要說出來，其餘的則被預先設定爲理解的基礎，道德評價從善和正確的角度確保其爲自明的」〔註56〕。也就是說，傳統社會賦予人際關係一種先在的語境，在其中，不僅人和人之間的關係是基於一種人身信任，並且因爲附加了道德、習俗、規範等前理解而使這種關係始終處在相對穩固的狀態中。但是，現代社會以社會分工和時空分割爲基本特徵的進程，卻最終使得那一來自前現代社會的人際關係發生了根本性轉變，那種基於熟悉的信任關係被取消，而代之以另一套抽象法則——傳統社會基於地域性的親密關係在現代社會中被轉嫁於另一種由契約、制度等外在載體協助建立的新的信任系統。而對專家的信任即來自於此，吉登斯指出，對專家的信任首先來自於一種對知識之權威的信仰和教養，「長期以來，科學一直保持著它作爲可信賴之知識的形象，這種知識又滋生出一種尊重各門專業化技術的態度」〔註57〕。二十世紀初所爆發的那一場在新文化運動中頗具戰場意義上「科玄」論戰，就是在某種程度上奠定了一代人對於「科學主義」的宗教式的信仰，雖然這種信仰在當時便遭到梁漱溟等一批新傳統主義者的阻擊〔註58〕（這一點將在下章詳述），但胡適、沈從文這一批現代知識分子所秉持的這一對社會分工和專家制度的強烈信仰在很大程度上恰恰來自這一早期的「人生觀」的討論。但吉登斯最後也指出這種對專家的信任其實包含著風險，即這種信任是「建立在信賴（那些個人並不知曉的）原則的正確性基礎之上的，而不是建立在對他人的『道德品質』（良好動機）的信賴之上的」〔註59〕，這就意味著在專家所代表的知識權威之外，還應當補充一種基於專家本身之道德倫理的要求。但是矛盾卻在於，在吉登斯看來，這種基於道德上的、善的信任事實上在現代社會中已被閹割，那一在前現代社會的熟人關係下才得以建立的人身信任在現代社會的分工和時空分割下是

〔註56〕盧曼：《信任》，瞿鐵鵬、李強譯，上海：上海人民出版社，2005，第24頁。
〔註57〕吉登斯：《現代性的後果》，田禾譯，南京：譯林出版社，2000，第78頁。
〔註58〕在當代的新儒家視域中，林毓生等也仍舊認爲這種科學主義其實是意識形態性的，在林看來，論戰中的所謂「科學」一派不過是借科學獲得了一種道德優勢，而非真正的科學主義者。（參見林毓生：《五四以後科學主義在中國的興起》，刊於《科學時報》，2006年6月7日。）
〔註59〕吉登斯：《現代性的後果》，第30頁。

難以實現的。在這個意義上，我們可以反觀二十年代胡適等一批文人所發起的「好人政府」，從某種角度上講，這正是胡適提供的一個解決方案，那就是以一種對專家的知識信仰與對相關人士的所謂「好人」的道德信仰結合而成的一種現代政治的理想模式。

事實上，胡適本人就是一個典範，正如唐德剛在雜憶中反覆強調，胡適終其一生在與政治的周旋中都堅守了那一「為與不為」：

> 有一次我問李宗仁先生對胡適的看法，李說，「適之先生，愛惜羽毛。」吾人如不以人廢言，則這四個字倒是對胡適先生很恰當的評語。胡先生在盛名之下是十分「愛惜羽毛」的。愛惜羽毛就必然畏首畏尾；畏首畏尾的白面書生，則生也不能五鼎食，死也不夠資格受五鼎烹，那還能作什麼大政治家呢？〔註60〕

這裡，唐德剛其實非常感性地點出了一個關鍵，即胡適之為專家，而與政治家、政客之間的不同。如果「專家」在某種意義上代表著一種來自現代社會的制度性結果，那麼他正是以一種個人操守、道德踐行等為之增添了另一道關於信任的維度。但是正如唐德剛所說，胡適的這一「專家＋好人」的政治理念歸根結底仍是一種文人精神的體現，不過是一種文人的幻想，當他在具體的政治環境中將之付諸實踐時便會遭到切實的困難，這從胡適三四十年代，乃至去臺後與國民政府之間始終不曾消解的矛盾就可以見出。但是如果將這一理想退回到一個文人本來的領域，或者說就是一個文學和文化的領域，情況是否就會變得不一樣呢？

三十年代沈從文所宣揚的作家的「職位」意識、「工作」意識，以及由此帶出的各人的本分守己，專家各盡其能、協作管理國家等觀點其實在某種程度上也正是一種為國家尋求秩序的努力，但他的這種方案區別於實際政治。在沈從文那裡，那些有關現代國家之建制的構想不是通過一種政治協商的方式，而是建立在一種審美關照和文化實踐上。沈從文十分警惕那「已來到湘西的」現代，他用一種抒情的筆調描述著一種牧歌式的，建立在「現代入侵之前」的人與人之間的和諧關係，湘西之被凸顯的正是一種前現代社會的自在形態，而像「專家」這樣一些明顯隸屬於現代國家體系的制度性範疇，在這裡也被表徵為一種「前現代」社會中的倫常秩序和鄉土法則。因此，他與胡適的不同在於，他將前現代社會中的秩序和倫常景觀，與現代國家的建制

〔註60〕唐德剛：《胡適雜憶》，第 45 頁。

建設相耦合，從而在一個更宏觀的意義上彌補了吉登斯所謂的那一關於現代專家信任的道德風險——因爲在沈從文看來，每一個在自己的分位上安分守己、勤懇工作的人都是「專家」，所謂「專家」本身就是一種道德要求。因此，正是通過這樣一種在前現代性和現代性之間的替換性的嫁接，沈從文實踐了一種其自身意義上的「文化－政治」方案。這種方案是否有效？沈從文在談及自己創作的影響時曾說：「實際上近於買櫝還珠，你們能欣賞我故事的清新，照例那作品背後蘊藏的熱情卻忽略了，你們能欣賞我文字的樸實，照例那作品背後隱伏的悲痛也忽略了」〔註61〕審美的形式或許並未有效地轉化成政治的能量。

　　1945 年戰爭結束後，沈從文毅然謝絕了滬上一批好友，葉聖陶、巴金、鄭振鐸、李健吾等的挽留，回到北京，時任戰後北京大學教授，並同時主持《大公報・星期文藝》、《益世報・文學周刊》、《平明日報・星期藝文》等幾種重要副刊。此一時期是沈從文在政治上較爲積極的一個時段，甚至可以說他幾乎是充滿激情地投入到了戰後的重建工作中，不僅提出第四組織、第三方面的努力，專門家治國等一系列具體的政治主張，同時在文藝工作上亦重倡一種以「詩教」、「美育」代政治的文化理想。他認爲二十年來現實的分歧淩亂皆是出於青年人爲圖省事而以各種「信仰」代思想、代學習的錯誤舉動，以某種規定的「信仰」作爲行動準則或歷史動力，正是造成今日政治之困亂、盲目的一個重要原因。因此在他看來，那些靠口號宣傳、乃至武力軍備推行的政治對於未來中國民族的復興和秩序重建毫無用處，而唯有一種作用於觀念的重造才能帶領這個民族進到復蘇。沈從文一直有一套自己的邏輯，認爲觀念較之現實是一種更爲有效的改造手段，現實是一種破壞性的存在，那些激進主義者和政治改革家只把眼睛盯著現實，「追求現實、迷信現實、依賴現實」〔註62〕正是導致這個國家幾十年來陷於一種不利情境的元兇。因此，他說應當「由頭腦出發，用人生的光和熱所蓄聚綜合所作成的種種優美原則，用各種材料加以表現處理，彼此相黏合，相融匯，相傳染，慢慢形成一種新的勢能、新的秩序的憧憬來代替」〔註63〕。四十年代中以後，他對於文學的期待正在於此，文學家通過將破碎的現實以一種文字的方式黏合，而

〔註61〕 沈從文：《〈習作選集〉代序》，見《沈從文全集》，第9卷，第4頁。
〔註62〕 沈從文：《從現實學習》，前揭，第392頁。原載天津《大公報・星期文藝》，第4～5期（1946年11月3日、10日）。
〔註63〕 同上。

重新鑄就一種「抽象」的憧憬，將這一新的信仰注入人民和統治者的腦中，便可重造一個新的時代和新的秩序〔註 64〕。沈從文雖然不止一次地提出他對政治的反對，但事實上時隔多年後，在經歷了新中國的政治改造後，也終於承認：

> 我的認識自然是片面的，因爲只明白國家必需一種什麼樣務實的政治，國家方有轉機，卻對如何實現這種或那種政治的鬥爭，完全不明白。……把寫小說處理文字組織故事方式，來看待一個國家，以爲這個第三層樓，是可以由社會各部門熱情工作者的成就積累，即可望將政治推進而慢慢實現的。對政治現實的無知，可以想見。〔註 65〕

沈從文在建國後曾不止一次表示自己過往對政治的理解太狹隘，他在四十年代所反對的那個「實際政治」其實指代的是一種政客政治，正如他說，「四十年所見的政治，只是爭權奪利，從不見對人民有眞愛」〔註 66〕。因此，1945 年復員後，在所有人都爭談政治，進行權力的再次分配時，他即主張一種第三者、第四黨，以及一切專門人才來「輔助這個政府，將官僚、軍閥、大飯團貪污政權逐漸粉碎，進而爲專家分工各司其職的科學的理想民主集權」〔註67〕。正是基於這種理想，他向當時的社會、政府推薦這樣一群人：「他們一面思想向前，對於取予都十分謹嚴，大多數都夠得上個『君子』的稱呼。即從事政治，也有所爲有所不爲，永遠不失定向，絕不用縱橫捭闔權譎詭崇自見」，「對人對事的客觀性與包容性，對於政見文論，一面不失個人信守，一面復能承認他人存在……」〔註68〕事實上，沈從文在這裡所指向的正是胡適意義上的那一批所謂幫忙議政的好人和君子。四十年代在那一「和平」的規劃裏，他將治國、建國交予一批德才兼備的專門家，而將教育交予文學家，爲民族重造一種抽象精神，即他說，「否定縱橫政治，重造一清新

〔註 64〕 沈從文：《關於學習》，《見沈從文全集》，第 14 卷，第 349 頁。原載天津《益世報·文學周刊》，第 58 期（1947 年 9 月 20 日、10 日），原題爲《新廢郵存底·二八一·關於學習》。

〔註 65〕 沈從文：《總結·思想部分》，見《沈從文全集》，第 27 卷，第 110 頁。

〔註 66〕 同上，第 100 頁。

〔註 67〕 同上，第 110 頁。

〔註 68〕 沈從文：《五四和五四人》，見《沈從文全集》，第 14 卷，第 303 頁。原載《平明日報·五四史料展覽特刊》，1948 年 5 月 4 日。

明朗新的青年人生觀，是文學運動另一目的」〔註69〕。而正是在這個意義上，沈從文重新操起了蔡元培「美育」、「詩教」的口號，將那一「文化—政治」使命再度賦予了審美、抽象、形式與文學。

〔註69〕沈從文：《致子平》，見《沈從文全集》，第 14 卷，第 338 頁。

餘論　「信心與反省」：「後五四」語境中一場舊話重提的論爭

　　1934 年在《獨立評論》曾掀起過一小股論爭，胡適連續刊發了三篇文章討論「信心與反省」，其中周作人的通信文《「西洋也有臭蟲」》也極少見地登載在社評刊物上。論爭的焦點就是關於固有文化的價值問題。胡適在最初的《信心與反省》一文中首先肯定了青年們的愛國熱情，他說：「我很高興我們的青年在這種惡劣空氣裏還能保持他們對於國家民族前途的絕大信心」，並稱「這種信心是一個民族生存的基礎」〔註1〕；但同時針對對方所發：「我們今日之改進不如日本之速者，就是因爲我們的固有文化太豐富了。富於創造性的人，個性必強，接受性就較緩」〔註2〕這一說法，胡適隨即反駁，認爲以固有文化之豐富來爲文化上的保守作辯護，其實仍沒有脫出國粹主義式的拿五千年文明古國來遮醜、自辯的路數，是一種文化上的倒退，因此他重倡「模仿」之重要，稱「凡富於創造性的人必敏於模仿」〔註3〕。「模仿」無疑是五四時代的一個關鍵詞，新文化運動正是借助這種「模仿」以獲得其話語權威，從而順理推行「國民性」批判的。以魯迅爲代表的「國民性」話語一直是現代文學中的一個重要母題，它因與中國近代以來的民族危機史相勾連而不僅在文學層面，更在歷史邏輯和民族的心靈史中成爲一種精神遺跡。對這一話語的最初質疑來自海外劉禾的《國民性話語質疑》，她將國民性視作爲一個翻

〔註1〕　胡適：《信心與反省》，刊於《獨立評論》，第 103 號（1934 年 6 月 3 日）。
〔註2〕　壽生：《我們要有信心》，刊於《獨立評論》，第 103 號（1934 年 6 月 3 日）。
〔註3〕　胡適：《信心與反省》，前揭。

譯現代性所統攝下的話語建構，在她看來，以往對於國民性的本質主義的認識必須在後殖民視野中遭受解構：國民性是一個神話，它本身便是殖民主義的產物，魯迅對明恩溥（Arthur Smith）的「翻譯」就是一個典型例子。

當然在三十年代的語境中，國民性批判所遭受的質疑還不是在這種解構意義上。1934 年 6 月 11 日，胡適在其日記中寫道：「我的《信心與反省》一文，引起不少的反響，細看一班青年人的論調似乎中毒之深遠過於我的預料，故不得不再論之。」〔註 4〕之後便有了連續的再論、三論。《獨立評論》105號刊發的讀者來稿《怎樣才能建立起民族的信心》一文中，作者子固便提出：「忠孝仁愛信義和平是維繫並引導我們民族更向上的固有文化，科學是外來文化中能夠幫助我們民族更為強盛的一部分」〔註 5〕胡適認為這種觀點仍是三四十年前的老調，即老新黨所謂「中體西用」之說。因此在《再論信心與反省》中他即反駁：「如果過去的文化是值得恢復的，我們今天不至於糟到這步田地了。況且沒有那科學工業的現代文化基礎，是無法發揚什麼文化的『偉大精神』的。」〔註 6〕其後周作人亦就此事專門致信胡適，信件也被冠以《「西洋也有臭蟲」》之名發表。周作人在信中寫道：

> 讀過《信心與反省》諸文，再三感歎。青年們高唱發揚中國固有文化，原即是老新黨說過的「中學為體」。子固先生又質問歐洲可有過一個文化系統過去沒有類似小腳、太監等等的東西，豈不又是「西洋也有臭蟲」的老調麼？自有見聞以來三十餘年，中國思想展轉不能跳出此兩圈子，此殆「固有文化」之一歟？若「忠孝仁愛」云云則須待「恢復」，可知其久已淪沒矣。子固先生又推舉朱元璋為聖賢天才之一，聞之駭然。豈以其能逐胡元耶？其實此人乃中國古今大奸惡之一（其子朱棣亦不亞於彼，此外明朝皇帝十九兇惡。）
>
> 幾不可以人論，而青年如此崇拜之，真奇事也！〔註 7〕

三十年代隨著國家危機的日益加深，在新文化運動中被擊退的國粹主義裏挾

〔註 4〕 引自胡適日記（1934 年 6 月 11 日），見《胡適日記全編》，第 6 卷，第 397頁。

〔註 5〕 子固：《怎樣才能建立起民族的信心》，刊於《獨立評論》，第 105 號（1934年 6 月 17 日）。

〔註 6〕 胡適：《再論信心與反省》，刊於《獨立評論》，第 105 號（1934 年 6 月 17 日）。

〔註 7〕 周作人：《西洋也有臭蟲》，刊於《獨立評論》，第 107 號（1934 年 7 月 1 日）。此文原為周作人 1934 年 6 月 20 日致胡適信。

著民族主義而重新抬頭，此時的胡適和周作人都敏銳地意識到了這一「愛國」所可能造成的對歷史的後退，乃至對五四所奠定的道德體系的消解。朱元璋之為暴君或驅逐胡虜的聖賢？在周作人看來，青年正在盲目的排外情緒下失掉對所謂「固有文化」本身之殘暴的認識。正如我在談論周作人三十年代的文學思想時曾說，他對中國文化中的那個「鬼」和中國人人性中的那一「遺傳」始終抱著警惕之心，當二十年代一種新的群眾話語開始興起的時候，周作人本身卻日益遠離了那一五四時代即信仰的「民粹主義」，轉而對那一大眾和借大眾之力發言的聲音、勢力表示質疑。但是在 1934 年的語境中，這一話題被重新提起卻又多添了一層含義。

三十年代，與這種活躍於青年群落的愛國「信心」同時並存的，還有國民黨人在面對信任危機下所啓用的民族主義話語，且不說當時在滬上已臭名昭著的「民族主義文學」派，尚是以意識形態滲透的方式在文壇扮醜，1934年發起的「新生活運動」更是國民黨以政令的形式推行的一次國民動員和政權鞏固。當然，這次運動所啓用的資源相對複雜，有儒家的道德倫理規範，軍國民及日本的武士道精神，西洋的衛生規範，以及教會勢力等，但宗其主旨仍在希望通過對國民的訓練建成一種對黨國的「忠誠」體系以及戰備下的秩序生活。胡適早在 1929 年「新月」議政時期就明確地指出國民黨具有一種極端保守本質，「根本上國民黨的運動是一種極端的民族主義的運動，自始便含有保守的性質，便含有擁護傳統文化的成分。」〔註 8〕在《新文化運動與國民黨》一文中，胡適幾乎將國民黨從新文化運動的歷史譜系中剔除，並重新為其保守身份追溯了一條精神脈路，即國粹保存派，歷數柳亞子、陳去病、黃節、葉楚傖、邵力子等國民黨知識分子所始終抱有的「種族革命」意識，並進一步指證孫中山思想中亦同樣存在保守成分。

當然，國民黨對於新文化運動並非如胡適所說的自來就是反動的，1919年後國民黨刊物大多改用白話，且當時的《星期評論》、《建設》、《覺悟》等也曾一時成為新文學的重鎮。不僅如此，就連胡適本人也曾對孫中山表示過讚頌，發表於 1919 年 7 月 20 日《每周評論》的《〈孫文學說〉之內容及評論》一文就是史證，文中胡適不僅稱讚孫中山「行易知難」的命題具有「實行家」風範，而且「建國方案」的提出也體現了國民黨對一種「有計劃的」

〔註 8〕 胡適：《新文化運動與國民黨》，見梁實秋、胡適、羅隆基著：《人權論集》，第 127 頁。

政治的實行，稱這本書是「不僅僅有政黨作用的」〔註 9〕。在這之前，胡適也作過類似《歡迎我們的兄弟〈星期評論〉》等文，他將自家的《每周評論》與《星期評論》相比較，激賞後者所採取的團體化、「有組織的」輿論方式，及「寧願犧牲一些『烏托邦的理論』，只求『腳踏實地的行得通』」〔註 10〕的實幹態度，並自認「《每周評論》雖然是有主張的報，但是我們的主張是個人的主張，是幾個教書先生忙裏偷閒湊起來的主張，從來不曾有一貫的團體主張。」〔註 11〕顯然在當時的語境下，胡適表現出的正是一種對以政黨姿態展現的團體能量的欽羨，認爲目前的思想變革所亟需的也正是這樣一種組織化形態和實用主義精神〔註 12〕。可見，在新文化運動初期，在黨派尚是作爲一種思想資源而存在，國民黨亦尚未褪去其革命黨的總體面貌的時刻，其所昭顯的集團化姿態和言論方式，相對這些新文化派的「教授們」的聲音反而構成一種優勢，爲胡適所欣賞。在國民黨一方面，當時的黨系知識分子，戴季陶、廖仲愷、胡漢民等，不僅與新文化派互動積極，甚至也將新文化運動視爲革命事業的一個組成部分，戴季陶就曾這樣說，「大凡一國的政治革新和社會進化，文化的感染力最大。文學裏面，詩歌和小說的力量更是普遍的。『三民主義』這個名詞，靠著散文的鼓吹，造成一個空招牌的民國……」〔註 13〕當然，國民黨派文人對新文化運動的參與多少帶有一點黨派功利色彩。1920年孫中山在《致海外國民黨同志函》中曾提出要建立國民黨自有的印刷出版

〔註 9〕 胡適：《〈孫文學說〉之內容及評價》，見《胡適文集》，第 11 卷，第 30 頁。原載《每周評論》，第 31 號（1919 年 7 月 20 日）。

〔註 10〕 胡適：《歡迎我們的兄弟〈星期評論〉》，見《胡適文集》，第 11 卷，第 14 頁。原載《每周評論》，第 28 號（1919 年 6 月 29 日）。

〔註 11〕 同上，第 11 頁。

〔註 12〕 當時《每周評論》和《建設》雜誌所談主題包括時事、農工、婦女、歐戰、社會主義、無政府主義、馬克思理論等，至 1920 年更有日益左傾的趨勢，朱執信等甚至開始公然宣稱「世界主義」及表達對蘇俄的同情，但是孫中山的「聯俄」在某種程度上是以不動搖其「三民主義」的理論根基爲限度的，他事實上並不真正拜服蘇俄的共產主義，他曾明確表示「三民主義」才是最適合中國的指導理論。因此，有研究者指出《星期評論》《建設》的先後停刊與國民黨同新文化運動的最終分野不無關係。直接的導火索無疑是 1922 年陳炯明兵變所引發的胡適等與孫系關於「聯省自治與武力統一」的論戰，之後戴季陶等國民黨派知識分子脫離新文化運動而轉向實際政治工作，同時也站到了反新文化的立場上。

〔註 13〕 戴季陶：《白樂天的社會文學》，刊於《星期評論》，第 4 號（1919 年 6 月 29 日）。

機構（全國乃至海外的網絡體系），這一方面是由於他的著作《孫文學說》當時為商務印書館所拒而倍感掣肘，另一方面則是看到了新文化派倚賴媒體資源而迅速擴張的例子，因此深感印刷出版事業乃當今思想運動之「大利器」：

> 自北京大學學生發生五四運動以來，一般愛國青年，無不以革新思想，為將來革新事業之預備。於是蓬蓬勃勃，抒發言論。國內各界輿論，一時同倡。各種新出版物，為熱心青年所舉辦者，紛紛應時而出。揚葩吐豔，各極其致，社會遂蒙絕大之影響。雖以頑劣之偽政府，猶且不敢攖其鋒。此種新文化運動，在我國今日，誠思想界空前之大變化。推其原始，不過由於出版界之一二覺悟者從事提倡，遂至輿論大放異彩，學潮彌漫全國，人皆激發天良，誓死為愛國之運動。倘能繼長增高，其將來收傚之偉大且久遠者，可無疑也。吾黨欲收革命之成功，必賴於思想之變化，兵法「攻心」，語曰「革心」，皆此之故。故此種新文化運動，實為最有價值之事。最近本黨同志，激揚新文化之波濤，灌輸新思想之萌蘗，樹立新事業之基礎，描繪新計劃之雛形者，則有兩大出版物，如《建設》雜誌、《星期評論》等，已受社會歡迎。然而尚自立慊於力有不逮者，即印刷機關之缺乏是也。〔註14〕

針對中山這一舉措，胡適後來在回顧五四運動的歷史時也不得不承認：「孫先生看出五四運動中的學生，因教育的影響，激於義憤，可以不顧一切而為國家犧牲；深信思想革命，在一切革命中，最關緊急；故擬辦一個最大的與最新式的印刷機關，盡量作思想上的宣傳功夫」〔註15〕。但是有趣的是，時當 1929 年，胡適欲將國民黨開除出新文化陣營時卻又再次引述了先總理的這段話，承認雖然孫中山是以新文化運動為「政治革命的一種有力的工具」〔註16〕，那是因為其時的國民黨尚能接受新思想以讚助革命，但今之國民黨動輒以總理遺訓鉗制言論，已全然喪失其思想能量矣。

〔註14〕 孫中山：《致海外國民黨同志函》（1920 年 1 月 29 日），見《孫中山全集》，第 5 卷，第 209～210 頁。

〔註15〕 胡適：《五四運動紀念》，見歐陽哲生編：《胡適文集》，第 12 卷，第 729 頁。係 1928 年 5 月 4 日胡適在上海光華大學的演講，由文濟記錄，原載上海《民國日報·覺悟》副刊，1928 年 5 月 5 日。

〔註16〕 胡適：《新文化運動與國民黨》，前揭，第 140 頁。

在這篇文章中，胡適將國民黨的最終「反動」歸結爲一點，即清黨，稱「八年的變化（指 1919 年參加新文化運動──筆者注）使國民黨得著全國新勢力的同情」，「十三年的變化（指 1924 年改組國民黨，聯俄聯共──筆者注）使國民黨得著革命的生力軍」，而 1927 年的清黨則在淘汰其中「爆裂分子」的同時，也淘汰了大量「有革新傾向的人」，而終致其「潛伏著的守舊勢力」再次抬頭〔註17〕。這裡我先對「改組」到「清黨」的歷史脈絡作一簡要梳理。1924 年，孫中山在國民黨第一次全國代表大會上宣佈，此次大會的主要議程即改組國民黨，「要把國民黨再來組織成一個有力量有具體的政黨」〔註18〕，這主要是針對國民黨過往的鬆散組織以及本土根基的缺失，欲借鑒蘇俄經驗造成一個具有「建設性」和統治力的執政黨。但顯然，改組容共的主張在當時國民黨內部引起了爭議，因此孫中山在會中不得不對「三民主義」與「共產主義」之關係進行再三闡述：

> 其最危險時，爲十八面受敵，各國均派兵到俄國，其國內之反革命派亦深受各國援助。故俄國六年前之奮鬥，今回顧起來，的確如此。故現在俄國對於贊成民族主義諸國，皆引爲同調。常對波斯、阿富汗、土耳其諸國，勸其不可放棄民族主義。其最初之共產主義，亦由六年間之經驗漸與民生主義相暗合。可見俄之革命，事實上實是三民主義。其能成功，即因其將黨放在國上。〔註19〕

孫中山對其「三民主義」的理論體系自來是非常自信的，不僅不認爲「共產主義」對於本黨黨義具有任何威脅，甚至認爲「三民主義」在事實上可以涵括對方的主要內涵。他認定國民黨之不如蘇共的決不在於理論方面，而在具體措施，因此，當「容共」舉措在當時的「老同志」中引起警惕時，孫中山本人並不以爲然，在後續的會議中，他甚至專門批評了那些因「主義」而發生的「誤會、懷疑、暗潮」〔註20〕，直接了當地表明：「本黨既服從民生主義，則所謂『社會主義』、『共產主義』與『集產主義』，均包括其中」〔註21〕。顯

〔註17〕 同上，第 135 頁。
〔註18〕 孫中山：《中國國民黨第一次全國代表大會開幕詞》（1924 年 1 月 20 日），見《孫中山全集》，第 9 卷，第 97 頁。
〔註19〕 孫中山：《關於組織國民政府案之說明》（1924 年 1 月 20 日），見《孫中山全集》，第 9 卷，第 103～104 頁。係孫中山在國民黨一大期間所作的講話之一。
〔註20〕 孫中山：《關於民生主義之說明》（1924 年 1 月 21 日），見《孫中山全集》，第 9 卷，第 110 頁。孫中山在國民黨一大期間所作的講話之一。
〔註21〕 同上，第 112 頁。

然,在孫中山的理解中,「共產主義」無非就是「民生主義」。但是,之後的清黨卻無疑是國民黨黨史上的一次重大轉折,使其自民國以來所積蓄的民眾資源,以及通過 1924 年改組所整合的思想資源上的優勢蕩然無存。在清除出黨內的共黨分子的同時,也事實上使國民黨喪失了農工大眾這一廣大的階級構成,因此 1927 年之後,國民黨面臨的一個相當棘手而尷尬的理論困境就是:國民黨到底代表誰?「三民主義」所指向的「民」的維度在此時遭到巨大質疑。

王季文 1927 年所作的《中國國民黨革命理論之研究》中第三編《反共後中國國民黨出路之商榷》一文曾就此問題提出了幾條建議:

> 統一黨內革命理論,嚴密黨的組織,領導國內的有產階級,中產階級,統率無產階級,附屬階級,完成政治革命;聯合世界上承認私有財產製度的資本主義國家,廢除不平等條約;領導急切需要民族主義革命的國家,防止不和人道之共產黨,使全世界各階級人類得以共存,以共進於大同:是中國國民黨唯一的出路,亦即是中國國民黨今日唯一的責任。〔註22〕

顯然在這位桂系幕僚看來,清黨後的國民黨所可能利用的資源包括:有產階級(具體指地主、工場主、銀行家、大商家),中產階級(指半佃農、自由職業者、小商人、自耕農、手工業者)〔註23〕,無產階級,世界資本主義,民族主義等。顯然,此時的國民黨雖已明確指出其政權所依靠的主要階級將是有產階級,但是在理論上卻仍然沒有放棄對其「國民」的整體概括,在這一對「國民」成分的分析中,「階級」無疑被作爲主要的評判標準,但「民族主義」的話語框架也始終存在。事實上,1925 年之後的「國民」已不單純是一個民族國家層面上的詞彙,而更在內涵上指向以階級論引導下的更爲具體的群落,或專有名詞。「三民主義」在當時所面對的主要挑戰就是來自社會主義及共產主義理論中的階級論,也就是「民」或「國民」在國民黨話語體系中的指向性問題。清黨所引發的國民黨的統治高壓,同時也是危機。尤其是後來對「三民主義」在宣傳策略上的失誤,更直接導致了「三民主義」本身之話語魅力的喪失。胡適在就任中國公學校長期間就曾數次抱怨,學校怎可強

〔註22〕 王季文:《中國國民黨革命理論之研究》,引自胡適日記(1928 年 4 月 24 日),見曹伯言編:《胡適日記全編》,第 5 卷,第 62 頁。29 頁
〔註23〕 同上。

求學生背誦總理遺訓。因此在這樣一種局面下，國民黨在當時要維護其統治所可能啓用的資源便只能是「民族主義」了。清黨之後，國民黨重新啓用或者說是突出強調「民族主義」，目的便在於遮蔽關於民權、民生這樣一些已隨同共產主義一齊被割除掉的那一部分理論資源，而使統治得以鞏固。

孫中山理論中的「民族主義」最初是爲引導反清而提出的一種革命口號，因此，1921 年當他對「三民主義」中的民族主義進行專門闡釋時，便將早期帶有種族色彩的排滿觀念修正爲一種國家意義上的民族話語，並且有針對性地指向當時的「新文化派」，尤其是其中世界主義的思想趨勢〔註 24〕。五四前後，當時聞人如周作人、胡適、魯迅、陳獨秀等多少都帶有一點世界主義情懷、無政府主義和社會主義思潮，如 1920 年前後杜威、羅素的先後來華，以及歐戰所催生的對狹隘民族主義和種族主義的批判等都構成爲當時重要的外援。羅素思想的一個關鍵內容就是對歐戰及非理性的民族主義進行批判，並重新倡導一種新的和平主義與國際主義，馮崇義在《羅素與中國》中就曾指出：羅素從自由主義轉向社會主義的一個契機就是「帝國主義列強之間的戰爭與羅素的和平主義立場產生了不可調和的衝突」〔註 25〕但事實上進入二十年代中期以後，隨著國際局勢的變化，這一批五四知識分子在不同程度上都對早一時期的「世界主義」立場作出了調整，周作人在 1925 年即宣稱：「我的思想到今年又回到民族主義上來了」〔註 26〕，與之相伴隨的便是不遺餘力地對當時日本之文化侵略發出警示和抗議。因此，當三十年代「民族主義」重新成爲一個被標舉的關鍵詞時，如何區分彼此立場間的微妙差異就成爲一個敏感的話題。

將三十年代的這場「信心與反省」的論爭置於這一語境下，是希望能藉此顯示在「後五四」時代，這一批早期的知識分子將如何重新面對和處理國家、民族這樣一些在當時內涵已頗爲複雜的主題，同時已不僅是在一種文化的層面上，他們更要面對的是一種來自現實層面的的制度性因素。張旭東在分析三十年代的精英知識分子時曾寫道：

〔註 24〕 參見桑兵：《世界主義與民族主義──孫中山對新文化派的回應》，刊於《近代史研究》，2003 年第 2 期。

〔註 25〕 馮崇義：《羅素與中國：西方思想在中國的一次經歷》，北京：生活・讀書・新知三聯書店，1994，第 22 頁。

〔註 26〕 周作人：《元旦試筆》，見鍾叔河編：《周作人散文全編》，第 4 卷，第 10 頁。原載《語絲》，第 9 期（1925 年 1 月 12 日）。

　　中國現代知識分子，基本上是一群被懸置在新的歷史動力與社會現實之外，同時又在尋找著它們的人。中國知識分子的個體性是思想意識的戰場。一方面，它是想像性、精神性的；另一方面，知識精英卻意外地發現，他們和其他市民共享著相同的日常經驗和渴望，其中也包括那些與西方列強在半殖民地中國的有形存在相關的看法。它們都植根於一個相同的民族寓言。在這個民族寓言裏，個人的幸福不能和民族為了尋求「富強」而進行的鬥爭相分離。在這種情形下，他們如果一味追求社會的和文學的個體性，將會冒著失去使他們首先賴以立身的「獨立自主」及基本公民權利的危險。

〔註27〕

這裡他所指出的是自由主義知識分子在面對 1927 年之後日漸成熟的國家體制和政府「統治」下，一面承擔著極為嚴峻的挑戰和空間的不斷壓縮，同時又持續地顯示著自五四以來新文化在面對黨國主義和左翼大眾文化的雙重壓力下所始終不曾斷裂的自我建構與規劃，並且在三十年代的社會、政治處境中重新為自身尋找一種表達的路徑和調整的方案。「信心與反省」這一話題在三十年代的重新提出，所顯示的正是這一代五四老將面對新的民族、國家話語的興起與他們早前信奉的個體性引領下的批判意識間的一次不可避免的衝撞，及在其中所表達的一種精微的立場。早一時期，國粹主義或文化保守派幾乎是以一種不堪一擊的態勢迅速退出了歷史舞臺，但是二十年代中以後，隨著一種保守性的國家勢力的日漸成熟，尤其 1927 年之後在南京政府所著手建立的國家體制中，前一時期被新文化所驅逐的古典學派又幾乎被重新納入了國家的保護體制中而呈現出一種回歸的態勢。同時，三十年代新文化所對抗的保守勢力也顯示出一種更為複雜的形態，溢出了二十年代新傳統主義者所代表的那一文化或人生觀上的姿態，更包括進了民族危機所孕育的一種普遍的愛國主義，政府的黨國主義和民族主義宣傳等。在這樣一種語境下，周作人、胡適等一面顯示著一種我在上文已反覆述及的「國家」意識，這種意識使他們在三十年代呈現出一種較之左翼偏為「保守」的姿態，以及與政府，或言之體制之間的一種合作的可能，從而在無論積極的或消極的層面上都構成為那個二三十年代之「國家建設」的組成部分；但同時他們又持

〔註27〕 張旭東：《散文與社會個體性的創造——論周作人 30 年代小品文寫作的審美政治》，刊於《中國現代文學研究叢刊》，2009 年第 1 期。

續地保持著對那一現實的國家秩序的警惕，及對黨國文化和保守勢力的批判性反思。

1935 年，丁文江在《中央研究院的使命》中談及中研院史語所等社科研究機構的設置目標時曾說：

> 在中國今日研究這種科學的人，還有一個絕大的使命。中國的不容易統一，最大的原因是我們沒有公共的信仰。這種信仰的基礎，是要建築在我們對於自己的認識上。歷史和考古是研究我們民族的過去；語言人種及其他的社會科學史研究我們民族的現在。把我們民族的過去與現在都研究明白了，我們方能認識自己。……用科學方法研究我們的歷史，才可造成新信仰的基礎。歷史如此，其他也復如此：瞭解遠東各民族根本是無大區別，有測量可證；瞭解各種方言完全是一種語言的變相，並且可以找出他們變遷的規則；瞭解中華民國是一個整體的經濟單位，分裂以後，無法生存；然後統一的基礎才建設在國民的自覺上！〔註28〕

這種通過研究民族的物質文化歷史、現狀，從而助於建立一種統一的國民信仰的觀念，在當時的知識分子中並非鮮見。事實上，三十年代「京派」之實踐的整體也正是一種新的意義上的「整理國故」，但不同於二十年代的是，它已不再是一種自發的文化行為，而更是一種國家行為。這裡，我並不是要以中研院這樣的國立機構所代表的某種國家使命來涵括當時這一批以「京派」文人為主的知識分子在三十年代的實踐整體，而是藉以說明，「統一的國家」以及國民信仰這一觀念在其時所具有的不可輕視的影響力。正如夏志清在評價沈從文時所說：「他們（指歐美派──筆者注）對沈從文感興趣的原因，不但因為他文筆流暢，最重要的還是他那種天生的保守性和對舊中國不移的信心。他相信要確定中國的前途，非先對中國的弱點和優點實實際際的弄明白不可。」〔註29〕這種對中國的「整理」在某種程度上可以視作三十年代「京派」知識分子的一個共通點：沈從文對鄉村中國所代表的某種民族性的發現，林徽因以現代派技巧所展示的那個民間，（乃至與梁思成共同致力的中國古建築考察），周作人對中國古典資源的披沙揀金，胡適本人的考據……這些工作

〔註28〕 丁文江：《中央研究院的使命》，刊於《東方雜誌》，第 32 卷第 2 號（1935 年 1 月 16 日）。

〔註29〕 夏志清：《中國現代小說史》，香港：香港中文大學出版社，2001，第 166 頁。

與中研院直隸下的語言、歷史、考古、經濟、政治等研究其實在某種程度上是具有一致性的。因此，這裡引向一個話題——這種三十年代意義上的「整理國故」，即林徽因、沈從文等所謂的在中國土壤中尋找一種「中國方式」的實踐，與早一時期那些更為保守的新傳統主義者們對科學主義掃蕩下的傳統精神系統的挽留之間，是否存在著一種微妙的對話。像周作人，他言稱著一種「退步」而反手向歷史借來一股更獨立、且充滿解釋性的資源——晚明文；胡適站在一種國家的立場上對那些左翼青年運動發出諄諄責備，並以自由、民主這兩樣早年間的武器重新介入國家的政治生活而謀求一種合作的可能；沈從文從傳統鄉土那裡獲得一種道德倫理資源而轉手間投向一種社會更新的方案；同時期的國民黨則出於維護其統治的目的開始大規模啓用傳統資源，尤其是像三十年代中發起的「新生活運動」等……三十年代可以說充斥著各種圍繞「傳統」的不同詮釋和使用路徑，因此，當 1934 年胡適重新挑起那一個二十年代關於「傳統」的舊話題時，其中已隱含著多重對話。

在 1934 年的這場論爭中，周作人和胡適顯然都敏銳地意識到了它所牽引的話題的前史，即二十年代新文化派與新傳統主義者之間爆發的那一關於傳統精神、固有文化之有效性的論爭，論爭的核心問題就是「中國方式」作為一種精神性存在，或者說是在除了物質之外的道德、生活、情感等「人生的」方面是否具有較之西方文化更為先進的形態。作為唯心派代表的梁漱溟在其《東西文化及其哲學》中便為所謂「中國樣式」和「東方文化」的根本特徵作了總結，他將之形容為一種原教旨主義的儒家或孔學。他將孔子的「仁」的觀念闡述為一種「情感厚直覺敏銳」〔註 30〕的狀態，孔子教人「求仁」便是要求率性自然，由本能順理流行——而不是像西方文化那樣偏重經濟理性，以理智來分物我，好計算、較量，而少倫理性情。他指後世從傳經者那裡來的儒家、孔教實為死物，孔子的宗教雖在「孝悌」、「禮樂」二端，但其實是一種人生哲學，「孝悌」是出於一種本能而可以成為人之良知的最基本的情感發端，「禮樂」也不外乎一種作用於直覺的情感薰陶。因此，他非常繞口地提出了一對範疇，即西洋生活是「直覺運用理智的」，而中國生活是「理智運用直覺的」〔註 31〕。

〔註 30〕梁漱溟:《東西文化及其哲學》，見《梁漱溟全集》，第 1 卷，濟南:山東人民出版社，1989，第 454 頁。據 1922 年上海商務版收錄。
〔註 31〕同上，第 485 頁。

　　不僅如此，梁漱溟雖然將西方個人主義統攝下的理性傳統視作是一種對人之情感、直覺、本性的戕害，但同時他也不得不承認，孔子之後的禮法其實已越來越偏離其最初的理念，而終成為一種壓迫，「個性不得伸展，社會性亦不得發達，這是我們人生上一個最大的不及西洋之處」〔註32〕。

　　他說，西洋人之間因工於算計、理性，故「有我而無情」，而中國的「人」生活在綱常五倫之中，「我」是相對於父子、夫妻、兄弟等相對關係而存在的，因此「處處尚情而無我」〔註33〕，這其實是一種非常客觀的評斷。他已明顯意識到中國固有文化所存在的問題，只是仍不願放棄這種早熟形態的文化所代表的民族的卓越的創造力，正如格里德所說，以梁漱溟為代表的這一批新傳統主義者已不同於他們在晚清時候的前輩，只因他們「以如此眷戀之情回顧的中國，並不是他深有體驗的那個已廢棄了的帝國」〔註34〕。

　　在這個意義上，所謂新文化派與保守派之間的分歧或許並不如我們想像的那樣巨大。木山英雄便曾將三四十年代周作人在姿態上的轉變解讀為一種向儒家的回歸，我們去看周作人這一時期的許多言論，譬如「倫理之自然化」，「中庸」，以及「談儒家」，「談論語」，「談隱逸」諸篇，的確在很大程度上都表達了一種與梁漱溟相類似的文化觀，即回到那個最原初的儒家精神來談一些最樸素的情理、人生、倫常的道理，或稱為常識。因此正如上文所說，當三十年代周作人轉而將啟蒙之事轉向一種更為經驗的、樸素的人情物理的層面，宣言將關注「藝術與生活」的本身，並著手重造中國人的情感的系統時，那一來自梁漱溟的「有情的」中國人的人生或已在其中閃現。而正是在這個意義上，我們是否應當重新來審視「京派」在三十年代的實踐本身，從另一個角度來看待他們在當時所表現的那一「偏保守」的姿態和重新「整理國故」的實踐。正是在那樣一個特殊的時代和國家場景下，他們選擇了一種「退回」。

〔註32〕 同上，第 479 頁。

〔註33〕 同上。

〔註34〕 阿里夫・德里克：《革命與歷史：中國馬克思主義歷史學的起源（1919～1937）》，翁賀凱譯，南京：江蘇人民出版社，2005，第 123 頁。

參考文獻

一、期　刊

《大公報》（1933～1937）

《大晚報・火炬》（1934）

《獨立評論》（1932～1937）

《國聞周報》（1933）

《論語》（1933～1934）

《駱駝草》（1930）

《前哨》（1931）

《人間世》（1934～1935）

《世界日報・明珠》（1936）

《申報・自由談》（1934）

《水星》（1934～1935）

《文化列車》（1934）

《文學季刊》（1934～1935）

《文學雜誌》（1937）

《現代》（1933～1934）

《新月》（1928～1933）

《學文》（1934）

《文學》（1933～1937）

《語絲》（1924～1930）

二、文集、著作

1. 阿英：《夜航集》，上海：良友圖書印刷公司，1935。

2. 阿英：《阿英全集》，合肥：安徽教育出版社，2003。

3. 阿英：《無花的薔薇──現代十六家小品》，石家莊：河北人民出版社，1991。

4. 蔡元培：《蔡元培全集》，第 4 卷，第 5 卷，北京：中華書局，1984，1988。

5. 杜威：《民主主義與教育》，王承緒譯，北京：人民教育出版社，1990。

6. 杜威：《杜威五大講演》，胡適口譯，合肥：安徽教育出版社，2005。

7. 廢名：《廢名集》，王風編，北京：北京大學出版社，2009。

8. 韓侍桁：《文學評論集》，上海：現代書局，1934。

9. 胡適：《胡適文集》，歐陽哲生編，北京：北京大學出版社，1998。

10. 胡適：《胡適全集》，合肥：安徽教育出版社，2003。

11. 胡適：《胡適遺稿及秘藏書信》，第 35 冊，耿雲志編，合肥：黃山書社，1994。

12. 胡適：《胡適日記全編》，曹伯言編，合肥：安徽教育出版社，2001。

13. 胡適：《胡適書信集》，耿雲志、歐陽哲生編，北京：北京大學出版社，1995。

14. 胡適：《胡適來往書信選》，中國社會科學院近代史研究所中華民國史研究室編，北京：中華書局，1979～1980。

15. 胡適：《胡適口述自傳》，唐德剛評注，北京：華文出版社，1992。

16. 蔣光慈：《蔣光慈文集》，第 4 卷，上海：上海文藝出版社，1988。

17. 蔣夢麟：《西潮》，臺北：致良出版社，1989。

18. 蔣夢麟：《新潮》，臺北：致良出版社，1990。

19. 蔣廷黻：《蔣廷黻回憶錄》，謝鍾璉譯，臺北：傳記文學出版社，1984。

20. 李劍農：《最近三十年中國政治史》，上海：太平洋書店，1930。

21. 梁啓超：《歐遊心影錄》，見《飲冰室合集》，專集 23 冊，上海：中華書局，1936。

22. 梁漱溟：《東西文化及其哲學》，見《梁漱溟全集》，第 1 卷，濟南：山東人民出版社，1989。

23. 梁漱溟：《自述早年思想之再轉再變》，見《梁漱溟全集》，第 7 卷，濟南：山東人民出版社，1989。

24. 魯迅：《魯迅全集》，北京：人民文學出版社，2005。

25. 羅素：《中國到自由之路──羅素在華講演集》，袁剛、孫家祥、任丙強編，北京：北京大學出版社，2004。

26. 茅盾：《話匣子》，上海：良友圖書印刷公司，1934。

27. 茅盾：《速寫與隨筆》，上海：開明書店，1935。

28. 沈從文：《沈從文全集》，張兆和主編，太原：北嶽文藝出版社，2002。

29. 孫中山：《孫中山全集》，第5～7卷，第9卷，第11卷，廣東省社會科學院歷史研究所、中國社會科學院近代史研究所中華民國史研究室、中山大學歷史系孫中山研究室合編，北京：中華書局，1985～1986。

30. 唐弢：《短長書》，上海：建文書店，1948。

31. 徐志摩：《徐志摩全集》，韓石山主編，天津：天津人民出版社，2006。

32. 俞平伯：《俞平伯全集》，石家莊：花山文藝出版社，1997。

33. 郁達夫：《郁達夫全集》，杭州：浙江大學出版社，2007。

34. 趙家璧：《編輯憶舊》，北京：生活・讀書・新知三聯書店，1984。

35. 周作人：《知堂回想錄》，香港：三育圖書有限公司，1980。

36. 周作人：《周作人散文全編》，鍾叔河編，桂林：廣西師範大學出版社，2009。

37. 周作人：《周作人自編集》，止菴校訂，石家莊：河北教育出版社，2002。

38. 周作人、俞平伯：《周作人俞平伯往來書箚影眞》，北京：北京圖書館出版社，1999。

39. 朱光潛：《朱光潛全集》，合肥：安徽教育出版社，1987～1992。

40. 朱自清：《朱自清全集》，朱喬森編，南京：江蘇教育出版社，1996～1998。

41. 陳崧編：《「五四」前後東西文化問題論戰文選》，北京：中國社會科學出版社，1989。

42. 顧頡剛：《顧頡剛日記》，臺北：聯經出版事業股份有限公司，2007。

43. 孔另境編：《現代作家書簡》，上海：生活書店，1936。

44. 梁實秋、胡適、羅隆基著：《人權論集》，上海：新月書店，1930。

45. 沈啓無編：《近代散文鈔》，北京：東方出版社，2005。

46. 吳宓：《吳宓日記》，吳學昭編，北京：生活・讀書・新知三聯書店，1998～1999。

47. 陽翰笙：《地泉》，上海：湖風出版社，1932。

48. 俞元桂編：《中國現代散文理論》，南寧：廣西人民出版社，1983。

49. 張惟夫編：《關於丁玲女士》，北平：立達書局，1933。

50. 趙家璧主編：《中國新文學大系》，上海：良友圖書印刷公司，1935。

51. 陳平原：《北京：都市想像與文化記憶》，北京：北京大學出版社，2005。

52. 陳平原：《北京記憶與記憶北京》，北京：生活・讀書・新知三聯書店，2008。

53. 格里德：《胡適與中國的文藝復興──中國革命中的自由主義（1917～1937）》，魯奇譯，南京：江蘇人民出版社，1993。

54. 郝大維、安樂哲：《先賢的民主──杜威、孔子與中國民主之希望》，何剛強譯，劉東校，南京：江蘇人民出版社，2004。

55. 季劍青：《北平的大學教育與文學生產：1928～1937》，北京：北京大學出版社，2011。

56. 姜德明：《阿英書話》，北京：北京出版社，1996。

57. 金介甫：《鳳凰之子──沈從文傳》，符家欽譯，北京：光明日報出版社，2004。

58. 羅志田：《再造文明之夢：胡適傳（1891～1929）》，成都：四川人民出版社，1995。

59. 木山英雄：《文學復古與文學革命──木山英雄中國現代文學思想論集》，趙京華譯，北京：北京大學出版社，2004。

60. 木山英雄：《北京苦竹庵記──日中戰爭時代的周作人》，趙京華譯，北京：生活・讀書・新知三聯書店，2008。

61. 錢理群：《周作人傳》，北京：北京十月文藝出版社，1990。

62. 唐德剛：《胡適雜憶》，北京：華文出版社，1990。

63. 王德威：《抒情傳統與中國現代性──在北大的八堂課》，北京：生活・讀書・新知三聯書店，2010。

64. 汪曾祺：《晚翠文談新編》，北京：生活・讀書・新知三聯書店，2002

65. 夏志清：《中國現代小說史》，香港：香港中文大學出版社，2001。

66. 解志熙：《考文敘事錄──中國現代文學文獻校讀論叢》，北京：中華書局，2009。

67. 顏浩：《北京的輿論環境與文人團體：1920～1928》，北京：北京大學出版社，2008。

68. 嚴家炎：《中國現代小說流派史》，北京：人民文學出版社，1989。

69. 楊義：《京派海派綜論》（圖志本），北京：中國社會科學出版社，2003。

70. 查振科：《對話時代的敘事話語──論京派文學》，瀋陽：春風文藝出版社，2005。

71. 趙園：《想像與敘述》，北京：人民文學出版社，2009。

72. 陳建華：《「革命」的現代性──中國革命話語考論》，上海：上海古籍出版社，2000。

73. 德里克，阿里夫：《革命與歷史：中國馬克思主義歷史學的起源（1919～1937）》，翁賀凱譯，南京：江蘇人民出版社，2005。

74. 范用編：《愛看書的廣告》，北京：生活・讀書・新知三聯書店，2004。

75. 馮崇義：《羅素與中國：西方思想在中國的一次經歷》，北京：生活・讀書・新知三聯書店，1994。

76. 郭廷以：《近代中國史綱》，香港：中文大學出版社，1980。

77. 郭廷以：《中華民國史事日誌》（全四冊），臺北：中央研究院近代史研究所，1979～1985。

78. 吉登斯：《現代性的後果》，田禾譯，南京：譯林出版社，2000。

79. 劉易斯・科塞：《理念人——一項社會學的考察》，郭芳等譯，北京：中央編譯出版社，2001。

80. 劉禾：《跨語際實踐——文學，民族文化與被譯介的現代性（中國，1900～1937）》，宋偉傑等譯，北京：生活・讀書・新知三聯書店，2008。

81. 林語堂：《中國新聞輿論史》，王海、何洪亮譯，北京：中國人民大學出版社，2008。

82. 羅志田：《激變時代的文化與政治：從新文化運動到北伐》，北京：北京大學出版社，2006。

83. 盧曼：《信任》，瞿鐵鵬、李強譯，上海：上海人民出版社，2005。

84. 查爾斯・泰勒：《自我的根源：現代認同的形成》，韓震等譯，南京：譯林出版社，2001。

85. 王奇生：《革命與反革命：社會文化視野下的民國政治》，北京：社會科學文獻出版社，2010。

86. 王奇生：《黨員、黨權與黨爭：1924～1949年中國國民黨的組織形態》，北京：華文出版社，2010。

87. 楊伯峻譯注：《論語譯注》，北京：中華書局，1980。

88. 吳曉東：《從卡夫卡到昆德拉——20世紀的小說和小說家》，北京：生活・讀書・新知三聯書店，2003。

89. 劉淑玲：《〈大公報〉與中國現代文學》，石家莊：河北教育出版社，2004年。

90. 解志熙：《美的偏至——中國現代唯美－頹廢主義文學思潮研究》，上海：上海文藝出版社，1997年。

91. 李歐梵：《上海摩登——一種新都市文化在中國1930～1945》，北京：北京大學出版社，2001年。

92. 李今：《海派小說與現代都市文化》，合肥：安徽教育出版社，2000年。

93. 周泉根、梁偉：《京派：文學群落研究》，上海：上海三聯書店，2012年。